Journal de captivité

Stalag XA (1940-1945)

Louis Althusser

阿尔都塞著作集·陈越 编

[法] 路易·阿尔都塞 著　曹天羽 吴子枫 译

战俘日记（1940—1945）

北 京 出 版 集 团
北 京 出 版 社

本译著是国家社会科学基金项目
《阿尔都塞哲学遗著翻译与研究》
（项目号：20BZX010）阶段性成果

路易·阿尔都塞

目　录

中文版阿尔都塞著作集序

艾蒂安·巴利巴尔

　　为这套大规模的中文版阿尔都塞著作集作序，是我莫大的荣幸。我从 1960 年到 1965 年在巴黎高等师范学校跟随路易·阿尔都塞（1918—1990）学习，后来又成为他的合作者（尤其是《阅读〈资本论〉》的合作者，这部集体著作来源于 1964—1965 年他指导下的研讨班）①。这份荣幸来自这套中文版著作集的负责人，尤其是吴志峰（吴子枫）先生的一再友好要求。后者去年受邀作为访问学者到尤里姆街的高师专事阿尔都塞研究，并特地去查阅了存于"当代出版纪念研究所"（IMEC）的阿尔都塞资料。他在巴黎找到我，和我进行了几次非常有趣的交谈。我要感谢他们的这份信任，并向他们表达我的友情。当然，我也要向这里出版的这些著作的未来读者表达我的友情。由于这

---

　　① 路易·阿尔都塞、艾蒂安·巴利巴尔（Etienne Balibar）、罗歇·埃斯塔布莱（Roger Establet）、皮埃尔·马舍雷（Pierre Macherey）、雅克·朗西埃（Jacques Rancière），《阅读〈资本论〉》（*Lire le Capital*，1965），修订新版，法国大学出版社（PUF），"战车"（«Quadrige»）丛书，1996 年。

些著作来自遥远的大陆，长期以来在传播方面存在着种种困难；由于这个大陆与中国有着非常不一样的现代历史（尽管我们现在已经共同进入了"全球化"时代）；由于这些著作可以追溯到一个属于"历史的"过去的时代（只有对于其中一些老人不能这么说），也就是说一个被遗忘的时代——所以对中国读者来说，要重新把握他们将要读到的这些文本的意图和言外之意，可能会有一些困难。我相信编者的介绍和注解会大大降低这项任务的难度。就我而言，我这里只想对阿尔都塞这个人以及他的著作进行一个总体的、介绍性的评述，然后我要指出一些理由，说明为什么阿尔都塞著作的中文译本尤其显得有意义，甚至尤其重要。

路易·阿尔都塞是欧洲 20 世纪"批判的"马克思主义的伟大人物之一。他的著作在若干年间曾引起世界性的轰动，然后才进入相对被遗忘的状态。然而，这种状态现在似乎正在让位于一种新的兴趣，部分原因在于，这位哲学家大量的未刊稿在身后出版，非常明显地改变并扩展了我们对他的思想的认识；另一部分原因在于这样一个事实：相对于阿尔都塞去世之时（恰逢"冷战"结束），世界形势又发生了新变化，他所提出来的一些问题，或者说他所提出来的一些概念，现在似乎又再次有助于我们对当前的时代进行反思，哪怕那些问题或概念已经有了与先前不一样的意义（这也是必然的）。

阿尔都塞 1918 年出生于阿尔及尔的一个小资产阶级家庭（确切地说，不能算是一个"侨民"家庭，而是一个在阿尔及利亚工作的公务员和雇员家庭），既受到非常古典的学校教育，又受到非常严格的宗教教育。他似乎在青少年时期就已经是一名非常虔诚的天主教徒，有神秘主义倾向，政治上也偏于保守。1939 年，阿尔都塞通过了巴黎高等师范学校（这是法国培养科学、人文学科教师和研究者的主要机构，招收学生的数量非常有限）的入学考试，就在他准备学习哲学时，第二次世界大战突然爆发了。他的生活因此被整个地打乱。他被动员入伍，其后与成千上万溃败的法国士兵一起，被德军俘虏。他被送到一个战俘营（stalag），在那里待了五年。尽管如此，由于他（作为战俘营护士）的关押条件相对来说好一些，所以可以读书、劳动，并建立大量社会联系，其中就包括与一些共产主义青年战士之间的联系。获得自由后，他恢复了在高师的学习，并很快就通过了教师学衔考试（学习结束时的会考），然后又被任命为准备参加教师学衔考试的学生的辅导教师。他在这个职位上一直干到自己职业生涯结束，并且正是在这个职位上指导了几代法国哲学家，其中有一些后来很出名，比如福柯、德里达、塞尔、布尔迪厄、巴迪乌、布弗雷斯、朗西埃，等等。有很短一段时期，阿尔都塞继续留在一些天主教战斗团体里（但这次是一些左翼倾向的团体，特别是那些依靠"工人教士"经验、很快就被天主教会谴责并驱逐的团体）①，为它们写了一些短文

---

① 这是一个叫"教会青年"（Jeunesse de l'Eglise）的团体，组织者是蒙蒂克拉尔神父（Père Maurice Montuclard O. P.）和他的女伴玛丽·奥贝坦（Marie Aubertin）。蒂埃里·科克（Thierry Keck）的著作《教会青年（1936—1955）：法国进步主义危机的根源》（ *Jeunesse de l'Eglise 1936—1955. Aux sources de la crise progressiste en France* ）[艾蒂安·富尤（Etienne Fouilloux）作序，巴黎，Karthala 出版社，2004年] 为青年阿尔都塞在"教会青年"团体中所发挥的重要作用、为他在团体中与其他成员结下的长久友谊提供了大量细节。关于前者，扬·穆利耶·布唐（Yann Moulier Boutang）在他的传记中也已指出（指布唐的《路易·阿尔都塞传》。——译者注）。

章。1948 年，阿尔都塞加入了法国共产党，当时法共的领导人是莫里斯·多列士。法共在德占时期的抵抗运动中为自己赢得了荣誉，并依靠苏联（苏联先是在 1943 年通过第三国际，而后又通过共产党和工人党情报局，掌控着法共的政策和领导人）的威望，在当时成为法国最有力量的政党，与戴高乐主义势均力敌。当时，尽管法共在雅尔塔协定的框架下实际上放弃了夺取政权的努力，但革命的希望依然很大。同一时期，阿尔都塞认识了埃莱娜·里特曼－勒戈蒂安，后者成了他的伴侣，再后来成了他的妻子。埃莱娜比阿尔都塞大将近十岁[①]，战前就已经是法共党员了，此时还是一个地下党抵抗组织的成员。但在事情并非总是能得到澄清的情况下，她被指控有"托派倾向"，并被开除出党。她对阿尔都塞政治观念的形成，尤其是在他对共产主义运动史的表述方面，影响很大。

冷战期间，法国共产党人知识分子即便没有成为镇压[②]的对象，至少也是怀疑的对象，同时他们本身也因知识上的极端宗派主义态度而变得孤立（这种知识上的宗派主义态度的基础，是日丹诺夫 1947 年宣布的"两种科学"的哲学教条——这种教条还扩展到了哲学、文学和艺术领域）。这期间阿尔都塞主要在一些教育学杂志发表了几篇文章，他在这些文章中提出了关于"历史唯物主义"和"辩证唯物主义"的一些论点；他还就历

---

① 埃莱娜（1910—1980）比阿尔都塞（1918—1990）实际大八岁。——译者注
② "镇压"原文为"répression"，在本书中，我们将依据上下文并根据中文表达习惯将它分别译为"镇压"或"压迫"，即当它与"剥削"成对出现时，译为"压迫"；当它与"意识形态"成对出现时，译为"镇压"。另外值得注意的是，精神分析中的"压抑"也是这个词。——译者注

史哲学中一些占统治地位的思潮进行了一次讨论。所以他当时与"战斗的马克思主义"保持着距离①。在教授古典哲学之外，他个人的工作主要涉及政治哲学和启蒙运动时期的唯物主义者，以及帕斯卡尔和斯宾诺莎，后两位作为古典时期"反人道主义"的反命题形象，自始至终都是阿尔都塞获得灵感的源泉。在接下来研究"黑格尔哲学中的内容观念"②　的"高等教育文凭"论文中，阿尔都塞同样在继续深化他对黑格尔和"马克思哲学著作"的认识，尤其是那些当时才刚出版的马克思青年时期的著作。毫无疑问，阿尔都塞的政治观念在当时与共产党内占统治地位的路线是一致的，尤其是在"社会主义阵营"发生危机（如 1956 年的匈牙利革命）和殖民地发生战争（包括阿尔及利亚战争，法共对起义持有限的支持态度）的时刻③。

　　接下来的时期具有一种完全不同的特性。随着 1956 年苏共

---

①　青年阿尔都塞在一篇文章的题铭中以颇具斯大林主义特点的口吻引用了日丹诺夫的话（阿尔都塞引用的话是："黑格尔的问题早已经解决了"。——译者注）。这篇《回到黑格尔：大学修正主义的最后废话》（Le retour à Hegel. Dernier mot du révisionnisme universitaire）是为了反对让·伊波利特（Jean Hyppolite）而写的，后者不久就成为他在高师的朋友和合作者，并经常以自己对黑格尔的阐释反对科耶夫（Kojève）的阐释。这篇文章 1950 年发表在《新批评》（La Nouvelle Critique）上，后收入《哲学与政治文集》（Ecrits philosophiques et politiques）第一卷，Stock/Imec 出版社，1994 年，第 243—260 页。

②　1947 年 10 月，阿尔都塞在巴什拉的指导下完成高等教育文凭论文《论 G. W. F. 黑格尔思想中的内容》（Du contenu dans la pensée de G. W. F. Hegel）。正文中提到的标题与这里的实际标题不同。——译者注

③　从这种观点看，他在 1978 年的未刊稿《局限中的马克思》（Marx dans ses limites）中对戴高乐主义的分析非常具有启发性。参见《哲学与政治文集》第一卷，前引，第 428 页及以下。

二十大对"斯大林罪行"的披露，以及随后1961年二十二大"去斯大林化"运动的掀起，整个共产主义世界（"铁幕"内外）都进入了一个混乱期，再也没有从中恢复过来。但马克思的思想却正在获得巨大声誉，尤其是在那些青年大学生当中——他们受到反帝战争榜样（特别是阿尔及利亚战争和越南战争）和古巴革命成功的激发，从而感受到专制社会结构的危机正在加剧。让-保罗·萨特，当时法国最著名的哲学家，在他1960年的《辩证理性批判》中宣布：马克思主义是"我们时代不可超越的哲学地平线"①。而马克思主义理论的性质问题，无论是对于共产党组织和它的许多战士来说，还是对于大量的知识分子，尤其是哲学家以及人文科学方面的专家、艺术家和作家来说，都成了一个很伤脑筋的问题。阿尔都塞的几次干预——关系到对马克思思想的阐释和对"社会主义人道主义"难题的阐释——产生了预料不到的反响，先是在法国，后来又波及国外。1965年出版《保卫马克思》（由写于1960年至1965年的文章汇编而成）和《阅读〈资本论〉》（和他的学生艾蒂安·巴利巴尔、罗歇·埃斯塔布莱、皮埃尔·马舍雷和雅克·朗西埃合著）之后，阿尔都塞成了著名哲学家，无论在法国还是在海外，无论是在共产党和马克思主义圈子内，还是在那个

---

① "因此，它［马克思主义］仍然是我们时代的哲学：它是不可超越的，因为产生它的环境还没有被超越。［……］但是，只要社会关系的变化和技术进步还未把人从匮乏的桎梏中解放出来，马克思的命题在我看来就是一种不可超越的证明。"参见让-保罗·萨特（Jean-Paul Sartre）《辩证理性批判》［*Critique de la raison dialectique* (1960)］，伽利玛出版社（Gallimard），1985年，第36、39页，也参见《辩证理性批判》，林骧华等译，安徽文艺出版社，1998年，第28、32页。译文有修改。——译者注

圈子外，都引发了大量争论和论战。他似乎成了他自己后来所说的"人道主义论争"（它搅动了整个法国哲学界）的主角之一。阿尔都塞所捍卫的与基督教的、存在主义的、马克思主义的人道主义相对立的"理论反人道主义"，显然以一种间接的方式，不仅从哲学的层面，而且还从政治的层面，否定了赫鲁晓夫"去斯大林化"运动中占统治地位的倾向。他抨击**经济主义和人道主义**的结合，因为在他眼里，这种结合是占统治地位的资产阶级意识形态的特征，但有些人却以此为名，预言两种社会体系即资本主义和社会主义会"合流"。不过，他是通过一些与（列宁去世后被斯大林理论化了的）"辩证唯物主义"毫不相关的理论工具，以一种哲学观的名义来进行抨击的。阿尔都塞提出的哲学观，不顾一些文本上的明显事实，抛弃了马克思主义当中的黑格尔遗产，转而依靠斯宾诺莎的理智主义和唯物主义。在阿尔都塞的哲学观看来，斯宾诺莎是**意识形态理论**的真正奠基人，因为他把意识形态看作是构成个人主体性的社会想象结构——这是一种马克思预示了但同时又"错失了"的理论。正因为如此，阿尔都塞的哲学观强有力地促进了斯宾诺莎研究和斯宾诺莎主义影响的"复兴"——他的这整个时期都打下了这种影响的印记。阿尔都塞的哲学观还同时从卡瓦耶斯（1903—1944）、巴什拉（1884—1962）和康吉莱姆（1904—1995）的"历史的认识论"中借来一种观念，认为"常识"和"科学认识"之间存在着一种非连续性（或"断裂"），所以可以将知识的辩证法思考为一种没有合目的性的过程，这个过程通过概念的要素展开，也并不是服从于意识的优先地位。而在笛卡尔、康德和现象学对真理的理论阐述中，意识的标准是占统治地位的。最后，这种哲学在马克思的思想和弗洛伊德的思想之间寻求一种"联盟"。弗洛伊德作为精神分析的奠基人当时仍然被官方马克思主义忽视甚至拒斥，但另一方面，他的这个地位却被拉康（1901—1981）所复兴。对于阿尔都塞来说，这里关键的是既要指出意识形态与无意识之间的相互构成关系，又要建构一种关于时间性和因果性因而也是关于实践的新观念。

由于所有这些创新，阿尔都塞的哲学话语大大超出了马克思主义者的争论圈子，更确切地说，他将这些争论变成了另一个更普遍的哲学事业的一个方面，那个哲学事业不久就被称为**结构主义**（尽管这个词的含义并不明确）。因此，阿尔都塞成了结构主义和马克思主义的相遇点，得到了双方的滋养。在他的学生看来，他为两者的"融合"带来了希望。像所有结构主义者一样，他发展了一套关于**主体**的理论，这个**主体**实际上不是认识和意志的理想的"起源"①，而是各式各样的社会实践、各种制度、语言和各种想象形态的"后果"，是一种"结构的行动"②。与

---

① "起源"原文"origine"，同时也有"起点"的意思。值得指出的是，阿尔都塞一贯反对"起源论"，在他看来，唯物主义哲学家（比如伊壁鸠鲁）"不谈论世界的起源（origine）这个无意义的问题，而是谈论世界的开始（commencement）"。参见《写给非哲学家的哲学入门》（*Initiation à la philosophie pour les non-philosophes*），法国大学出版社（PUF），2014 年，第 66 页。——译者注

② "结构的行动"（action de la structure）这个词是由阿尔都塞和拉康共同的门徒伊夫·迪鲁（Yves Duroux）、雅克-阿兰·米勒（Jacques-Alain Miller）、让-克洛德·米尔内（Jean-Claude Milner）所组成的那个团体发明的。参见再版的《分析手册》（*Cahiers pour l'Analyse*）（这是高等师范学校认识论小组的刊物），金斯顿大学（Université de Kingston）主持编印，第 9 卷（文章只署了 J. -A. 米勒的名字）（http://cahiers.kingston.ac.uk/pdf/cpa9.6.miller.pdf）。

其他结构主义者不同，他试图定义的结构概念不是（像在数学、语言学甚至人类学中那样）以识别形式的**不变式**为基础，而是以多重**社会关系**的"被过度决定的"结合（其具体形象在每种历史**形势**中都会有所改变）为基础。他希望这样能够让结构的概念不但服务于对社会**再生产**现象的分析，而且还首先服务于对**革命**阶段现象的分析（在他看来，当代社会主义革命就是革命的典范）。这样一来，历史就可以被同时思考为（没有主体的）过程和（没有合目的性的）事件。

我一直认为，这种哲学的建构，或更确切地说，由这种哲学建构所确立起来的研究计划，构成了一项伟大的事业，它的全部可能性还没有被穷尽。它身后还留下了好些未完成的难题性，比如对理论和艺术作品进行"症状阅读"的难题性（它肯定影响了德里达的"解构"），还有"有差别的历史时间性"的难题性（时常接近于被阿尔都塞完全忽视了的瓦尔特·本雅明的思想）——这两种难题性都包含在《阅读〈资本论〉》阿尔都塞所写的那部分当中。但在接下来的时期，从 1968 年五月事件之前开始（虽然阿尔都塞没有参与其中，但这个事件给他带来了创伤性的后果），阿尔都塞对自己的哲学进行了根本的改写。他进入了一个**自我批评**期，然后在新的基础上**重构**了自己的思想，但那些基础从来就没有一劳永逸地确定下来。他没有忘记斯宾诺莎，但通过放弃结构主义和"认识论断裂"，他力图为哲学，并由此为历史理论，赋予一种直接得多的政治性。由于法共官方发言人和他自己一些（成为在五月运动之后建立起来的"毛主义"组织生力军的）青年学生同时指责他低估了阶级斗争以及哲学中的阶级立场的重要性，阿尔都塞开始重新估价这种重要性，虽然是根据他自己的方式。这里不能忘记的是，这种尝试是在一种特别的语境中展开的，这个语境就是，在欧洲，发生了重要的社会运动和社会斗争，同时在"左派"即极端革命派倾向与改良主义倾向之间产生了分裂，改良主义在 20 世纪 70 年代的结果是所谓的"欧洲共产主义"的形成，而后者在改变法国、意大利和西班牙的政治博弈方面最终失败，随后被新自由主义浪潮所淹没。当时阿尔都塞似乎通过一种他力图为自己的思想所发明的新配置，撤退到一些更经典的"马克思主义"难题上去了（但另一方面，"后结构主义"哲学家们却越来越远离马克思主义：尽管在这个诊断底下，还需要做更细致的辨别）。然而，他的有些难题还是获得了广泛的共鸣，这一点我们在今天可以更清楚地感觉到。尤其是他关于"意识形态唤问"①"意识形态国家机器"构成的理论就是这样——它

---

① "唤问"原文为"interpellation"，其动词形式为"interpeller"，它的含义有：1.（为询问而）招呼，呼唤；2.（议员向政府）质询，质问；3.［法］督促（当事人回答问题或履行某一行为）；4.（警察）呼喊，追问、质问，检查某人的身份；5. 强使正视，迫使承认；6. 呼唤（命运），造访。詹姆逊把它解释为"社会秩序把我们当作个人来对我们说话并且可以称呼我们名字的方式"，国内最早的《意识形态和意识形态国家机器》译本译为"询唤"，系揑合"询问"和"召唤"的生造词，语感牵强，故不取。我们最初使用了"传唤"的译法（参见《哲学与政治：阿尔都塞读本》，陈越编，吉林人民出版社，2003 年），似更通顺，但由于"传唤"在法语中另有专词，与此不同，且"传唤"在汉语中专指"司法机关通知诉讼当事人于指定的时间、地点到案所采取的一种措施"，用法过于狭窄，也不理想。考虑到这个词既是一个带有法律意味的用语，同时又用在并非严格司法的场合，我们把它改译为"唤问"，取其"唤来问讯"之意（清·黄六鸿《福惠全书·编审·立局亲审》有"如审某里某某甲，本甲户长，先投户单，逐户唤问"一说）。有的地方也译为"呼唤"。——译者注

是 1970 年从当时一份还没发表的手稿《论社会关系的再生产》①中抽出来的。这一理论对于分析**臣服**和**主体化**过程具有重大贡献。今天，在当时未发表的部分公之于世后，我们会发现，对于他的一些同时代人，例如被他们自己的"象征资本"和"权力关系"问题所纠缠的布尔迪厄和福柯来说，它代表了一种激励和巨大的挑战。它在今天尤其启发着一些法权理论家和强调话语"述行性"的女性主义者（尤其是朱迪斯·巴特勒)②。阿尔都塞关于马基雅维利的遗著《马基雅维利和我们》（写于 1972—1976 年）出版后，也让我们能更好地了解那些关于意识形态臣服形式再生产的思考，是如何与关于集体政治行动的思考接合在一起的，因为政治行动总要以"挫败"意识形态为前提。这些思考响应着他对哲学的"实用主义的"新定义。哲学不是认识的方法论或对历史概念的辩证考察，而是一种"理论中的阶级斗争"，或更一般地说，是一种思想的**战略**运用，旨在辨别出——哪怕最抽象的——话语之间的"力量对比"，这种力量对比所产生的作用不是保持（葛兰西曾称之为**领导权**作用）就是抵抗和背叛事物的现存状态。

---

① 路易·阿尔都塞，《论再生产》（*Sur la reproduction*），法国大学出版社（Presses Universitaires de France），"今日马克思：交锋"（Collection «Actuel Marx：Confrontations»）丛书，2011 年第 2 版。（中文版已收入"阿尔都塞著作集"，吴子枫译，西北大学出版社，2019 年。——译者注）

② 见朱迪斯·巴特勒（Judith Butler）《权力的精神生活：臣服的理论》（*The Psychic Life of Power，Theories in Subjection*，1997）和《易兴奋的言辞：述行语的政治》（*Excitable Speech. A Politics of the Performative*，1997）。

　　这一时期阿尔都塞的哲学工作（经常因各种政治论争和他自己不时的躁狂抑郁症的影响而打断和分心），与其说是建立了一个体系，不如说是构成了一片堆放着各种开放性问题的大工地，其中**主体性**和**政治行动**之间关系的难题，以某种方式替代了**社会结构**和**历史形势**之间关系的难题。更确切地说，他是要使这个难题变得复杂化，在某种程度上是要解构它。比起此前的阶段，这个时期更少完整的体系性建构，更少可以被视为"阿尔都塞哲学"原理的结论性"论点"。但这一时期存在着一种"理论实践"，一种时而大胆时而更具防御性的思考的努力，它证明了一种受到马克思主义启发的思想的转化能力，证明了在当下和当下的变化中追问现实性（actualité），也就是说在追问（福柯所说的）"我们之所是的存在论"时，政治与哲学之间的交叉相关性。我们都知道，这种努力被一连串（相互之间可能并非没有联系的）悲剧性事件所打断：首先，在集体方面，是"现实的社会主义"和马克思主义思想在西方的全面化危机开始了（在 1977 年 11 月由持不同政见的意大利共产主义团体《宣言报》组织的关于"后革命社会中的权力和对立"威尼斯研讨会上，阿尔都塞本人通过一次著名的发言对这一危机做出了诊断）[①]；其次，

　　[①] 《宣言：后革命社会中的权力和对立》（*Il Manifesto：Pouvoir et opposition dans les sociétés postrévolutionnaires*），色伊出版社（Editions du Seuil），巴黎，1978 年。阿尔都塞这次发言的文本现在还收入阿尔都塞另一文集《马基雅维利的孤独》（*Solitude de Machiavel*）中，伊夫·桑多默（Yves Sintomer）整理并评注，法国大学出版社，"今日马克思：交锋"丛书，1998 年（第 267—280 页）。（阿尔都塞在会议上所作的发言题为《马克思主义终于危机了!》。——译者注）

在个人方面，是阿尔都塞 1980 年 11 月在躁狂抑郁症发作时杀死了自己的妻子埃莱娜（这导致他被关入精神病院，直到 20 世纪 80 年代中期才从那里离开过几年）。

一些重要的同时也比以前更为片段式的文稿（虽然其中有几篇比较长）恰好产生于接下来的时期。首先是一部自传文本《来日方长》（写于 1984 年），其中披露了和他的生活、思想变化有关的一些珍贵资料——这部著作的中文版已经先于这套阿尔都塞著作集出版了①。正如通常在自传写作中也会有"辩护的"一面那样，因为阿尔都塞的这部自传受到他自我批评倾向甚或自我惩罚倾向的过度决定，所以最好不要把它所包含的那些"披露"或"忏悔"全部当真。我们仍缺少一部完整的阿尔都塞传记（扬·穆利耶·布唐早就开始写的《路易·阿尔都塞传》至今没有完成）②。大家尤其会注意到这一时期专门围绕"偶然唯物主义"这个观念所写的那些断章残篇。"偶然唯物主义"是阿尔都塞为了反对"辩证唯物主义"而造的一个词，他用它来命名一条看不见的线索。这条线把古代希腊－拉丁原子论哲学家（德谟克利特、伊壁鸠鲁、卢克莱修）与一些经典然而又异类的思想

①　阿尔都塞《来日方长》，蔡鸿滨译，陈越校，上海人民出版社，2013年。——译者注

②　扬·穆利耶·布唐（Yann Moulier Boutang），《路易·阿尔都塞传（第一部分）》[*Louis Althusser：une biographie* (1*ʳᵉ partie*)]［即《路易·阿尔都塞传：神话的形成（1918—1956）》。——译者注］，格拉塞出版社（Grasset），1992 年（2002 年再版袖珍本）。

家，如马基雅维利（因为他关于"能力"和"幸运"统治着政治事件的理论）、斯宾诺莎（因为他对自然和历史中合目的性观念的坚决反对）、卢梭（因为他在《论人与人之间不平等的起源和基础》中把人类文明的开始描绘为一系列偶然事件）、阿尔都塞所阐释的马克思（阿尔都塞把马克思从其黑格尔主义中"滗了"出来），乃至与当代哲学的某些方面，比如德里达（因为他对起源观念的批判和他关于踪迹"播撒"的理论）连接了起来。说实话，关于偶然唯物主义的那些主题在阿尔都塞思想中算不上是全新的，它们只是以一种新的哲学"代码"重新表述了那些从一开始就存在的立场，并使之变得更激进了（尤其是由于阿尔都塞强调，在对历史进行概念化的过程中，"形势"具有优先性）——这一点已经由最近一些评论者明确地指了出来①。与那些主题共存的是一种对共产主义的表述：共产主义不是人类发展的一个未来"阶段"，而是一种"生活方式"，或一些在资产阶级社会"空隙"中就**已经存在**的、逃避各种商品形式统治的实践的集合。这个隐喻可以远溯到伊壁鸠鲁，中间还经过马克思（关于商品交换在传统共同体"缝隙"或"边缘"

① 尤其见爱米利奥·德·伊波拉（Emilio de Ipola）的著作《阿尔都塞：无尽的永别》（*Althusser, El infinito adios*），Siglo XXI Editores，2007 年（法文译本 *Althusser. L'adieu infini*，艾蒂安·巴利巴尔序，法国大学出版社，2012 年），以及沃伦·蒙塔格（Warren Montag）的著作《阿尔都塞及其同时代人：哲学的永久战争》（*Althusser and His Contemporaries*: *Philosophy's Perpetual War*），杜克大学出版社（Duke University Press），2013 年。

发展）的一些提法①。这些主题的未完成性、片段性，与一个
时代（我们的时代）的精神是相一致的。这个时代的特点就
是，一方面，各种权力关系和统治关系是否能持久，还具有很
大的不确定性；另一方面，文化和社会的变化正在成倍增加，
它们是不是会"结合"成某种独特的文化形式（同时也更是政
治形式），则完全无法预见。在这种语境中，"最后的阿尔都

---

①　参见马克思《资本论》，《马克思恩格斯文集》第五卷，人民出版社，2009
年，第97页："在商品生产者的社会里，一般的社会生产关系是这样的：生产者把他
们的产品当作商品，从而当作价值来对待，而且通过这种物的形式，把他们的私人劳
动当作等同的人类劳动来互相发生关系。对于这种社会来说，崇拜抽象人的基督教，
特别是资产阶级发展阶段的基督教，如新教、自然神教等等，是最适当的宗教形式。
在古亚细亚的、古希腊罗马的等等生产方式下，产品变为商品，从而人作为商品生产
者而存在的现象，处于从属地位，但是共同体越是走向没落阶段，这种现象就越是重
要。真正的商业民族只存在于古代世界的空隙中，就像伊壁鸠鲁的神只存在于世界的
空隙中，或者犹太人只存在于波兰社会的缝隙中一样。这些古老的社会生产机体比资
产阶级的社会生产机体简单明了得多，但它们或者个人尚未成熟，尚未脱掉同其他
人的自然血缘联系的脐带为基础，或者以直接的统治和服从的关系为基础。它们存在
的条件是：劳动生产力处于低级发展阶段，与此相应，人们在物质生活生产过程内
部的关系，即他们彼此之间以及他们同自然之间的关系是很狭隘的。这种实际的狭
隘性，观念地反映在古代的自然宗教和民间宗教中。只有当实际日常生活的关系，
在人们面前表现为人与人之间和人与自然之间极明白而合理的关系的时候，现实世
界的宗教反映才会消失。只有当社会生活过程即物质生产过程的形态，作为自由结
合的人的产物，处于人的有意识有计划的控制之下的时候，它才会把自己的神秘的
纱幕揭掉。但是，这需要有一定的社会物质基础或一系列物质生存条件，而这些条
件本身又是长期的、痛苦的历史发展的自然产物。"另见《来日方长》阿尔都塞本
人的论述："当时我坚持这样的看法：从现在起，'共产主义的小岛'便存在于我们
社会的'空隙'里（空隙，这个词是马克思——仿照伊壁鸠鲁的诸神在世界中的形
象——用于描述古代世界最初的商业中心的），**在那里商品关系不占支配地位**。实
际上，我认为——我在这一点上的思考是和马克思的思想相一致的——共产主义的
唯一可能的定义——如果有朝一日它在世界上存在的话——就是**没有商品关系**，因
而没有阶级剥削和国家统治的关系。我认为在我们当今的世界上，确实存在着许许
多多的人类关系的小团体，都是没有任何商品关系的。这些共产主义的空隙通过什
么途径才能遍及整个世界呢？没有人能够预见——无论如何，不能再以苏联的途径
为榜样了。"见阿尔都塞《来日方长》，前引，第240—241页。——译者注

塞"的断章残篇，具有撼动其他已确立的价值的巨大价值（因为它们永远盯着一部分人对另一部分人的统治问题，盯着被统治者获得解放的希望问题）。但是，我们显然不应该期待这些文章能为我们所生活的世界提供完整而切近的解释。

今天中国公众将有一套中文版阿尔都塞著作集，这是一件非常重要、非常令人高兴的事，因为迄今为止，翻译到中国的阿尔都塞著作还非常少①。当然，这套著作集的出版是一个更大的进程的一部分，这个进程让这个国家的知识分子、大学师生甚至广大公众，能够接触到"资本主义"西方知识生产的整个成果，因而这个进程也会使得这套著作集的出版在这个"全球化"世界的知识交流中发挥重要作用（正如在其他领域已经发生的情况那样）。当然，希望法国公众自己也能更多地了解中国过去曾经发生和今天正在发生的哲学争论。而就目前来说，除了一些专家之外，翻译上的不充分构成了一个几乎不可克服的障碍。最后，这还有可能引起我们对翻译问题及其对思想范畴和历史命运的普遍性产生影响的方式进

---

① 感谢吴志峰先生提供的线索，我很高兴在这里提醒大家，早在1984年10月，商务印书馆（北京）就出版了顾良先生翻译的《保卫马克思》（附有1972年的《自我批评材料》）。这是个"内部发行"版，只有某些"内部"读者可以得到。在此之前，顾良先生翻译了《马克思主义和人道主义》一文，发表在《哲学译丛》1979年12月第6期上，这是中国发表的第一篇阿尔都塞的文章。1983年乔治·拉比卡在巴黎十大（楠泰尔大学）组织召开纪念马克思逝世100周年研讨会，我在会上认识了顾良先生，从此我们成为朋友。顾良先生是外文出版社（北京）的专业译者（顾良先生当时实际上在中央编译局工作。——译者注），尤其参加过毛泽东著作法文版的翻译，但同时他还利用挤出来的"自由时间"，把一些自己认为重要的法国哲学家和历史学家的著作翻译成中文。顾良先生是把阿尔都塞著作翻译成中文的先行者，在这里我要向他致敬。[此前译者有误，阿尔都塞第一篇被译为中文的文章实际上是《矛盾与过度决定》（"Contradiction et Surdétermination"），译者为丁象恭（即徐懋庸），译文发表在1964年《哲学译丛》第7期（标题译为《矛盾与多元的决定》）。——译者注]

行共同的思考①。但我想，中国读者之所以对阿尔都塞的知识和政治轨迹感兴趣，还有一些特别的原因：因为阿尔都塞多次与中国有交集，更确切地说，与在"毛泽东思想"指引下建设的中国共产主义有交集，并深受后者的影响。从另一方面来说，我们自己也需要对阿尔都塞与中国的这种相遇持一种批判的眼光，因为它很可能过于依赖一些在西方流传的神话，其中一些变形和过分的东西必须得到纠正。中国读者对我们向他们传回的他们的历史形象所作的反应，在这方面毫无疑问会对我们有所帮助。

阿尔都塞与毛泽东思想的第一次"相遇"发生在两个时刻，都与《矛盾论》有关，这一文本现在通常见于"四篇哲学论文"②，后者被认为是毛泽东根据自己1937年在延安印发的关于辩证唯物主义的讲授提纲而写成的③。早在1952年，《矛

---

① 在英语世界，这方面出现了一批特别值得关注的著作，比如刘禾（Lydia H. Liu）的研究（她在纽约哥伦比亚大学任教）。参见刘禾主编《交换的符号：全球化流通中的翻译难题》（*Tokens of Exchange：The Problem of Translation in Global Circulations*），1999年由杜克大学出版社（Duke University Press）出版。

② 应指 *Quatre essais philosophiques*（《毛泽东的四篇哲学论文》法文版），外文出版社1966年，内收《实践论》《矛盾论》《关于正确处理人民内部矛盾的问题》《人的正确思想是从哪里来的？》等四篇论文。——译者注

③ 毛泽东论文原标题为《辩证法唯物论（讲授提纲）》，系使用了"matérialisme dialectique"的旧译法。据《毛泽东著作选读》（人民出版社，1986年，第179页）的说明，《矛盾论》是《辩证法唯物论（讲授提纲）》第三章中的一节《矛盾统一法则》。"这个讲授提纲一九三七年九月曾印过油印本，一九四〇年由延安八路军军政杂志社出版单行本，均未署作者姓名。《矛盾论》，一九五二年四月一日在《人民日报》正式发表"。又据布唐《路易·阿尔都塞传：神话的形成》（前引，第473页），毛泽东《矛盾论》的法文译本分两期发表于《共产主义手册》（1951年2月号、1952年8月号）。另外，此处作者有误，四篇哲学论文中的《关于正确处理人民内部矛盾的问题》是毛泽东1957年2月27日在最高国务会议第十一次（扩大）会议上的讲话，《人的正确思想是从哪里来的？》是毛泽东1963年5月修改《中共中央关于目前农村工作中若干问题的决定（草案）》时增写的一段话，两者都不是根据关于辩证唯物主义的讲授提纲而写成的。——译者注

盾论》就被翻译成法文，刊登在法共官方刊物《共产主义手册》上。今天我们了解到，对这篇文章的阅读让阿尔都塞震惊，并给他带来了启示①。一方面，作为获得胜利不到三年的中国革命的领袖，毛对阿尔都塞来说似乎是一个"新列宁"：实际上自 1917 年以来，共产党的领袖第一次既是一位一流的马克思主义哲学家（即一位货真价实的哲学家），又是一位天才的政治战略家，他将革命力量引向了胜利，并显示了自己有能力用概念的方式对革命胜利的根据进行思考。因此，他是理论和实践相统一的化身。另一方面，毛的论述完全围绕着"事物对立统一的法则"进行，把它当作是"唯物辩证法的最根本法则"，而没有暗示任何别的"法则"（这与斯大林 1938 年在《论辩证唯物主义和历史唯物主义》——它本身受到恩格斯《自然辩证法》笔记的启发——中的论述相反），尤其是，毛还完全忽略了"否定之否定"这条在官方马克思主义当中最明显地从黑格尔"逻辑学"那里继承下来的法则。最后，在阐述"主要矛盾和次要矛盾""矛盾的主要方面和次要方面""对抗

———————

① 这些信息，哲学家吕西安·塞夫早就告诉了我。在 2015 年 3 月《思想》杂志组织召开的阿尔都塞著作研讨会上，吕西安·塞夫在演讲中又再次提到这一点。塞夫本人过去也是阿尔都塞在高师的学生，然后又成为阿尔都塞的朋友，他是 20 世纪 60 年代法共内部围绕辩证法和马克思主义人道主义问题进行的争论的主角之一。在（1966 年在阿尔让特伊召开的中央委员会上）法共领导层用各打五十大板的方式"解决"了罗歇·加罗蒂的人道主义马克思主义和阿尔都塞的"反人道主义的"马克思主义之间的冲突之后，吕西安·塞夫正式成为党的哲学家，虽然他在"辩证法的颠倒"和哲学人类学的可能性问题上与阿尔都塞观点相左，但他与后者却一直保持着非常要好的私人关系，他们之间的通信持续了三十多年。已经预告要出版的他们之间的通信集，对于理解法国共产主义这一时期的历史和阿尔都塞在其中所占据的位置来说，将成为一份首屈一指的重要文献。

性矛盾和非对抗性矛盾"等概念，及这些不同的项之间相互转化的可能性（这决定了它们在政治上的使用）时，毛没有满足于形式上的说明，而是大量提及中国革命的特殊性（尤其是中国革命与民族主义之间关系的变化）。根据吕西安·塞夫的证词，阿尔都塞当时认为，人们正面临着马克思主义哲学史上的一次决定性革新，可以完全更新关于马克思主义哲学的理解和教学（尤其在"党校"中），结束在他看来构成这方面特点的教条主义和形式主义。然而在当时，阿尔都塞对这些启示还没有进行任何公开的运用①。

这种运用出现在十年之后。当时为了回应由他的文章《矛

---

① 关于这些哲学文本是否能归到毛泽东名下的问题，尤其是它们与毛泽东此前学习过并能从中得到启发的苏联"范本"相比具有多少原创性的问题，引发了大量的讨论和争论。参见尼克·奈特（Nick Knight）的详细研究《1923—1945年的中国马克思主义哲学：从瞿秋白到毛泽东》（*Marxist Philosophy in China：From Qu Qiubai to Mao Zedong, 1923—1945*），多德雷赫特（Dordrecht），斯普林格（Springer）出版社，2005年。从这本书中我们可以特别了解到，《矛盾论》的研究只是毛泽东围绕"辩证法的规律"所做的几次报告之一，这就意味着事实上他并没有"排除否定之否定"。尽管如此，毛泽东只愿意发表（大概还重新加工了）这次论矛盾作为"对立同一"的报告，让它广为发行，这个事实本身就完全可以说明问题。另一方面，1966年出版的"哲学论文"集还包括其他文本（尤其是其中的《实践论》同样来自延安的讲稿），而阿尔都塞从来没有对那些文本感兴趣。[注意，正文中的"对立统一"和脚注中的"对立同一"，原文分别为"unité des contraires"和"identité des contraires"，它们均来自对《矛盾论》的法文翻译。而《矛盾论》原文中的"同一（性）"和"统一（性）"两种提法，意思是等同的。如文中明确指出："同一性、统一性、一致性、互相渗透、互相贯通、互相依赖（或依存）、互相联结或互相合作，这些不同的名词都是一个意思。"参见《毛泽东著作选读》，人民出版社，1986年，第168页。在引用列宁的论述时，毛泽东也把"统一"和"同一"看作是可以互换的同义词，如上引第173页："列宁说：'对立的统一（一致、同一、合一），是有条件的、一时的、暂存的、相对的。'"——译者注]

盾与过度决定》（最初发表于 1962 年 12 月，后收入 1965 年出版的《保卫马克思》）所引发的批评，他在一篇标题就叫《关于唯物辩证法（论起源的不平衡）》的文章（该文发表于《思想》杂志 1963 年 8 月号，后也收入《保卫马克思》）中提出，要对唯物辩证法的难题进行全面的改写。我不想在这里概述这篇论文的内容，大家可以在中文版《保卫马克思》中读到它；它是阿尔都塞最著名的文章之一，是我在上文描述过的他最初那套哲学的"基石"①。我只想提醒大家注意一个事实，阿尔都塞在这里把毛变成了两种观念的持有人甚至是发明人。在他看来，这两种观念标志着与马克思主义中黑格尔遗产的"断裂"：一是关于一个总体（本质上是社会的、历史的总体，如 1917 年的俄国、20 世纪 30 年代的中国、20 世纪 60 年代的法国）的各构成部分的**复杂性**的观念，这种复杂性不能化约为一个简单而唯一的原则，甚或某种本质的表现；二是关于构成一切发展或过程的**不平衡性**的观念，这种不平衡性使得矛盾的加剧带来的不是"超越"（就像黑格尔的否定之否定模式一样），而是"移置"、"凝缩"和"决裂"。以上涉及的只是阿尔都塞对毛的观念发挥的"纯"哲学方面，但还应该考察这种发挥的政治"形势"的维度。问题来自这样一个事实，即在 1963 年，毛泽东对法国共产党来说还是一位不知名的作者，而且无论如何，人们认为他不够正统（此外葛兰西也一样被认为不够正统，虽然理

---

① "基石"的提法来自列宁，参见《马克思主义的三个来源和三个组成部分》，《列宁选集》第二卷，人民出版社，2014 年，第 312 页："剩余价值学说是马克思经济理论的基石。"——译者注

由相反）。这种糟糕的接受状况，是由中共和苏共之间在政治上已经很明显的不和所过度决定的，这种不和包含着 20 世纪国家共产主义大分裂的某些预兆，也标志着它的开始。在这种冲突中，法共采取了自己的立场，最终站在苏联一边，也就是赞同赫鲁晓夫，反对毛，但这种归顺并非是立即就发生的，远非如此。1956 年苏共二十大召开之时，在自己的讲话中引用斯大林（1953 年去世）的共产党领袖只有多列士和毛，而且他们联手反对公开发表赫鲁晓夫揭露斯大林罪行、掀起"去斯大林化"运动的"秘密报告"。这时阿尔都塞在自己的文章中批判人道主义，宣布"个人崇拜"范畴无效（说它"在马克思主义中是找不到的"），拒绝用"斯大林主义"这个概念（他总是更喜欢用"斯大林偏向"的概念），最后，更是赞美毛的哲学天才并加以援引，这些合在一起，在法共的干部和领袖们身上造成的后果，怎么能不加以考虑呢？这些极可能是在努力延续旧的方式，以抵制"去斯大林化"，而不是为"从左面批判"斯大林主义提供新的基础——尽管"从左面批判"斯大林主义可能与他的目标更加一致。对此还要补充的是，法国共产党（和其他共产党）中的去斯大林化更多地只是说说而已，并没有实际行动，而且根本没有触动党的运行方式（所谓的"民主集中制"）。

　　这显然不是要通过附加评注的方式（就像他对待毛泽东的《矛盾论》一样）把阿尔都塞的意图归结为一些战术上的考虑，或归结为把赌注押在党的机器内部张力上的尝试。我更相信他想指出，面对任何控制和任何被强加的纪律，一个共产党人知识分子（其介入现实是无可厚非的）可以并且应该完全自由地把他随便在哪里发现的理论好处"占为己有"（何况他还同样引用过葛兰西，尽管更多是以带有批评的方式引用，同时又力求把后者从当时被利用的方式中剥离出来。因为葛兰西当时被用于为陶里亚蒂领导下的意大利共产党的路线辩护，而这条路线带有"极端赫鲁晓夫色彩"，赞成一种更激进的"去斯大林化"运动）。但我同样认为，阿尔都塞不可能这么天真，会不知道在共产主义世界对理论权威的引用，总是起着对知识分子进行鉴别和分类的作用。想根据那些引用本身来避免"偏向"是靠不住的。无论如何，这些引用事后肯定使得阿尔都塞更容易与"亲华"立场接近，尽管这又带来了一些新的误会。①

————————

① 关于这篇序言，我和刘禾有过一次通信，她提到一个值得以后探索的问题。她说："我在重新思考 1964 年阿尔都塞对人道主义的批判，联想到差不多同时在中国也曾发生类似的辩论，尤其是周扬的文学批评。阿尔都塞和周扬都把苏联作为靶子。那么我想问一下，阿尔都塞当时对周扬 1963—1964 年期间的文章有没有了解？他读过周扬吗？比如他能不能看到《北京周报》（*Pekin Information*）上的那些文章？法共和左翼知识分子当时有没有订阅那份刊物？如果没有的话，你们通过其他什么渠道能看到中国马列理论家在 20 世纪 60 年代所发表的文章？"我的回答是，阿尔都塞恐怕没听说过那场辩论，至少我本人不记得他提起过，而且这方面也没有翻译。刘禾在给我的信中还说："无论是阿尔都塞还是周扬（他是文学批评家，曾当过文化部副部长），都在批评赫鲁晓夫的修正主义。因此毫不奇怪，两人对'人道主义'也有同样的批评，都称之为'小资产阶级意识形态'。我对这个问题很感兴趣，因为周扬曾出席继万隆会议之后亚非作家协会 1958 年在塔什干举办的第一次大会，在那次大会上，第三世界作家是以'人道主义'的名义谴责殖民主义和帝国主义的［我认为弗朗兹·法农《全世界受苦的人》（*Les Damnés de la Terre*）也同属一个思想脉络］。你对'中共与苏共之间的政治分歧'这一语境中出现的'社会主义人道主义'的讨论，做了精彩的分析，这让我对万隆精神所体现的人道主义与社会主义人道主义之间的复杂纠缠，产生很大的兴趣。在我看来，这里的关键似乎是人道主义的地缘政治，而非'小资产阶级意识形态'的问题。我强调地缘政治的原因是，美国国务院曾经暗中让几个亚洲国家（巴基斯坦、菲律宾、日本等国）代表美国对万隆会议进行渗透，迫使周恩来对《世界人权宣言》中的一些人权条款做出让步。目前已经解密的美国国务院的档案提醒我们，恐怕还要同时关注冷战中在马克思主义的辩论之外的'人道主义'话语。"

接近和误会出现在几年之后，出现在我们可以视为阿尔都塞与毛主义**第二次相遇**的时刻。但这次的相遇发生在全然不同的环境中，并且有着完全不同的目标。1966 年 12 月，受到中国当局的鼓舞，一部分法国人从共产主义大学生联盟分裂出来，正式创建了"毛主义"组织马列共青联（UJCML），这个团体的许多领袖人物都是阿尔都塞的学生或门徒，尤其是罗贝尔·林阿尔，阿尔都塞一直与他保持着友好关系，后来还和他一道对许多主题进行了反思：从苏联突然转向极权政体的根源，到"工人调查"的战斗实践。这些个人的原因并不是孤立的。在当时西方一些最激进（或最反对由西方共产党实施的不太成功的"议会民主"战略）的共产党人知识分子身上，可以看到对中国"文化大革命"（1966 年正式发动）的巨大兴趣。他们把这场革命阐释为或不如说想象为一场由青年工人和大学生发动的、受到反对自己党内"资产阶级化"领导人和社会主义中"资本主义倾向"的毛泽东支持的激进民主化运动，目的是反对中国党和政府内的官僚主义。因此，阿尔都塞从毛主义运动伊始就对它持同情态度（虽然他肯定是反对分裂的），并且在某些时候，任由自己在法共的纪律（他总是希望对法共施加影响）和与毛主义青年的合作之间"玩两面手法"。恰好 1967 年发表了一篇"论文化大革命"的匿名文章（马列共青联理论和政治机关刊物《马列主义手册》第 14 期，出版时间署的是 1966 年 11—12 月），人们很快就知道，这篇文章实际上是阿尔都塞写的①。在这篇文章中，阿尔

① 我们可以在电子期刊《错位：阿尔都塞研究》上看到这篇文章，它是 2013 年贴到该网站的：http：//scholar. oxy. edu/decalages/vol1/iss1/8/（参考阿尔都塞《来日方长》，前引，第 366 页。——译者注）。

都塞虽然也援引了中国共产党解释"文化大革命"、为"文化大革命"辩护的声明，但他以自己重建的历史唯物主义为基础，给出了一种阐释。而早在《保卫马克思》和《阅读〈资本论〉》中，他就已经开始从社会形态各**层级**或**层面**的角度重建历史唯物主义了。"文化大革命"作为"群众的意识形态革命"，是要对意识形态上层建筑进行革命，这正如夺取政权是解决政治上层建筑问题，改造生产关系是解决经济下层建筑问题一样。而这场发生在意识形态上层建筑中的革命，从长远来说，本身将成为其他两种革命成功的条件，因而作为阶级斗争的决定性环节，它恰好在意识形态中展开（构成意识形态的除了**观念**之外还有**姿态**和**风俗**——人们会在他后来对"意识形态国家机器"的定义中发现这种观点）。①

这样玩两面手法，使阿尔都塞在政治上和情感上付出了极高的代价。因为其结果是，这两个阵营的发言人立即就以极其粗暴的方式揭露了他。所以我们要思考一下，是什么促使阿尔都塞冒这样的风险。除了我上面提到过的那些个人原因，还要考虑到这样一个事实，即他所凭借的是错误的信息，它们实际上来自宣传，而在中国发生的那些事件的真正细节他并不清楚。

①　在简要介绍阿尔都塞与毛主义的"第二次相遇"时，我主要关注他与创建"马列共青联"的那些大学生之间的关系。那些人有很多是阿尔都塞的学生和朋友，在我看来这方面是主要的。我把另一个问题搁在了一边：要了解阿尔都塞后来在什么时候与夏尔·贝特兰（Charles Bettelheim）——贝特兰本人经常访问北京（他还炫耀过自己与周恩来的私人关系）并在国际共产主义运动的分裂中站在中国一边——建立了联系。无论如何，这最晚是在《阅读〈资本论〉》出版之后发生的事情。《阅读〈资本论〉》产生了一个长期后果，决定了两"拨"研究者之间的合作，这一点可以从他们某些出版物中找到一些蛛丝马迹。

他从那些信息中看到"从左面批判斯大林主义"的一些要素，但其实这种批判可能并不存在，或者并不是"主要方面"。除此之外，我认为还有一种更一般的原因，植根于阿尔都塞最深刻的"共产主义"信念。国际共产主义运动的分裂在他看来是一场悲剧，不但削弱了"社会主义阵营"，还削弱了反资本主义和反帝国主义的整体力量。但他认为，或者他希望，这只是暂时的，因为要共同对抗帝国主义。他显然没想到，恰恰相反，这次正好是帝国主义和资本主义可以在社会主义国家之间"玩弄"意识形态和地缘政治的对抗把戏，好让它们服从自己的战略，为它们"改换阵营"铺平道路。我推想当时阿尔都塞还认为，一旦统一重新到来，"马克思主义哲学家"必将在那一天齐聚一堂，携手并进，复兴重铸马克思主义理论的革命事业，在某种程度上像"正在消失的"中间人那样起作用（或"消失在自己的干预中"，像他1968年在《列宁和哲学》中所写的那样）。以上原因（当然只是从我这一方面提出的假设），说明了为什么阿尔都塞想要同时保持与两个阵营的友好关系，或不与任何人决裂（这显然是无法实现的目标，并注定会反过来对他自己不利）。

我并不想暗示阿尔都塞与"毛泽东思想"以及与西方毛主义运动之间关系的变迁，包含着他哲学思想和政治思想转移的"秘密"，尽管前者有助于解释那些内在的张力；我更不想暗示那些关系的变迁构成了中国读者今天对阿尔都塞思想及其历史感兴趣的主要原因。尽管如此，我还是想承担一切风险对它们进行总结，为的是一个超出趣闻逸事的理由：在当今世界，中国占据着一个完全是悖论性的位置……为了预见我们共同的未来，我们既需要理解它的真实历史，也需要理解之前它在国外被接受的形象（特别是研究"革命"和"阶级斗争"的哲学家和理论家所接受的形象），以便把两者区别开来，形成一些新概念，建立一些新形象。阿尔都塞著作在中国公众中的传播，以及对这些著作语境的尽可能准确的认识，是上述理解的一部分（哪怕是微小的部分）。

最后，我要再次感谢请我写这篇序言的朋友，并祝已经开始出版的这套著作集的所有未来读者阅读愉快，希望他们带着尽可能批判的态度和最具想象力的方式去阅读。

2015 年 3 月 22 日于巴黎

（吴子枫 译）

法文版编者前言[①]

　　"长久以来，有太多的事情我不忍见其消逝，便把它们都写　　Ⅰ
了下来。我决定这样做只是出于谨慎，是为了记住这段注定要
消逝的艰难岁月——不是为了我自己，而是为了等到将来有人
向我问起的时候，我不至于哑口无言。"1944年3月23日，当
路易·阿尔都塞在他三本战俘日记的最后一本中写下上面几行
文字时，他没有想到自己一语中的。自从1990年10月22日他
去世后，这几本小册子就成了唯一的证词，其中的内容间杂了
阅读札记、思想素描、仿作和信稿：有些隐微的影射，连他自
己都忘记了所指；有些烫人的回忆，在他自己看来非常明朗，
对我们来说又过于隐晦，不好说到底发生了什么。他肯定是重
读了这几本日记，并以此为据，在《来日方长》(1985)和《事
实》(1976)中讲述了自己被俘的经历。既然如此，为什么我们
还要发掘出版这些日记呢？他不是已经在那两部自传中都讲过

[①]　"法文版编者"几个字为译者所加，后文注释中直接称"前言"。——译者注

了吗？

出于三个重要理由，我们认为这本《战俘日记》并不能被视作后来那两部自传的草稿，它还有更多的价值。第一个理由，无论这部日记的作者是谁，它都有价值。无论它是由无名氏所作，还是在一名战后早逝的作家的阁楼中被人发现，这几本由战俘所作的笔记，都给历史学家提供了一幅1939年刚满20岁的那一代法国知识分子的精彩画像。要看到，在第一本笔记本里，法国的"怪战"①、溃败和第一批拘禁是怎样被电报式的快照所勾画的；这本笔记既是战争的记事本，也是写日记的初次尝试：我们更倾向于保留下它的自发性和情绪，用影印的方式再现它②。它的笔迹完全清晰可读。几个历时性的坐标可以让人理解这种生硬的节奏。1939年7月，在里昂读预备班的路易·阿尔都塞被高等师范学校录取。他在瑞士度过了假期，然后去了莫尔旺的拉罗什米莱，住在本姓内克图的外婆玛德莱娜·贝尔热家。在圣奥诺雷莱班疗养的时候，他突然收到动员令。他主要在伊苏瓦尔的卢瓦尔河畔参加军官学员的培训③。猩红热的复发让他获得了一个漫长的病假。1940年3月25日至4月15日，阿尔都塞准尉参加了他朋友保罗·德·戈德马尔和马尼·卡尔塞

---

① "怪战"原文"drôle de guerre"，指1939年9月至1940年5月英法对德宣而不战的阶段。——译者注

② 本书第19—34页。——原编者注

原编者注所标本书页码，均指法文版页码即中文版页边码。——译者注

③ 关于战前年代表的细节，读者可以参考扬·穆利耶·布唐的《路易·阿尔都塞传：神话的形成（1918—1956）》，格拉塞出版社（Grasset），1992年。这本传记收集了许多阿尔都塞本人以及他还活着的狱友和亲友（家人和朋友）的证词，它们也被用于这本《战俘日记》的前言和注释。——原编者注

在普罗旺斯的婚礼，随后去蓝色海岸旅游。他回到拉罗什米莱。在阅读和种菜以外，他关注着德国开始对挪威发动的闪电攻势。他回到伊苏瓦尔。5月17日，溃败开始，他被疏散到瓦讷，并在6月21日不发一枪地做了德国人的战俘。他被接连关在好几个集中点，没有趁乱逃跑。9月6日，他从萨沃奈乘火车去鲁昂。9月7日，他潦草地写了三张便签，没有贴邮票，直接把它们丢在了路边，上面有他姨父和姨妈的地址，告知他们自己已启程去德国。那些默默无言的互助行为是一种奇迹，在流放的恶劣环境里多次发生——这些便签都被送到了目的地：这本日记的开头就是这些便签。

　　1940年9月9日，他到达不莱梅北部的桑德波尔斯特营地（XB号战俘营）。9月17日，战俘们被根据能力筛选，普通士兵被编入工作队（也就是劳动队）。年轻的准尉此前实际上没有完成他的军事训练，而德国人也更倾向于将人们关进士兵营而非军官营，因为军官营里的战俘可以免除劳役。接下来的三个月对阿尔都塞来说苦不堪言：他要当苦力去插木桩、清理沼泽。在他生命中，他第一次也是唯一一次饿了肚子；他必须忍耐寒冷和潮湿。他心情已经变得忧郁。糟糕的身体状况，以及从1941年2月开始的疝气，让他先是被转送到作为工作队中转营的布亨，随后很快又被送到离施莱斯维希很近的XA号士兵战俘营的中心营。与其他大部分只在中心营待几个星期就会去别的工作队和中转营，甚至被释放的战俘不同，阿尔都塞几个月后回到布亨，但是在1941年8月的时候，在笔记本中三个月的空白之后，他被收容进营地外的防疫站。他于1941年8月22日返回，此后，直到1945年5月初战俘营被解散以前，除了极

Ⅲ

IV 少数几次①，他再也没离开过中心营。自那以后的漫长岁月给他
　　以闲暇用于写作，他开始了另一本笔记。他打磨着文笔，描述
　　着普通营地里日常生活的点滴，在那里关押着一千四百名法国
　　人以及其他十多种不同国籍的人。

　　　　这么多被俘的人，他们所承受的磨难的意义，如今已淡化
　　成了家族故事，而且战争的这个方面，也不如抵抗运动那么引
　　人入胜。对于在战前就已经成形，在"怪战"和战败中又身体
　　力行了自己倾向——有人进行合作，有人进行抵抗——的那一
　　代人，人们完全了解或几乎完全了解。相反，对于这个尚未成
　　熟却已双重地迷失，要挨过五年战俘生涯并被战争"剥夺"的
　　一代人，人们却知之甚少。阿尔都塞不是提到过他对布拉西亚
　　克《我们的战前》的第一次接触，还有他从蒙泰朗、拉米那里
　　获得的深刻印象，并且他们恢复了自己对季洛杜已然变得怀旧
　　的温柔记忆吗？在思考他自己和他那代人时，他敏锐地引证了
　　纪德说的"永远无法变成蝴蝶"的蛹②。精神上和身体上的挫败
　　感，在这样的环境下：外面的历史正大踏步前进，催生着剧变。

V 这本日记展现了这一代人对这种历史能够获得何种程度的意识，
　　在多大程度上仍然带着它的烙印，乃至他们在解放后为了重返

---

①　比如1943年，他作为翻译陪自己的朋友、法国协调人罗贝尔·达埃尔探访了几处工
作队的中转营，因为战俘提交了一个申诉。协调人是被同国籍的战俘选举或指定的，他
要保障营地的正常运转以及与工作队的联系（参见罗贝尔·达埃尔告诉其子塞尔日的他
与阿尔都塞的对话）。——原编者注

"法国协调人"原文为"Homme de Confiance des français"，直译即"法国人当中可信
任的人"。——译者注

②　参见本书第68页正文和译者注。阿尔都塞的原文是"永远无法变成蝴蝶的毛毛
虫"。——译者注

社会经历了何种困难。在静止、荒诞、苦涩的战俘营中，他就好像不那么英雄地坐在一只木筏上，只能旁观，却无法采取行动。这样的印象还会在阅读他给自己最亲近的人的书信时加深，我们把这些书信附在了这部战俘日记的后面。

阿尔都塞的通信表现了信息传达的滞缓，还有那些让交流变得困难的特殊障碍：战俘们，也就是"P.G."①们，只能按照配额领取纸张、信封和卡片。这些是唯一能看到外面的窗户，但它们是稀少的：一周一两次。这些信纸被写得满满的，不留空白，多数没有分段，并且禁止写在行间或字迹潦草。通信活动缓慢地组织起来：1940年秋和1941年初留下了许多空白：朋友们怎么样了？做了战俘？在南方？唯一一扇天窗还是家庭。吕西安娜·阿尔都塞，他的母亲，和儿子同时学习使用打字机。有两三次，她或是一个字一个字地，或是择取其中最有意义的文字，把儿子的信用打字机誊写下来，寄给朋友们②。她之前就已经用手誊写了这些信，寄给了格扎维埃·德·克里斯滕③、保罗·马蒂亚斯、乔治·帕兰、让·拉托或乔治·拉斯。这些宝贵的消息在战争变故和家庭变迁中要披荆斩棘才能到达目的地：阿尔都塞一家在1942年初离开里昂去了摩洛哥的卡萨布兰卡。因而从战俘营寄出的信经过拉巴特，被寄往他在圣艾蒂安或巴黎的朋友，中间时隔数月，甚至可能要隔半年，比如1944

---

① "P.G."是阿尔都塞对"prisonniers de guerre（战俘）"的缩写。——译者注

② 我们把重新找到的那些信件也收入本书，总题为"致友人信笺"，参见第235页。——原编者注

③ 原文"Christan（克里斯唐）"，有误，实际应为"Christen（克里斯滕）"。——译者注

VI 年的信，因为它们是由日内瓦的红十字会转寄的。这样的延迟当时让阿尔都塞恼火，如今于我们却有助益，因为他不得不惜字如金，删去交流中过时的部分，要知道这些信本身就已经很难读懂了，因为我们实际上并没有掌握他在战俘营里收到的任何一封信。当XA号战俘营的70670号战俘的信上出现实用性的指示（收取包裹、记录日程表）时，它们既是写给所有人的，也是写给某个人的。总之，端庄得体。同时也不得不把信纸的每一寸空间利用起来。"给大家的"信，包含一些华美片段，通过父母转达；更私人的信——也更少——直接寄给了朋友，尤其是保罗和马尼·德·戈德马尔，"他的第二个家"；还有兄妹之间令人震惊的对话。风格的多样是日记中写作风格多样的回声。我们在日记里可以看出，营地成了法国人的学校。社会各阶层在患难中相互搅在一起或彼此产生对照，与在军队中服役不同。像阿尔都塞一样，许多被俘的知识分子后来成为了教授、讲师。他们学习德语，上经济学课，思考法兰西帝国——并且已经开始思考去殖民化，在营地偶有的法国史课堂上探寻这次崩溃的原因。离写出《奇怪的战败》的马克·布洛赫已经不远了。像年轻的路易·阿尔都塞一样，他们踢足球，听广播，解读战争通报里的宣传套语，办报纸，演戏剧，学习写作。有多少战俘将在这份文献里重新发现自己啊，他们诚然从未搞过哲学，但也会说："当时就是这样，既没有添枝加叶，也没有夸夸其谈！"

VII 这部日记有价值，也出于另外两个理由，并且都与"阿尔都塞案例"有关：其一，个体的独特道路在这里同他的思想、他的生活困境以及他潜藏的疯狂扭结在一起；其二，在这部日记里向我们吐露内心的作家，之后会隐藏在哲学家的身份中。

在这些毫无私人空间的逼仄场所，培养自身的独特性，并每天保持头脑正常运转，这近乎生存保健。但是这部日记里确立的独特性是不一样的，它会加深人们对阿尔都塞这个将来会成为哲学家的个体的认识。而且从这个时期开始，这种独特性就得到他周围的人的承认。阿尔都塞不是一般人，他的"大脑袋"①远近闻名，人们都猜到他很脆弱，很快就把他保护起来。他住院的插曲——发生在1941年5月至8月的虚弱期之后——似乎起了关键性作用。1941年9月，营地里组织起来的关系网把阿尔都塞"藏"进了医务室，那里的工作要轻松得多，而且在那个地方也更方便得到药物。1942年11月，罗贝尔·达埃尔当选为战俘营的法国协调人以后，阿尔都塞成了他的特别顾问，除了负责营地报纸《链》②，没有其他明确权限。1943年末，在阿尔都塞的建议下，达埃尔辞职，但阿尔都塞还是留在达埃尔身边，没有被指派工作，尽管当时德国人通常会严格处理那些"怠工者"。当然，70670号的健康手册（被路易·阿尔都塞带出和保存③）里没有任何神经或精神紊乱的条目，但这份仅由战俘自己填写的文件太公开了，以至于私密的条目不会被记录在案。护士的工作，以及阿尔都塞同营地里那些法国和德国医生的良好关系，解释了为何他忧郁症的发作会被静悄悄地掩盖。

Ⅷ

---

　　①　原文为"grosse tête"，字面意思是"大脑袋"，一般指"中心人物，了不起的人"或"有头脑的人，有教养的人"。作者这里特意用了双引号，显然是一语双关。——译者注

　　②　《链》原文为"*Le Lien*"，"lien"有多重意义，从第340页所附报纸的报头设计看，这个名称确实代表多重含义，既是纽带、联结和团结，也是捆绑、束缚和锁链。关于"革新"后《链》的定位，参见后文（前言第42页）。——译者注

　　③　阿尔都塞档案/当代出版纪念研究所。——原编者注

我们只能通过笔记中令人惊讶的留白发现它们的痕迹：1941年的3个月，1943年的近9个月，还有1942年复活节那次在我们看来是预言性的考验[1]——危机已经发生了。日记对它们有所暗示，有时也会写上几笔。路易·阿尔都塞本人也向他的传记作者确认了这一点，他还对他的外甥弗朗索瓦·鲍达埃尔吐露了这些错乱的存在[2]。罗贝尔·达埃尔也将这些告知了自己的儿子，也就是阿尔都塞的教子。但是——并且直到1980年11月他都在生活中坚持这样做——阿尔都塞费了许多精力用多种疾病去掩饰它们。抑郁难道不是一种出现在战俘营里，或更普遍一点，出现在法国崩溃时期的社会疾病吗？阿尔都塞不是政治家，但他激发了自己身边的人经久不衰的仰慕，一种智性的和人性的仰慕，这种仰慕与人们对疯子的怜悯无关。如果人们保护了他，就像之后高师保护了他，那是因为他以自己的智慧，同时也以他的敏感和细腻，迫使人们心甘情愿这么做[3]。

　　在他的人生中，这段交接时期也是政治上的蜕变时期：1939年秋天被动员的刚被高等师范学校录取的里昂预备班青年，是个坚定的右翼分子、保王党人、天主教传统派。1945年5月从XA号战俘营大门走出来的年轻人，虽然还是天主教徒（他一直是有信仰的，尽管他的信仰在1943年发生了动摇和转变），但他的政治信念经历了火的考验：对1942年以来贝当

IX

---

① 参见本书第89页日记。——译者注

② 参见与阿尔都塞、弗朗索瓦·鲍达埃尔和塞尔日·达埃尔的谈话。——原编者注

③ 尤其见罗贝尔·达埃尔的儿子雷蒙·皮尤的证词，如今已经去世的皮埃尔·库瓦西耶的证词，以及约瑟夫·普瓦里耶神父的证词 "Not' N'Abbé"。——原编者注

法国的不信任，对共产党人的好奇，把他塑造成了另一个人[①]。这些年也是理智上变成熟的几年。1944年12月，他通过达埃尔送给营地的布伦士维格出版社的样本书读到帕斯卡尔[②]，还读了一些德国经典名著——歌德、荷尔德林、里尔克，还有道德主义作家和回忆录作家——拉布吕耶尔、雷斯——以及从司汤达到焦诺的法国小说家，还有对神秘经验的探索，这些都是在战俘营里完成的。在这些日记笔记本之外，还有一本他从战俘营里开始记录哲学思考的笔记本[③]。所以，就像读回溯性的自传一样，不应该过分关注他自己常常抱怨的对阅读和工作的无能为力，除非把它们看作属于这段时间的失神和抑郁的不可抗的症状。无论如何，间歇发作的疯狂绝没有损害他思想的尖端。

　　因为尽管可以说战俘营是高师的预表，类似于被延长的、没有考试的、不用操心将来的"一年级"，他依然很难躲避战俘营留下的阴影以及随之而来的幽灵[④]：男性共同体，带有同性恋幻想的长期囚禁，受欺负，友情；多亏了医务室，他才能避免工作队的劳动，并且可以获取解决个人困难的药物。他的翻

X

---

　　① 许多没有直接出现在日记里的事件——不要忘了，日记和信件一样都要接受审查——证明了这种超脱。参见扬·穆利耶·布唐《路易·阿尔都塞传》第六章。——原编者注

　　② 赠言写着："把我的兄弟情谊以及这本书赠与我特别亲爱的'路易'……神父同意了！1944年12月……战俘……等法国再一次实现解放"（阿尔都塞档案，当代出版纪念研究所）。——原编者注

　　③ 本子的开篇引用了帕斯卡尔："我在这里写下的思想虽然没有秩序，但却不是没有计划的混乱……"这是一些关于无限、语言等哲学术语的笔记。——原编者注

　　④ "今晚，也许是第一次，我为了除灭自己身上的幽灵而写作……"1941年10月29日，见本书第71页。——原编者注

译能力让他可以为德国人和法国协调人即他的朋友罗贝尔·达埃尔做中间人，而且我们猜他喜欢这种暧昧——这种暧昧既是思考的主题，也是写作的风格。就像他在解放后承认的，这五年的战俘生涯再残酷，也比不上被关进集中营的抵抗者，或是被关进灭绝营的犹太人。但是战俘生涯对他来说依然是凭理性难以想象的经历。在这个意义上，战俘的经历从未真正地成为过去。如果说疯狂在1938年时落下了病根[①]，那么正如我们所见，它在战俘时期就已经开始成形。

这部战俘日记，和在这本书里出版的他寄给妈妈和朋友的信，以及寄给他妹妹、寄给保罗和马尼·德·戈德马尔的更私人的信件，有很大的传记价值。当然，他并非毫无保留[②]。写作有时是编码的，会出现一些无法理解的缩写。一位狱友真的被称作"马菲耶"[③]，这是另一位战俘，优秀的赛跑运动员和笑话大王，名叫萨沙·西蒙，人们对他的名字开廉价的玩笑。日记里用大段笔墨记下了这些。阿尔都塞反感其他室友的粗俗[④]。但是，举例而言，他从不会写下他的室友因为他的姓氏过于"德国鬼子"，就给他起外号"图图"，为了嘲笑这个处男，这个天使般的脑袋，这个缺乏男子汉气概的受气包。正如他自己作为营地的翻译，也会开萨沙·西蒙的玩笑，"马菲耶来给我们翻

XI

---

① 关于这一点，参见扬·穆利耶·布唐的《路易·阿尔都塞传》，前引，第147页及以下。——原编者注

② 两本自传、战俘时期的文本与当时朋友的证言之间的对质，见扬·穆利耶·布唐的《路易·阿尔都塞传》，前引。——原编者注

③ 原文为"Mafille"，可以读成"ma fille"（我的姑娘）。——译者注

④ 1941年5月4日，见本书第53页。——原编者注

译"①，他写道。

然而，在日记和信件里更关键的，是他和妹妹若尔热特之间的关系，因为在其中出现了忧郁症的独特要素：他和若尔或若尔热（他妹妹只在这样的形式下出现和被记录）之间惊人的相似性。1940年，若尔热特在布里夫高中住校时经历了抑郁。她哥哥因此发明了一个非常文学性的人物，水边神秘的安娜（Anna），或Annah，或Hanna（写法多样，h这个字母，在日记其他地方是人②的缩写，在这里可以省去或变换位置）。在"怪战"这段时期，对安娜的呼唤既是对妹妹的呼唤，也是对期待的呼唤："安娜，我的妹妹安娜，你看不到有什么来了吗？"哥哥呼唤着水中的女神，和妹妹谈论着她将来会遇到的迷人王子，向妹妹承诺自己不会是她婚姻的障碍，但最终只会让我们觉得这是反话，这一点在他所述的梦中可以很明白地看出来。阿尔都塞在战俘营里收到和保存的他妹妹的来信只有寥寥几封，在其中一封里，妹妹向他保证，除了父亲和哥哥以外，自己对男性只有厌恶③。1944年他给若尔写了几封非常优美的信，日记里也不停地提到安娜的出现与消失。1943年，路易·阿尔都塞的妹妹，也是护士，因目睹被严重烧伤的人而留下心理创伤，放弃了自己的职业。从1956年起，她就陷入无休止的抑郁，几乎追随着哥哥住院。生病或发疯，心理问题或神经问题，哥哥和妹

XII

---

① 参见第55页。——原编者注

原编者引文中的"Mafille"（马菲耶），在第55页阿尔都塞的原文中为"Ma fille"（我的姑娘）。——译者注

② "人"的法文为"homme"。——译者注

③ 参见第280页注释⑥。——原编者注

妹的忧郁症是一场两个人的冒险，是安娜的冒险的致命续篇。

最后，这些文本还有第三种价值：它们的文学性。与1936—1937年预备班时期的日记[1]形成惊人的对比：那时的日记首先让人感觉到青春期，随后转向练习就任何一个题目进行论说；而战俘日记则表明他掌握了一种风格，还有笔调的持续提高，至少是散文，因为它标志着对诗歌以及仿写的逐渐抛弃。他做哲学思考，试图写道德警句和对圣诞节的沉思，与亲友通信，写一些短叙，"学某人的样子"练习写作，思考"战俘的耻感"[2]，年轻的阿尔都塞成了作家。他语言上已经具有的才华，将在1959年令他的《孟德斯鸠》的读者赞叹不已，就好像流放的离乡和对德国文学的阅读越来越把他铆定在一种感性和灵性的非常法国化的形式中。一篇很短的文本——《一名战俘的编年史》[3]，他后来投给《链》的稿件中有一篇就对该文内容有所吸收——就能独自作为这份日记的象征。这位囚徒叙事者讲述着自己的记忆，却发现自己被自己追赶上了，他"讲故事的速度比他生活的速度更快"。在这个节制得令人心碎的评注中，深藏着哲学的忧虑、叙事的魅力和未来疯狂的痛苦。阿尔都塞曾说他在历史和哲学之间犹豫了很长时间，他还叙述过自己在解放后回到高师重拾学业时遇到的困难。

通过他的书信和战俘日记，我们可以明确感受到，他拥有成为一流作家所需要的一切。高师、哲学会考、政治，以及与

XIII

---

① 前引扬·穆利耶·布唐的《路易·阿尔都塞传》第五章对此有大量引用。——原编者注

② 文本发表在《链》上，收入本书第341页。——原编者注

③ 见本书第13页。——原编者注

精神分析的相遇，将用三十五年的时间为他决定另一条路。哲学获胜了。他的生活和他无痛苦地与自己的疯狂共存的可能性，都变得更少了。根据他的两部自传、几篇小说草稿、一些通信、几个关于绘画的文本（将在以后出版），加上他哲学作品中处处显露出来的语言才华，我们可以自由想象，如果文学获胜了将是怎样一番景象。

在XA号战俘营关了这么长时间，路易·阿尔都塞只从那里带回了一小部分文件，并在后来把它们保留在了自己的档案里——主要是三本日记笔记本，一本没有完全用上的哲学笔记本，零星几张照片，其中有一张是他与罗贝尔·达埃尔的合影。

这本书的第一部分恢复了战俘日记的原貌，它们被记录在三本笔记本上，具体情况如下：

——第一本笔记本的规格为9.7厘米×16厘米，封面是大理石花纹纸板，贴有一个标签，上注"路易·阿尔都塞，70670，XB"①，背面是栗色布料，有76页方格纸，用蓝色水笔书写，有时用铅笔书写地址。这本笔记包含了1939年9月1日至1941年8月23日的《旅途笔记》，后一个日期也是路易·阿尔都塞在工作队经历了几次不幸遭遇第一次住院后，在施莱斯维希营地"最终"定居的日子。这份《旅途笔记》以非常接近电报的风格，似乎是以摘要的方式描写了一次旅程，它肯定是作者根据笔记本里保存的1939年日程表和其他杂记，对个人和

XIV

---

① 这似乎证明路易·阿尔都塞一到囚禁地就开始写日记，却不知道自己事实上已经到了XA号战俘营。——原编者注

外部事件做出的重建。它后面接着一系列狱友的名字和地址，以及一些简短文本（其中《国王与金杯的故事》和《战俘编年史》被本书收录），几页诗歌和思考，还有一份长达十一页的剧本，标题为《弗朗索瓦》，还有三页乐谱。

——第二本笔记本的规格为10.5厘米×14.5厘米，封面是黑色软纸板，背面是黑色布料，侧面是红色的，有128页方格纸，用蓝色水笔书写。这本笔记本包含从1941年1月21日（所以是在《旅途笔记》结束之前就开始了）至1944年4月10日的名副其实的日记文本。笔记本最后九页（其中有一页几乎完全被撕掉了）是用水笔或铅笔书写的，包括一些诗歌、德语词汇、几个阅读或写作"计划"的标题，许多其他的地址，还有对里尔克、席勒和歌德的摘录。

——第三本笔记本的规格为10.5厘米×14.8厘米，封面是黑色软纸板，背面是黑色布料，侧面是红色的，有104页方格纸，用蓝色水笔书写。是接下来即1944年5月16日至1945年3月12日的日记，写满了前面75页纸，最后三页纸上写有一些地址。

最后这两本笔记本里夹存了一些零散的笔记，誊写在折叠的小开纸上，有时是写在战俘营的行政表格背面。这两本笔记本上极端规范的书写，以及几乎不存在的涂抹或添加，让我们可以假设许多段落已经事先在草稿上写好了，而且至少有一份草稿已经被发现[1]。三本笔记本的每一页都盖上了战俘营的印章，所以要注意，它们是经过审查的。

另外，通过他本人和他朋友的档案（尤其是保罗·德·戈

----

[1] 参见第200页注释（即本书第209页注释[1]。——译者注）。——原编者注

德马尔、格扎维埃和克里斯滕、乔治·拉斯、乔治·帕兰和让·拉托），我们收集到一些属于这段时期的连贯的信件，并选择了其中的几十封来给日记提供一些重要的理解角度：

——《致友人信笺》，21份信笺再现了33封书信，同一份信笺里可以包含几乎同时到达的数封信[①]；

——写给妹妹若尔热特的信（共14封），后者是他当时首要的和唯一的知己；

XVI

——写给保罗和马尼·德·戈德马尔的信（42封）。

除了写在绿色或灰色薄纸上的《致友人信笺》，这些通信或是写在被折叠了三次的25行的纸上（规格为25.2厘米×27.3厘米），或是写在7行的卡片上（规格为15厘米×10厘米），它们由营地管理者预先印制和提供，抬头为"Kriegsgefangenenpost/战俘通信"。

信和卡片从"Gebührenfrei！码头的法兰克人！"营地寄出，盖有初始地战俘营的邮戳，以水笔或铅笔书写，有一些用了打字机。自1943年起，路易·阿尔都塞跟着罗贝尔·达埃尔参与了营地管理和报纸《链》的编辑，他有权使用一台打字机。

对于这些日记和通信，本书的转录在努力让这些文本更加可读（见下面我们的"转录与编辑说明"）的同时，也力图尊重它们的特点，尤其是日记中的"空白"以及信件不得不节省空间的风格（有时会缺省冠词或关联词）。我们为这份转录加了

---

① 信笺中用以压轴的给他父母的信，原件都已遗失，仅留下的一封被放在他与妹妹的通信的附录里，见第285页。——原编者注

一些注释，以给读者一些不可或缺的提示，用以理解文本中提到的人物和事件。我们尤其试着给文本中仅出现首写字母的人名确定身份。有些身份的鉴定非常不确定，我们就在后面加了一个（？）。同样，通过核对和一些证词，尤其是保罗·德·戈德马尔的证词，我们给一些信件加上了日期。在这种情况下，我们会给日期（月或/和年）加上［］。

XVII

最后，我们还在本书最后一部分收录了阿尔都塞给《链》写的五篇文本。

用21厘米×29.7厘米的规格以黑字印刷在一张发黄的纸上，《链》就像战俘营里其他类似的报纸一样，用于工作队之间的沟通，并提供关于营地生活的信息。1942年11月30日当选为"法国协调人"之后，罗贝尔·达埃尔在经过"革新"的《链》的一期中明确指出，这份报纸在他眼里"不过是［那些］直接合作者和［他］本人每月一封的信，XA号战俘营的法国协调人办公室［路易·阿尔都塞从那时起就在此工作］给XA号战俘营里的法国人的信……"并且"不是某些无聊的或令人生厌的贪生怕死之辈发表他们对最近的葡萄酒危机或对当代戏剧的见解的地方"。这种构想显然不通行于所有这类报纸，比如，《服务》——同一时期XB号战俘营里类似的报纸，由协调人安德烈·罗贝尔主编，弗朗索瓦·塞拉克协编——就会在营地和工作队生活信息旁边宣示一些公开支持贝当元帅和维希政权的观点。

这里摘选的文本，实际上就是路易·阿尔都塞发表的第一批文章，其中有两篇（《希望》和《他们的希望》）是在《链》以《圣诞节的希望》为专题的一期（第17期，1943年圣诞节）

中找到的，因为这一期被保存了下来；另一篇（《未来生活的遗嘱》）则是在另一期被他剪下的一页上找到的；剩下的两篇（《爱发牢骚的法国人》和《战俘的耻感》）可以在第14期和第15期上找到，它们被保存于国家图书馆①。 XVIII

1945年8月6日，在卡萨布兰卡同家人团聚的路易·阿尔都塞写信给他的朋友保罗·马蒂亚斯："我还是在这场可恶的冒险中活了下来……我把我的一点健康留在了那里，我要治疗自己，要让自己被治疗。未来首先是一段康复期。我不敢看得更远。然而我必须要设想，有一天，我会好起来的。我就要成为一个28岁的古怪老学生了，除非我把高师一类的地方都打发掉"。

10月，他回到高师，在尤里姆街开始了新生活：之后的三十五年他都不会离开高师，直到1980年11月那个悲剧的早晨。他将永远也无法彻底忘记这本身后出版的书里所见证的那段苦涩又残酷的战俘经历。

　　　　　　　　　　奥利维耶·科尔佩

　　　　　　　　　　扬·穆利耶·布唐

我们要在这里感谢所有帮助我们完成出版这本书的人，首

---

① 罗贝尔·达埃尔在1943年12月31日辞职，路易·阿尔都塞也跟着离开，此后《链》继续在路易·阿尔都塞的朋友居伊·乌西瓦尔的主编下出版，直到1944年底。——原编者注

先是弗朗索瓦·鲍达埃尔，路易·阿尔都塞的外甥和遗产继承人，他以全部的信任把这项工作嘱托给了我们。还有：保罗·马蒂亚斯、保罗·德·戈德马尔、乔治·帕兰、雷蒙·皮尤、塞尔日·达埃尔、格扎维埃·德·克里斯滕、约瑟夫·普瓦里耶神父、让·拉托和伊冯娜·拉托、让·吉东、居伊·乌西瓦尔、亨利·鲁塞、罗贝尔·韦尔巴、亨利·德里永、亨利·乌尔和如今已经去世的皮埃尔·库瓦西耶，他们给我们提供了资料和宝贵的证言，最大程度地帮助了我们出版这些文本。当然他们不应为这些文本负责，只有我们要承担全部的责任。我们同样也要感谢当代出版纪念研究所的合作者，他们帮助我们完成了这些文本的转录和注释，尤其要感谢桑德琳娜·桑松，她确保了阿尔都塞资料库的分类整理。

转录与编辑说明

为了让这些文本尽可能地"易"读，我们遵循以下原则[①]：

● 作者在笔记与通信中为了节省纸面而作的所有缩写都被补全："ĉ"是"如"，"ds"是"在……中"，"qques"是"有些"，等等，其他副词的缩写也同样处理；

● 中括号，比如Strav［insky］，用于补充不完整的专有名词，或用于补充一些文字，为的是让一些句子更通顺或便于理解；

● 某些在路易·阿尔都塞的文本中常见的缩写或略写被保留了，比如"高师"是"高等师范学校"，"卡萨"是"卡萨布兰卡"，"拉罗什"是"拉罗什米莱"；

● 诗歌的排版遵循原样；

● 对其他作家的摘抄与引用，以路易·阿尔都塞凭记忆或其身边的版本所作的抄录为准。它们可能包含一些（小）错误，或与当下版本有不一致的地方。

除此以外，我们对标点和一些专有名词的拼写也作了少量微小和惯常的修改。并且，只要是可能的或有益的，我们会对一些文献给出说明（比如在可考的情况下给出信件的接收日期，这样读者便可以估计它们在路上所用的时间）。

---

① 中文版最大程度地尊重法文版编者的处理原则，因而保留了一些未必符合中文使用规范的标点符号和排版形式。——译者注

　　最后，我们在许多地方都指示读者参考路易·阿尔都塞的自传《来日方长》和《事实》，以及扬·穆利耶·布唐的《路易·阿尔都塞传》第一卷（格拉塞出版社，1992年）——后文简称《阿尔都塞传》。

"⋯⋯在法兰西土地上写下的最后的话⋯⋯"

1940年9月6日和7日的告别便笺

«...dernier mot écrit de terre français...»

Billets d'adieu des 6 et 7 septembre 1940.

布洛涅先生 9

洛林街15号

库尔贝瓦

（塞纳）①

[1940年] 9月6日

  在火车上，只能简单写几句。不知道我们要去哪里。鲁昂？可能去德国。别为我担心。我身体很好，嗓子也不痛了，好了有一阵子。我和好战友们在一起呢，没有人泄气。如果我还在法国的话，我会想办法给您写信的。致以我热切的问候。

  路易

  请告诉高师。谢谢。

---

  ① 写在一张很小的长方形（14厘米×6.7厘米）硬纸做的便笺上，正面写着收件人的姓名和地址，背面写着正文。在收件人姓名和地址下方，有一行拾到这张便笺的人手写的标注："在战俘去鲁昂的路上捡到。"

  这张便笺以及之后的两张都是寄给安德烈·布洛涅和朱丽叶·布洛涅夫妇的，他们是路易·阿尔都塞的姨父和姨妈。——原编者注

10 烦请把这段话寄给布洛涅先生
洛林街15号
库尔贝瓦
（塞纳）①

［1940年］9月7日

　　这可能是我在法兰西土地上写下的最后的话。我们正在比利时边境，火车一直在开，我的笔迹也跟着晃动。我想我们要去德国。您可能要有一阵子收不到我们的消息了。请通知高师②，还有请记得，如果需要中间人的话，我在瑞士认识古宁一家，莫尼耶学院，韦尔苏瓦；利时纳（孀居）一家，韦尔苏瓦；艾格曼（孀居）一家，韦尔苏瓦。

　　我状态很好，希望能保持。请耐心等待，我也会耐心等待的。请转告外婆，如果方便的话也请转告里昂的家人，把所有您认为我现在正憋在心里的话都给他们讲讲。

　　拥抱您。

　　路易

――――――――――――

　　① 写在一张从小学方格作业本上撕下的纸上（14厘米×21.8厘米），对折，收件人的姓名和地址写在正面的半边，正文写在整个背面。

　　路易·阿尔都塞在收件人姓名和地址下方给可能会捡到这张便笺的人写下了这句话："万分感谢。"――原编者注

　　② 下划线为原作者所加，下同。――译者注

烦请把这段话装在信封里寄往以下地址： 11
布洛涅先生
洛林街15号
库尔贝瓦
（塞纳）①

［1940年］9月7日

  这是在法兰西土地上写下的最后的话。火车一直在开，我的笔迹也跟着晃动，我很确定我们正在前往德国。请告知高师，如果需要中间人的话，我在瑞士认识
  古宁夫妇（莫尼耶学院）
  利时纳（孀居）夫人和她的儿子们（3）
  艾格曼（孀居）夫人和她的儿子乔治
  他们都在韦尔苏瓦（日内瓦的一个县）。
  我身体很好，会保持的。请耐心等待，我也会耐心等待的。请把所有您认为我现在正憋在心里的话都讲给拉罗什和里昂的家人。拥抱您。
  路易

---

  ① 与前一张便笺规格相同。——原编者注

一名战俘的编年史（节选）[1]

Chronique d'un prisonnier (extrait)

①　出现在第一本笔记本中的文本。尽管标注了"节选"，但在路易·阿尔都塞从战俘营带回来的全部文件中都找不到其他相关文本。这段文字中的一部分将被用在一篇题为《战俘的耻感》的文章中，后者被阿尔都塞发表在XA号战俘营的报纸《链》（第15期，1943年8月）上，并被收录在本书第341页（原编者有误，实际为第343页。——译者注）。——原编者注

1940年6月中旬左右，他突然感到充满柔情：有树，有轻柔的枝叶，有慷慨的风吹过林间的原野，有转瞬即逝的朵朵白云，这一切，甚至连同大地黯淡的土色，都在告诉他：一个重大时刻要来临了。他用一只胳膊搂住自己最好的朋友，对他说："听我讲，发誓你会听我讲下去。我控制不住自己了：我要对你诉说我的一生。"另一个人呢，很喜欢他，就任他摆布了。他讲了一夜，在从工地回来的路上讲，甚至在工地上也要趁着一起干活的机会讲。他从头讲起，不放过任何一个细节。他讲得很慢；十月份的时候才讲到他刚满十二岁时的故事，一月份的时候讲到了十五岁，他推进着叙事，如释重负，就好像在身后留下一片光明。

1941年6月中旬左右，他在枝叶与柔风之间，在金灿灿的 14
庄稼与树林之间，突然发现自己的人生已满是光明，没有一片阴影。他讲故事的速度比他生活的速度更快；在他的叙述开始正好一年后，他讲完了自己的一生。他憋了三天，什么都不讲，好让生活走到前头，然后再讲这三天的故事；但他已无事可讲，他发现所有的宝藏都送了出去，自己已然两手空空——钢琴家演奏完自己知道的所有曲目，空荡荡、赤裸裸，一无所有地在世人的目光下瑟瑟发抖：他惊恐地发现自己已经没有了记忆……

1941年6月

旅途笔记

1939年9月1日至1941年8月23日

与

战俘日记

1941年1月21日至1945年3月12日①

旅途笔记

1939年9月1日至1941年8月23日（影印）

Carnet de route

du 1er septembre 1939 au 23 août 1941

［ 摘自第一本笔记本 ］

1939

1ᵉʳ sept. – guerre polono allde 5ʰ. allé Hitler Sugillent
12ʰ. mob. g. all.

3 sept. 11ʰ guerre Angl. all 17ʰ 5ʰ guerre France
Le soir Helmut, Marianny, 9. viennent. Tapir.

4 sept. 5 sept. Que 9. me donne fine !

8 sept. Plongeons

10 sept. bataille Verdun. Contrôle changes – Comm. Philippe !

12, 13, 14 Philippe.

Janvier.

1ᵉʳ départ pour 3 x 24 Georgette avec moi

5. Amour.

7. à Clermont – caire stop de la nuit.

8. grippe. voir #0

12, ouate Belloysises pulmoraine Bailly

13. – 29 à Javria

14. songue chez Tavernier - soleil après Dubreuil Bittel

Brasset, Gelin, Ritou Hotel Paris

15. Premier de amadine.

16. peluches, froid, vent - awful. Paret-Gelan.

17 Infirmerie

20 Leisure

25 J??? Scarlatine Leisure → mixte

Feisee

2 histoire →

mars

5 Ler javanais Milliquat.

8 Le camparium M Zen

9 Nuit de Noël avec Melle Bérard. Jarand et
   la nuit de Rme Thiers Bauden-champagne.

10 Dernier Groteç - all right Espet sublime. I pint
   sortit aidé, Farann Roy, via Gani, aoûs

"11 Lundi - Récent de "convalescence" vieille formule,
   Frère de Suitton téléphone EH 1313 voitures, graines,

• Elain-Benanoff? F Frend et Capitaliame mort.
   (retournie → aqud, Yvette Belgique sous Jranchuy
   Lettre de E. H. Xavier dans le doute, Chamley and

money, Emmy et Rosozsqul Yland. "Confession"
Mens. Soulard. harmonica.

12. " Je connais votre persiste archemillay lirio Ceiba, lettr
   à Paul et Philippe. Bossuet?

13. poëtles. Paix en Finlande? "Voilà mon père ly. Gretge.
   Sous accord 7 sem! 50.000 h pour und on est?
   Parsons pour la Syrie? 7 Mars message Daladie à Athma.
   Scala??

14. Bris, bris, bris, cartes, sceur mal de gorge. Paix en
   Finlande. Que me fait la Russie? Lettre de Ras. Von Phil
   mâl Chine. Lettre de la Russie. 50.000 pour le Mt

   Ararat?

15. Supp, fait coiffeur, Cruvault. On coup le guerre aux
   vaches. Lettre à Ras Champeauy diverse - le veut
   tende. Mummy Petit malade, bebaoigres échalotte auly
   Cap forte. M. Michom tap petit pour Meller Tunc.

16. Sèche Bèche, oignons pouhy quemede longue lettre Ras
   son Capit en Syud, égalité réf étaupt étaupt. Tell
   expérience historique. Le temps déguise auter le + grand
   de tous vécelles

17. Hier Latine Place 2 Mardre. Le Manude Hazard. Jean Muidct. 2 Chapell dorme à 9 heurbre. Stile à s'oter. Mesh?
Fin pièce de Jean de Tlaupasant: hten — Rifleximin —
1 13 mar Paix Finlande.

18. Le Soon de M. Webb. emploie familles propre fault de le détail. Ramentré Htlu Mussolini — Stroy vinti' —
Guand peut on embarrer une jenne fill ?

19. ma stene. Lettar de Philippe, Roy de guerre contain.
M. Concuelli Cave Lont ce M. C. Court done — Lu le Plan des Drayblinals de P. Buck Fumer votré
tri d'intéagement pour faire couchier le problé

20. Reché. Lettre Paul. Syle. — Je suis incapable de faire ce que je feraci l'an dernier Car été venote. hunt pour une part de moi'

21. Démission Delavos — mon maire. Bridge. été.
Ras : Soit 8 heures où futur martin du pays « on mois mot le Ciel ar l'enfer de la main et nous aurons 40 » par choivir - Note neuve enfaier — Emu-parts ?

22. Toulouse. Ministre Raynaud. Soffolet in the word.
Philippe vient. Désiption S désivigp. Lomady qui auré

lui. Bonnoaille. contre le cafand er le système. Curé va.
sommeil - conferten. Attente parmi 1946 de Mansan et J.S.
Journé pleine.

23. Décipt petit. Pas de journal Seul. — Pas de musicale en historié Harmonium - Lonate au clair de lune. Télécp. -
de Paul. Bonne ruit !

24. voyage. Chaguy. Marye - Ligne train votre Étaino — manœuvre thrun et présis "en classe " L. er A. « et que vous appennent un faf" » Tout pour Paul. Pourquoi Italie ?
Train 11 à 10. Juste !! Piano. Nuit sans Jrommeil -

high days

25. - 6 h. S' Charles. Pension à la maison. Pélerinaz. Yai
Royal Princess Paul Collat. Paul et famille viennent.
→ Jefre avec la Marraine. Helle Ceus Senti Munstore
J.S. Mariage Marye en blanc, Celli Belle - Un bo + beau
temps de M.v. Pleure de Joie Communion « Brujin dorin » intomble. Marry or Thèroé buyée. upon Jacque chanti -
des velours of Cybirolle. Por H. Avranchino.

26. — Sommeil 6 h à miui Amerière Armie de Girandome.
Promb arec Hubent Asi. Leblir avec, ypon. — Plaine du B.

22

5.

6.

7.

8.

9.

10.

2.

3.

4.

24

11 pommes de terre au four
12 Fin de Babbitt. Lettre de Mardrus.
13 de Benoît Méchin
14 maman pas Gide. Lettres à Roger Paul Mémo mardrus ;
15 Départ. Boudrie(?) imprimeur ausente - Issoire 282 lits
   voilà Cabriel ×○ Ça rame bien maintenant ? Auto
   cirée ! Cassera ça ?
16 Kierkegaard. Winant. Chaplin. Castres. Bruneau. Cluzel
   veut (sans) muerp(?) sentis de pluie première. change 2 000
   Faut-il ça de silence ou pas ?
17 Vincent champ de mines, pomme de ruisseau, repas
   d'en avants. pairs de gants ; Bruellès s'en va. Auto
   la... lettre de Tramy... du Mauprat.
18 Tous les Vincent sont alliés. horloge & un panier
19 Gide journal - si peu historique de monde pourtant
   vitalisateur.
20 Arrivée un Gros Bill au qui avait lettre à Guyot
   Six. Lettre Juilette. Ce soir moment inspiré(?) l'an avant
21 Dimanche Hélène ou non pas ... la(?) le ... la vie(?),
   mère, communion. Printemps qui va...

- Je n'ai pas lu ma pauvre vie. Anne France
  Saintes horreurs de l'habitude qui vivent-là ? J'at-
  tends ce que je n'espère plus
- de mythe d'Anna et de comme au bord de la mer.
22. Vincent et Brunecont convertis. Histoire de Ballett
   ♀ Béchad jeune fille à France la villa. Histoire
   de Guargaesk mon diary au dos oh ! vous com-
   prends, vous en avez fait autant !
23 Gide
24 Pluie
25 Auto J/c Yvoire

Mai

2. Pour Laroche - replats, juillet, boîs un œuf »
   type prédérieur glaciaire le petit boeuf qui
   monte les papiers de la dernière guerre lili avait
   lili avait été grandement prochain, sur la feuille
   à Cannes(?)

3. Anniversaire de noce, muguet, giroflée violent... pots
   très pâle.

4. travaux salade. Télégr. Toc ! 1 h...

9 Bain de mer de Séte ...
10 Italie en panne — dirons Reynaud.
13 Le Sabre.
14 Paris pris
15 alerte.
16 alerte
17 2 alerts. Pétain «Sûr de..., Sûr de...
    Le drapeau C? Cleich. Argaud corde au Q.
18 anti similit? tanto voir 75 débarché
    salut.

    Le derniers carbards !
19 se fait cuisique. Similé casse une para
    chutits!
21 Le all? à l'armée. GS cité: ymoi gard.
22 De peut all? au question. Sabre rendu.
    Von den Brooke hune all?
23 Pendu l'ibe... s'en vat.
24 La 12 aby vous. Nets de Calais ... Gcij
25 Coerguidan. Ploumal autre pain. Quer.
    pisse. Arsenal 1? 30 ciment, rétablir.

ayant Guingue. Sonlège. femmes de train
He trigum in ennemie Gonillant. Mélris debut.
5. Hélène m'enlevit - Harnachement ambouchrat
    Coulous, Coulon «21, 2 ans m'a fround...»
    jouait elle ? j'ai le cafard» Velud voulait téléph.
    Dureau. dormir jour, fleurs. Elles m'ayem vat.

10 mai — 10' brig. Attaque all? de
11 Argaud. le pétraim au menelog «Par
    conséquent»
17 alerte
19 à Coulou avec Thenevin.
25 avec Bcaujant sur port. gillitts m'ombre.

    Juin.

1   Ajjvre. Pendu retourne mal
4   PTE St Avé car
7   Kerim exempt de travin
8   A Arradan avec Fourmigue Syné? H. M.
    by zién. fluités.

26

18 Retour de Lardy et amis – Mémoires de Châteaubriand
19 M. de Châteaubriand, à ... Montherlant, puis Giraudoux qu'il voulait. Foot 4–3.
20 Montherlant page de ... également ...
    ... Bonjour.
21 Garde école des femmes.
22 Duel (Villebois de —)
23 Psyché : Voyage au cours de la nuit. Lettres de Lancelin

29 Piano.
30 Chorale piano Panique Arlène ... de
    Mandelson s'étude.
31 Châteaubriand · Chorale.

Août
1er Lowndes et Giraudoux militaires Lettres de Giraudoux et Tonette. Prévost Kervan.
2. Cour ... de justice. durdu 16 chaines 3
3. Bruits de Belle Île.
5. Kervan échecs, entretien ...

26 Arsenal cuisine paille couteau – Retour à Forth, Belges ont dépouillé, adieux de Vandenbroucke
27 Adieux à Guérin. G. Kervan parle.
28 Sarde forts fumés
30 Gaz Masse

Juillet
2 garde milit. à la porte des chars Beaujard et Kervan sur le fourgon Hôtel 81
3 Diamine
4 mane 6s 9–0
6 L'évêque
7 Sarde 6e pluie ... ardeur des visiteurs
10 Hilaire lendain sur mystique · entretien avec
    Beaujard.
11 nettoyage du poste.
12 Lettre de ma sœur. offrir all. de 100 pards
    Belle.
14 magnamelle 13 au C: Beaujard et rubini
16 Paris Belle
17 une g... all. – ... et ... amis...

6. Souvenirs des pays du nord ! J'y retourne dercher un star. Longue vert. vallée de Ronsard. sons off chef d'orchestre éthique seul de la prairie, seul le ciel bleu. Longue le ça d'être préparé

7. Haut, haut, haut, le malade et le agyible les hommes. soleil palot.

8. 1° Carte prisonniers. dont un. était une Armée. cette expérience manque à lap: Bristol FOR après de la mer vulgaire conte sur la pain.

9. Bonne nuit. Même de la ciel. solitude)jamais. hrs qui. pand calme du soir. Lueur extrême. la vie, les jests du camp à cette jour.

10. Tout le jour menuiserie. temps qui passe sans conscience. Ai du soir tête par. Kummer fais sa. journal.

11. hrmi très tôt réveil fait all° frange agricole
{ "n'jamais été préparé depuis aux longtemps
décrite de bonne +++ (fait ou rien.

12. all° - soleil, fort, passe PM Choral
13. id - nuit bruyante d'avion.

14. visite all° - Grèce et Italie ef freudienne albanai.

15. chicane. manie douce Palestine

16. visite harmonium 10 seconde à ailleu.

17. piano, doigté très léger. Partie de chaîne après sténogr. (c'est violon.

Brume j'ore avec le petit chien au bord de l'eau. Je ne sais pas où je suis, prête pas ! Je nie que tu nie. oublié. Trop de nuages, de mots étrangers, de vagues enfin nous tu es trop jeune pour te lasser de l'angoisse. Un mois tous le temps où l'on se parle + que deux souvenirs je vis parmi tous ces h jeunes et lourdes, ridus et roses. mail jour d'écrire la nuit, qui peuvent parlant et demandent à l'heure, et tous les regards vers le passé « t'abandonne au bord de la mer » Je peux à toi qui jours arrivé près de l'heure sans sujet ni pointe

27

28

C'est plein midi, un train fabilon que m ne voi
pas et fans ce pens qui hante. O ji ne vous pas
oublié que demain viendra, plus grave et
la tristesse de honte, malgré le part, le soleil
d'aujourd'hui entoure de ce trop triste ontrop
rigneu.

18. — messe montque- fin de Porvilie — Montée
des Périls, Tté d'avant. Bruit de pont-
/Vietsine ? Nord ?

19. — Lettre A. Palois mumique, chorale, chôme—

20. — Maison. repus et antillant su'un manuel
on Gursean ? Notre avion match de boxe, faire
et-là à aller. apéal, Coin Côté, mes au canon, ji
de grand, impulet, pas d'amportes.

21— Lettre mon. Pick up « bombs vous été fouille
la marin ou ce soi ? » Pansinès en la mausique—
autruit & mienes. & rendent.

22. chorale, (envit, loganne avec Subct-os l'hita
cmy en perm - Rabenne Cartion uy'apel
dou vet Kreus. murphise. redirendre. & c

« wpp ut-il vous vous é megnies » Christ et
la Cénible.

23. — Conduits l'eau- camirelles rebouche fruite !

25. — Auun écit. mere basse.

27. — 8ème → Fich → Sérenmont — ha m cigne
Cola in extrêmis Tté gauchant 40 ans ? « AA but
ç à d'tad.s, rame pinontont 2 é vient: Vchin
Pervault Fich 50' Sérenmont-nuit puce
hicariombe (ẼẪϒ=?) ptté pas les eur,
Gstol « que /revisGuen's orpeupels aubs
Mindore. Ki. devant « Ann fsames
pelorche, convertus blanche fromelé. Botigilli
Cinelli.

28. Sérenmons→Gavemay offic et plt pté
Renniès: Brugmon comme aug some ds réfs »
attaule, velui Pernault, aincta, Tenaculn, espoir
femès Cartion faits arrêter le Team ! chie de
Cinelli !! - velui de P. — Honté haben nous not
micht gefarm! - comité de pillage frat de venis
de p° pite Renniès Mercenal soule de Gagnete.

29. Sauvray marins et viximonite village même
pour la nuit. Les 1000-1 manières de faire du feu.
vin à manger. Bernic mit m.th A.
30. Sauvray. nuit froide. l. repos par jour.
31. id.

Sept.

1. . id.
2. Sauvray. milars mangé démunionts pantons
Hambourg. trembre poussière. les faux Cruits
proment.
3. Chaud. dans tout vu au milieu de camp. (chechos
même " si y'en attrapait le maquereau ") la
pé-jueral partlemain. type u-o chiens -
Celerié des sauce à pleine main lavés.
5. Départ sauvray, mais buveur de té mans.
6. Train → Rouen
7. Train → Paris vers. Plume fait lily.
8. Belgium . bois fort. all- Bellews. John
Hollands. Ham ?
9. Aelemzque hiviste au matin Osnabrück ..

Braunivirta, 18 kms → staly peud état L
rept attend.
10. . soleil
11. vent
12. douche. famille.
13. pluie
17. de 300. → Braunivirta 13 km. pompe.
l'employé qui parle nach Herebof, mais à la
train
18. à Büchen. salle de bos Kanal.
19. dimd.

22. dtn. vent
23. dimd
4. relevé de sent. Prit-dénis - Huissias
25. main dénna
26. Nimbus Carboli.
... Octobre
4. Braunland soleil müde.
5. Carboli; dimd Carcopino J Chevalie.

30

22 transp, porteurs. Die Mecklenburger Sonne
Bei Nacht gehs Kummet ... Kartoffeln Weiler?
23 lune et ciel sans trou.
24. Environs de Montreuil.
25 pré Schönwische. fini manteau Emile
26 _____ jour
27 bien mangé!
28 frais puis soleil
29 - + vent.
30 fini.
31 à l'autre bout du chantier
   Novembre
1. Hamburg type de cheminées. Terre, journal.
   boulangers - Douche - faim croûle/boule...
2 Italie et Guise : guerre.
3. Lettre maman. Chevreuils.
4. Temps doux. Ifachel brelk pomme augd.
   rouge
5. Temps doux. élections OSA. Tanya 85?

électrique.
6. 0 mono écrivus.
7. Beau temps vent sud-ol.
9. Beau temps, travail dur, béton marre et
   coin, bien mangé. Arbres + noté qu'un Fa
   murs de châtaigners
11 recherche de pieux - douze à midi!
12 faim pluie douches, grands vols corneilles
   très doux. béton. Train d'Union.
18 wae jrall? T----- . ciel arrivé. oq.
   les recoll.
14. Camions gare.
15 aujourd'hui ce pont 12 ans puisque te v...
   par le più à faire à temps mayn. poteaux télly
   détoni. guise avec Soram.
16. beau temps, porteurs
17 pfall.
18 -- jd. gilberte, corvenilus punie.
19 réine porteurs 250. de danio
20 beurre confi. puis. Cetui à Pâu ②

Décembre

2. Une fête d'une nom – Chiappe sont.
3. gel – argent renvoyé
4. colis
5. bourrasque pluie neige
6. neige
7. de l'orraque carnets
8. 4. lettre – Gabriel Mam Paul
9. Paquets Pascale Brillon
13. carte à Paul
14. Vanillin lettre Willemin Paul Rau
17. neige. Winicken
18. neige bellage
19. gare neige dells toile
25. colis livre
29. colis Pascale
31. id

<u>Janvier 1941.</u>

1 Rhume
2 colis Hahn.

31

6 Roosevelt relit. chevaux français
7 parlant.
8 pluie
   pluie
10 lettre Lyon
14 La mer, vent d'aef jambes arrachés
15 – vent.
16 gelé colis. nous vent
17 temps couvert
18 colis
20 lettre de Sud – – –
21 lettre à Lyon
24 Choucroûte
26 chien
27 colis Pascale, et Lyon
29 chiens froid.
30 Suzanne part.
1 lettre Suzanne Hans matières
   De

32

25. — Büchen. Hermann
　　　　　Pénin

5. colis Fabris
6. colis Palmi
8 colis Pascali
10 Simon or Abbazakim
24 discours de Hitler – écouté.
25 Bebé' va être reconnais'ds plus ...
　　Wao macht ihr dem ? Politik ...»
　　　　　　　　Haas
2 Bulgarie occupé
3 printemps
5 J'envoie 50 H à dym.

Août 1941

4 août. nuit du 4 aout 41 Kdo dagone
　　nach Wanuvich – malur.
5. Wanuvich musique bruit au dême !
Fête, jeune qui vient et vient tard de nuit.

4 colis della Bríllon
18 Départ pour Schlenurÿ malaÿ sur
"Chocolat "Tzein, falot in plein figuer
de jaune or-no Najos Pont. Palais magne.
Suum Cuique. grand bois de Bismarck.
Aade ? — no, nein — "Chocolat-Parti.
19. Schlenurÿ accablem. douleur, accad —
　Resta ou parti ?
20 Still. neige. Kenhire. Le débagrim
　Solitaire élève de Ladhize.
21. arrivé de Hermann en des misere(?)
Discours de Pâques sur le chant, le ballon
+ difficile à chanter en français qu'autel.
(comme, romplike,) vocalice tout en A
Le marocain juristi(?) j'entens.
22. Camp de puis Schlenurÿ départ
de misere Paris chance Hermann !
Le prêter qui raconte se pêche s'étant
ce qu'il y a de + petit en fait de castllÿ
23 Relou Brichu regard à l'Etat ?

Gravaud asphumée au Plessis en Saiga ou Jocelyn

Docteur François 94 rue Pointe Caddet Asnières
Gandinas 6 impasse Llemon Puteaux
                        6 rue Louis Ganne Paris 20
Zeghou André' la chapelle d'Armentière Nord
Durival 76 avenue du 11 nov. Brive
Bessière 53 avenue des Ternes Paris XVII
          Petit Poncet Pl. Clichy Tél Marc 12-28
Simon Sacha Lot Ry Nancy
          183 rue de St Saury Nancy
Loyans 13 rue de Fotes St Jacques Paris V
          Werun en Garonne T. G.
Poguet Bayeux Sté Liminaire
          Mafille rue Glacière 87.
Gaumont 12 avenue du Coq Marceau
Limian 7 rue Michelet Dijon Orléans
Hyme Simon de M Sibilot Uleffe par
          Vannes le Chaleau M- et M.
Foguet 160 bis rue de Charenton XII

33

— 1 heure . environ.
6 Départ hôpital sell. auto.
7 Schlevnig →
   22 août au Thales
28. à sch. jour à dim longuement une tête
     estinue du bâtiment soleil, emplous infini
     conscience du tout impossible. je sens et suis
     ce dans prise à tout ce qui m'écartour . Tout le
     courage que celui de la croisune du munde ,
     prisone du munde simple et si munde simplement
     au soleil levant d'une jardin de pais.
     Mais complexe et dramatique de cette
     époque — Drame de l'Ok d'État qui doit
     être consciune perpétuelle de son pays.
     et si je saurai tout ce qui te peur ly de tête
     éclati Douleur et grande de l'ambition politique par
     le munde ne reste pas de la tête. Prisme ā
     écrire.

34

22 décembre 44

5 décembre 44

第二本笔记本（"战俘日记"部分）中的两页

战俘日记

1941年1月21日至1945年3月12日

Journal de captivité

du 21 janvier 1941 au 12 mars 1945

[第二本笔记本开始]

我的脚步声渐渐逝去；没有恐惧
我想再次看见废泉，水神潜泳
在我梦中清纯的双眸里游弋
我还想对正在死去的欲望低头
让我的前额永离你的双唇
你啊，不会知道我一直爱着你！

1941年

．

施莱斯维希，1 月 21 日   39

年岁在它翠绿的愉悦中变得年轻
残忍的西蒙娜①呀，在我迷恋你的时候
你的年岁刚绽放出二八的鲜花
你的面容还在感受着它的童年

你还有公主的举止
语气与步伐；你的嘴优美
你的额你的手配得上不朽
还有你的眼眸，一想起它就让我要死

那时见到如此的大美，我恋爱了
把它刻写在心中的大理石上
让你如此完美的美存留至今

―――――――――

　① 西蒙娜，阿尔都塞少年时的初恋，遭到母亲反对。见《来日方长》第 78 页及以
下。――原编者注

今不如昔，我也不如以往快乐
因为我看不到你如今的模样
只能活在对那些美的甜蜜回忆中

1月22日

一整天过后的冥想。纷杂的声音环绕着我，这是从所有德国的农场、从所有闪烁着一圈圈眼睛与烟斗的地窖里升起的突然的低语，是整个法国话的合奏，这些话永远遵循着相同的顺序，有主语、动词和补语，它们对外国话漠不关心，因为后者的习惯与它们并非总是相同。暗影降临，我想到，在这即将从波罗的海的沙滩延伸到黑森林的白雪的沉默中，每晚都会有上百万具身体躺在草木堆上，构成法兰西的全部沉默，就好像一夜之间全国的男人都由于心血来潮，或由于又一个约书亚的奇迹出走了，睡在这只有几十度的东方。昨晚，在床间响起了手风琴声，奇特的温柔让所有人都猛然坐起。过了这么长时间，那些和声，那些被淡忘的心碎时刻，那些音调，又重新出现，让大家发现彼此既童贞又年轻。我绝不会想到，在背井离乡六个月以后，在触手可及的地方，会有突然迸发出来的如此强烈的情感。

一群人挤在木棚里，令人难以忍受的孤独。令人难以忍受的冷酷。只要注视其中一个人，我就会感到在他全部的存在、痛苦与懊悔、过去与将来的生活面前，在这样一个存在的奇迹面前，自己是多么脆弱。暗影进一步攀向这些身体，使他们的脸在灯光下倾斜。木板如此狭窄，人们却不能一去不复返地离开这里，走向风与寒冷。

布亨，1月24日

第八天的时候，老师给她讲发声。安娜①就开始用第一个元音和字母表里的第一个字母讲述一切，讲述高山与平原、鲜花与房屋，讲述人们造就或任其生长的万物。她一点一点地发现这个世界：变色龙是如何通过改变颜色来欺骗树木，不让它们发现自己的存在，让它们产生自我怀疑，就好像奥德修斯对独眼巨人一样忽隐忽现；河流是如何奔淌过大地、海洋与天空，但从不断流，这样它们才能被称为河流；自有地球伊始，蛇是如何因为嫉妒那使天空、海洋和大地变圆的精神，咬着自己尾巴，让自己也变成一个球形，就像长老赐给巴门尼德的那一个。她让这些画面围绕着她生长，用相同的唯一的惊叹欢迎着它们："啊、啊、啊、啊……"

重读了今晚收到的几封信。一切都离我那么遥远。

---

① 安娜（Anna，或Annah、Hanna），阿尔都塞与当时正在抑郁中的妹妹通信中出现的神话人物（参见路易·阿尔都塞1940年4月20日写给若尔热特·阿尔都塞的信，收于当代出版纪念研究所阿尔都塞档案中）；也出现于本书的《旅途笔记》（第19页），日期分别是1940年4月20日和22日。又见我们的前言。——原编者注

布［亨］，2月3日

慢慢地，从厨房回来。糟糕的一周过后，时光变得悠然。头一回，我听到从远处传来此起彼伏的犬吠声，好像在法国一样。有点像是生活在柔软的雪层下恢复了生机，尽管还是黑夜。十五天了，小腹的疝气一直在提醒着我的虚弱。一个新的虚弱部位，就好像我虚弱得还不够似的。身体的抵抗力，在长时间的疼痛后，突然消失了。而且是终生的。

昨天，这里组织了一场"戏剧表演"。六张桌子，十二位志愿者，我们一起度过了美妙的两三个小时。马菲耶①的喜剧，还有他的一些故事："我给一个小孩两块巧克力饼，让他跳到水里去——他这会儿在医院呢，肿了这么大一个包——他没想到冰还没融化！"

2月7日②

我梦到自己参与了2月6日的事件。成堆的裸尸，飞机驶过、扫射。随后是一片死寂。我在田野上，眼前的树林里，有

---

① 一名来自巴黎的战俘。——原编者注
　参见前言第36—37页正文与译者注。——译者注
② 1941年2月7日、9日、11日，1944年7月13日、9月26日以及1945年2月7日对梦的记录，后被收入《无尽的焦虑之梦》（奥利维耶·科尔佩、扬·穆利耶·布唐编，格拉塞出版社，2015年），中文版参见《无尽的焦虑之梦》，曹天羽译，南京大学出版社，2021年。译文或有修改，不一一注出。——译者注

一群白发苍苍的老妇人，还有一位少女。我注视着她，心潮澎湃，我已经觉得自己可能要爱上她了；但怎样才能向她表白呢？灵机一动：我慢慢往前走，向老人们问好，挨个儿亲吻她们的手；这样，我对那位少女的表现就不会显得唐突了：我的唇长久地吻着她细嫩的双手。

44

2月9日

　　我梦到坐潜艇旅行。西蒙[①]驾驶。但我们要去哪里呢？透过大雾，我突然看见了岸：因为夜色的缘故，我把瑞士的海岸错认成了挪威的海岸。景色很别致：陡峭的岸壁，肥沃的土地，一侧的山坡上长着一些矮小但青翠的松树，红色的屋顶，还有许多漂亮的船：白木制的快帆船，密集的桅杆指向天际，龙骨和船身侧面绘有精美的装饰画——因为我是从下面往上看的——还有一些奇怪的小楼。潜艇自动靠岸。西蒙只是看着，撒手不管。随后我们进入一片狭长、低矮的区域，这是一条海湾深处的运河。但直到看见每一处山脚下、每一处岸滨旁停靠着的许多老船，无数桅杆指向天空，我才意识到这不是基尔运河。这是"瑞士运河"。

---

　　① 萨沙·西蒙，南希市《共和国东境》报的记者。他出版了一本关于XA战俘营的回忆录：《魂灭》，南希，解脱出版社（Délivrance），1947年。——原编者注

2月11日

45

昨天做了一个关于西蒙的短梦。

还梦到了。妈妈带着我去见一位朋友。坐着汽车。她住在莫尔旺地区深处的一个偏僻小农场里。汽车艰难地爬坡。妈妈跟我讲，这位朋友失去了丈夫，只有一个小女儿，生活凄苦。一直是上坡路，我睡着了。当我醒来时，我们已经到达目的地。小屋坐落在一片光秃秃的空地上，在风中摇摇欲坠，但我想到这片空地倒很适合打弹珠。周围的莫尔旺山脉比往常看上去更高耸，道路曲折；看不到别的房屋。我们见到妈妈的朋友和她的小女儿。神情很是悲愁。我提到她丈夫，她的神情就更悲伤了。我寻思自己怎么可以这样不近人情，但就是忍不住要谈这个话题。妈妈的朋友邀请我们："你们想不想去看他的坟？"我记不得她是不是真的讲了这句话，但我们一起出发了，她和我走在前面，母亲走在后面。我比她还要悲伤，于是我拉起她的手。我们沿着路往下走，坡度很大，我们跑了起来。我没有和她讲一句话，但我觉得我已经快哭出来了。下坡走了一阵，我们到了一处平地，等待身后跟着我们的母亲。当她赶上我们的时候，我再也忍不住了，扑到她的怀里痛哭，哭得好伤心呀！

2月13日

为了三根香烟，西蒙、乌西瓦尔、尚布里永、帕兰、卡特林先生[①]还有我占领了土耳其。我们派卡特林先生前往马赛的邮局，给部长寄去关于此次行动的汇报。

4月13日

复活节。春天姗姗来迟，灰蒙蒙，白凄凄，幼小的花蕾长在树枝顶端，就像十八个穿着长袍的小孩站在脏兮兮的房屋前。我想起昨晚和西蒙站在微温的雨水和古旧的春风里。没有光，不透明，世界在这里变成了一片混沌。让人疑惑的是：既无树林，也无群山，只有来自两片海域的风，那些沙的激情何来？我想象着希腊的神灵，因为虔诚的炯炯目光太过单纯而不会想到大地。"苏格拉底说，啊，让我感兴趣的不是树，而是人。"[②]我又想象着德意志中部地区的神灵，树林、山谷与大河的众神，晦暗的细枝像一棵老橡树。哪一位才是这里赤裸的灰沙和被孤风吹过的光秃秃的海滨的［真神］呢？缺乏阳光，缺乏土地。

缺乏仇恨，但我最没有想到的便是这种记忆的缺乏，这种宽厚大度。战争只留下些许酸苦。在这里许多人并不真心爱法国，就像在法国许多人真心欣赏德国。阴郁的女人们，尽管拥

---

① 其中只有卡特林先生、居伊·乌西瓦尔和萨沙·西蒙同为战俘；塞尔日·尚布里永和乔治·帕兰是阿尔都塞在里昂预备班的同学（参见《阿尔都塞传》，第一卷，第116—128页），不是战俘。——原编者注

② 译文根据阿尔都塞抄录的法文译出。另参见柏拉图《斐德若》，《柏拉图全集·中短篇作品》（上），刘小枫、刘振等译，华夏出版社，2023年，第617页："你得顾着我啊，我的好人儿。毕竟，我热爱学习。田园和树木不愿意教我任何东西，倒是城里的世人愿意教。"另参见本书第61页正文。——译者注

有权利，却很少关心政治。一四年的老人们，毫无恨意地回忆着自己艰难的经历，"煤气表"① 说："凡尔登，可怕的凡尔登！还有可怕的法国炮兵；一个德国步兵要面对四门朝他开火的大炮！"然而越可怜的人越不怨愤。男孩们在聊天，嬉笑着，只有一个人鞭子玩得过分。没有仇恨。

相反，人们越来越多愁善感。比如那位泥瓦工，私下对屋面工说："路易，作为一个男人，我对你说实话，你知道我绝不愿看你受苦。我每天都因为你被关在这里当战俘而感到难过。"他自从九月以来和我谈了四、五、六次，每次一小时。多愁善感的德国，人道主义的德国，我想起比洛② 的话："没有人比德国人更有人性了。"廉价的温柔，随和，人们太容易去拥抱的那些过于敞开的心灵，太简单的爱。这一切使法国人反感。生活中有太多的随和。

4月20日

乌西瓦尔在写东西，西蒙在打桥牌。灰蒙蒙的周日，云很低，鸟也不叫。寂静的德国只有旗帜在风中招展。元首的五十二岁生日。

---

① 一名德国哨兵的外号。——原编者注

② 指伯恩哈特·冯·比洛（Bernhard Heinrich Karl Martin von Bülow，1849—1929），德国政治家，1900—1909 年间任德意志帝国首相。——译者注

体力劳动出人意料地简单。我这才明白了乌尔①的话：写论述文比给火车卸货要难得多。只要找到节奏，一天就过得很快。我想起接待我的老人对我说：别像个疯子一样！因为我干活儿太快。动作要利落，沉下叉子，站稳了准备，然后做出动作。我花了好大劲儿才克制住自己对这种拖延的反感，因为我觉得时间太宝贵了，不能浪费。当看到要装上卡车的货在路边堆积成山时，我心里想："这永远也完不成！"但其实只是需要时间而已。现在问题解决了。我明白了：双脚沉稳地站在地上，肌肉缓慢、熟练地用力，这样的身体习惯是能给人带来安全的。劳动者沉着自如。没有难题等着解决。唯一的感觉就是一切都将一如既往地过去，不可能出现什么问题。他对接下来的一天的想法是："开工吧"。

简单，但又让人筋疲力尽。一天结束后，疲倦，吃饭，睡觉。这样的艰苦劳动之后，难以想象希腊城邦居民的精神自由。必然的奴隶状态。

4月24日

"煤气表"，很高大，驼背，讨好人的样子，笑的时候会露出蛀牙，有些忧伤，生着病。在水泥道路前，皮鞋嗒嗒响，车轮滚动着。轰隆声。

---

① 约瑟夫·乌尔，又叫"乌尔老爹"，1935年至1962年任里昂公园高中的预备班历史老师。——原编者注

［ 两行字被完全涂抹了 ］

西蒙在写回忆录。德国在大陆的势力，从挪威到希腊。没 49
有人比拿破仑更完美地封锁了英国。参照，希特勒重新采用了
拿破仑的海岸线政策，不过是出于别的理由。对于1805年的英
国，1 条海岸线 =1 个港口 = 贸易的可能性；对于1941年正在对
抗英［国］的德［国］，一条海岸线 = 一个基地。

缺席于世界。太远，太孤单，刚习惯了远离，法国那么远，
不再占据中央，而是蜷缩在高原的南边。从未见过这样的事件。
从未感受过这样的摇摆不定，这样的无根据。生活任凭一切摆
布，受北边或南边几场军事胜利的支配。从未像现在这样对生
活没有把握。

4月25日

平原上的风。这里极度贫乏。忆往昔，1937年6月在拉罗
什，能过上轻松的三个星期，到处是树木的汁液，发酸的小樱
桃长在树枝的末端，在蓄水池的阴影下，有成堆的落叶和无数
飞舞的苍蝇。现在这一切再也不可能了。周围的世界太沉重，
太严峻，要知道德国正在竭尽全力把军队一直部署到大陆的尽
头，它绷紧的庞大身躯贯穿欧洲，在几个极点地区与希腊之间
展开。在德国每天要度过的十二个小时、这种劳累、六个半小
时的睡眠，这些也很沉重；这片土地寸草不生，只有光秃秃的
沙在经受风吹日晒，除了巨大的掩体工事的投影，以及人们在

正午的阳光下苍白的、微缩的身影以外，再没有别的阴影。

50 **4月27日**

　　灰蒙蒙的周日，风中夹着细雨。风，这唯一常存的、永在的生命，吹在奇迹般扎根于大地的、因建得有些仓促而显得草率的房屋上。这些数不清的高屋子有着笔直的墙和陡峭的屋顶。

　　我想到了法国乡下的房屋，离地很近，很矮，几乎与大地浑然一体，它们是那么自然，就好像一直被大地托举着。我很难想象人们要如何在这种过于人性的、过于市镇化的人工环境下作画。这里的乡下房屋没有历史，没有过往。德国的传统都躲进了城里。村庄都太新了，就像郊区；法国的村庄还都很古老，还保存着它们全部的记忆。

　　O[①]讲了一个我所听过的最令人难受和心里发酸的故事。一个年轻人和一位姑娘散着步，闲聊着。他们相互认识。突然，那个年轻小伙子鲁莽地"把手摸向了姑娘的屁股"。年轻姑娘任由他摸着，只是有点发窘，天真地问道："噢！为什么你不说一声你爱我！"

　　屋子都有很高的窗户，它们在这北国苦冽的季节里紧闭着。

---

① 居伊·乌西瓦尔，布里夫人。他就是《来日方长》第90页提到的那位年轻"大学生"。——原编者注

灰蒙蒙的春天有些羞怯，纤弱的花朵与零星的花蕾忍受着吹来 51
的风。奇特的异国风味：透过窗户，我们可以看到玻璃后面摆
放着热带花草、多肉植物、天竺葵、阿尔及尔瓜叶菊、仙客来。
荷兰的雾气里长出了最热烈的色彩，唤起我对阳光的怀念。真
怀念那些花儿呀。

4月28日

我在读《伊菲革涅亚》。壮丽的诗篇交替吟诵着海与风的
主题。诗的起头是明亮的，寂静中曙光来临。

"阿〔伽门农〕：
是的，是阿伽门农你的王把你叫醒，
快啊，认出在你耳边唤呼的声音！

阿耳刻斯：
是您本人来了，主公！是什么要紧的事
竟让您远远地跑在曙光前头？
微弱的天光还不够替您照亮、为我领路。
在奥利斯，只有您与我睁开了双眼。
您莫非在空中听到什么声响？
今夜莫非有好风让我们如愿以偿？

可军队、风和涅普顿神都还在沉眠。"①

唯一可以与之相比的清澈，简单的主题，《太太学堂》：
"我在战场的时候，难道没下一点雨？"

52　还有：

"看啊，赫勒斯滂水在我们船桨下泛白
背信弃义的特洛伊也被大火吞没
它的人民被您囚禁，普里阿摩斯跪倒在您脚下
看啊，您船尾挂着花冠的战船
载您重返这同一个奥利斯
这终将过去的幸福凯旋
会成为未来时代的永恒话题。"②

5月1日

休息。今早的训话，所有人围成方阵，紧贴着那位法国战

---

① 译文根据阿尔都塞抄录的法文译出。另参见拉辛《伊菲革涅亚》，吴雅凌译，《鸭绿江》2018年第8期，第77页。——译者注

② 译文根据阿尔都塞抄录的法文译出。另参见拉辛《伊菲革涅亚》，吴雅凌译，前引，第90—91页。阿尔都塞在"普里阿摩斯跪倒在您脚下"之后少抄了一句"海伦也由您亲手交还给她的丈夫"。——译者注

俘……公开朗读D①的信，"谁有话要讲?"然后每个人轮流出列讲话……持续了三刻钟。弗拉芒人军士没说话，艰难地翻译着，"告诉他，快告诉他!"，有些不情愿。费尔德韦伯好声好气地说："你们去问你们之中 'die den Weltkrieg mitgemacht haben' ② 老兵们——他们怎么看如今的战俘待遇?"德蒙拿着两个饭盒说："你呢，你每天吃多少?"——和平民有关的话题，费尔德韦伯挪揄地问："如果有平民跳进了水渠里，你们会怎么做?"所有人都用最响亮的声音回答："我也跳进水里，这样就解放了!"大家都笑了。独特的晨会。费尔德韦伯很有耐心。德国的5月1日。

53

5月4日

周日。身边所有人都精神沮丧。想到在法国还有人等着战俘们回去帮忙干活或做重大决定，我就心里发酸。但这里的人几乎听不到家里的消息。

[十二行字被仔细地涂抹了]

---

① 很可能是弗朗西斯·迪塞讷，阿尔都塞1939年至1940年在伊苏瓦尔认识的被俘战友（见《致友人信笺》第9号，1942年7月8日，第244页）。这里可能是在讲战俘们在信中诉苦，控诉他们在工作队里的待遇：他们的食物配给经常被卫兵拿走一部分。——原编者注

② 翻译："参加过［第一次］世界大战的"。——原编者注

原文为德文，原编者注给出的是法文翻译。除大段引文，以下凡出现法文以外的西文单词、短语，均保留原文。——译者注

独一无二的氛围；学习集体生活和人情世故；在写这些字的时候，我突然想明白了，我在这里重新找到的、亲身经历的喜爱的主题，就是我在《暧昧》①一文里深入探讨过的。我们之间的关系难以言喻，混杂着真实与虚构，真理与谎言。好几次我都会停下，不再讲话，自问和我交谈的人是认真的还是在取笑我，甚至会直接问他是不是在嘲弄我，尽管得不到准确的回答。

虚张声势的愤怒，出人意料的知心话，表里不一的态度，虚情假意的性格，身体紧靠着，靠在一起睡觉，靠在一起生活，在一个比玻璃笼子还不如的地方，这些造物、这些分裂的自我，被挤压着。那些最简单、最清澈的灵魂，也是最沉默的：像J、B、C②这样的老农民。一旦他们身边的人保持必要的沉默，一旦声音远去，一旦人们面面相觑，两两成对，握着一动不动的铁锹，进入这种看上去无所期待却让人聊起知心话的必要的孤独中，这些人就会毫不掩饰地思念家宅、土地、面包和红酒。这些无法不关心周遭一切的灵魂里有多少秘密呀！语言的极端威力，K.L.③，这位本色的无政府主义者（！），模仿着他们，尽管装得不像，"等我回到法国，会有一件事让我良心不安"，他几乎是唯一一个让我们都为他没有逃跑而感到惊讶的人！他非常腼腆，嗓门很大，用高声来掩饰自己的犹豫不决和……收到

---

① 一篇报告或文本的标题，在阿尔都塞档案里没有找到关于它的任何痕迹。关于这篇文本，也见第288页阿尔都塞与保罗和马尼·戈德马尔的通信的注释。——原编者注

② 这些都是《来日方长》与《事实》里面记录过的农民。据推测，J是路易·茹昂，B是贝拉米，他们都住在诺曼底；C是《事实》里提到的科隆班。——原编者注

③ 身份不明。——原编者注

《文集》^①！通常的语气像是喝醉了酒，庸俗不堪，开着粗暴的玩笑，不会上当受骗，但也没什么自信。与S^②的关系，"来自东方的坟墓"，玩着欺诈游戏，各种程度的伪装，我们之间会争吵和动怒，但其实没有生气，彼此都心知肚明地玩着游戏，却在最后一刻之前都假装不知道：我的姑娘^③来给我们翻译！好了不讲S^④了，讲讲其他人，他们都滴水不漏，自我封闭，让人看不透，除了两三个不知羞耻的人以外，但后者也只暴露了自己的可耻。在这里，比起自己的战友们，我更熟悉一些德国人的人生。可能只有乌西瓦尔和马约是例外^⑤。如果有什么事只关系到单独一个既保守秘密又小心谨慎的人，法国人对它会极端嫉妒：梅丽桑黛死时，大家一片沉默，老神父却说，"这是一个神秘的卑微存在，和所有人一样"。

55

5月5日

《我的奋斗》第35页："1909年至1910年这段时间，我的处境发生了一些改变，因为在这一时期，我不再为了每天的面包

---

① 一本合作主义的政治周刊，1940年创刊，主编为阿方斯·德·夏多布里昂。后者的儿子居伊也是XA号战俘营的囚徒（见《阿尔都塞传》，第一卷，第200页）。——原编者注

② 萨沙·西蒙。——原编者注

③ "我的姑娘"原文"Ma fille"，连读为"Mafille（马菲耶）"，是萨沙·西蒙的外号。参见前言第36—37页正文和译者注。——译者注

④ 萨沙·西蒙。——原编者注

⑤ 马约，来自里昂。——原编者注

而去劳动当苦力……我不再像从前一样，晚上结束劳动回到家时已经累得半死，没法在看书时不打瞌睡。"①这段文字写的就是现在的我。

一个经常重复出现的难题。谁受了更大的苦：是在这里等待的人？还是在法国等待的人？我感到有点羞愧，因为在这里，我要吃得比许多在法国的人更好，还有那么多的人关心、思念，而那些在法国的人受了比我更大的苦，却无人挂念。在这里，我收到许多人节衣缩食送来的储备，然而我可以回报的却很少，甚至无以回报。错误的处境。我害怕回去的时候，人们会带着某种快意，或是某种内心的骄傲施我以怜悯。在这里生存艰难，当然很艰难，我挨着饿，累得要死，无尽的等待，在风吹雨打之下瑟瑟发抖，站在零下二十五度的雪中眼巴巴等着夜晚降临和夜晚的温暖。但我明白了，那些似乎无法克服的，最终都能克服；甚至苦涩的事物其实也很简单，担心它们要比经历它们更令人难受。那些在远方怜悯我的人，其实在怜悯他们想象中我所受的苦，而不是我真正受的苦。他们以为我要受的苦，其实已经被我抛在身后，已经被我经受过并且被我战胜了。

现在我会写点东西，我每天阅读近一个小时，尽管白天从未有过的漫长，我还是享受着这种相对的精神独立。轻松的劳作。我想到了九月、十月、十一月那几个可怕的月份，我和迪塞讷在第三区的小房间里，瘫倒在床上度过周日，手边是一整

---

① 原文为德文。此处本有原编者注，内容为法文翻译。为方便中文读者阅读，本书正文中出现的大段法文以外的文字，均直接翻译为中文。——译者注

56

个星期才省下的两公斤面包，只为能在周日奢侈一回。我又看
到迪塞讷一个接一个地吃着面包片，吃了一整天。饿迷了心窍，
那种感觉既尖锐又紧张，夺走了全部的精神自由。等待着即将
到来的饥饿，焦虑地想着明天，被"德国人的余粮"诱惑着，
我经受了这一切，它占据我的身心，以致我无法思考和阅读。
这些夜晚的疲倦让周日的一天都披上了值得被仔细咀嚼的愉悦，
并且把这种愉悦拉伸到足以接纳一整天的长度，让它有了吸收
一切的能力，也就是躺在床上吃啊，吃啊。我当时说，我们陷
入了 "ἐπι-θυμία[①]"。

现在精神相对自由。我吃了很多，为的是不再想到吃，我
已经很长时间不再想到吃了。"ἐπι-θυμίαμα" 的自由：为了忘记
吃而吃。但时间还是太少，没有闲暇感。时间紧迫，担心这段
时间白白浪费，担心生命溜走无可挽回。

5月6日

晚上收到马尼[②]的卡片，让我很生自己的气。"别说什么你
已经不是以前的自己了。现在没有谁还能和从前一样。"我对自
己满意吗？这是一个真诚与否的问题。我还极端害怕自己会变
得乖戾。如果没有无限的耐心或是特殊的恩典，我要么会变得
自命不凡，要么会变得牢骚满腹，二者必居其一。

---

① 希腊文，通常指欲求，在这里指饥饿。——原编者注
② 马尼·德·戈德马尔，保罗·德·戈德马尔的妻子。——原编者注

晴空万里，白云伸展，刮着风，大地很低，树木和房屋都
紧贴着泥土，这一切都让我无法冷静地想到这场大雨，但是暴
风和骤雨就要来了。上帝降福了，用这一连串的元音，多重的、
女性的雨水，爱抚着这片贫瘠的土地，让人不得不想到法兰西。

58　5月9日

想到了帕兰，还有P夫人[①]。我想起1937年的夏天，在拉罗
什，我读着这首帕兰的诗，诗里谈到"残忍的遗忘"或诸如此
类的东西，甚至谈到了嫉妒与放弃，然后，错得离谱的评论，
这个问题："你的朋友多大年纪？十九岁，这么年轻就已经对生
活失望了。可怜的孩子！"

弗拉芒人军士给我看他未参军时的照片，身材高大，挺着
肚子，还是同一个人，但穿着让人一眼瞧上去更具威严的衣服。
军装已经丧失了其魅力，因为我早就习惯了。比起一个穿得很
好的平民，我还是更容易责骂军人（军人有军衔等于穿了一套
漂亮衣服）。

成形中的《伊菲革涅亚》的片段。

---

　　① 无疑是苏珊·帕斯卡利。帕斯卡利夫妇是阿尔都塞一家在阿尔及尔的同事，曾于
1937年夏天到拉罗什米莱拜访阿尔都塞一家。——原编者注

在目前这个环境下，我经常重新想到《雅瓦奈》①。气氛是差不多的，只是少了女人。二百八十个性格各异的老哥被关在一起，为鸡毛蒜皮的小事争闹，视野狭隘，一切都被塞进床与床之间的那么点空间，被塞进夹在两个衣柜之间的衣柜那么点空间，活像一个令人大开眼界的鸡窝。也有几位奇人，他们高高在上，既单纯又优雅，对周遭的乱局正眼都不瞧一下。我想到了卡特林先生，他是唯一一个能让我打定主意称为先生而又不带嘲讽之意的人。他身材挺拔，长长的脖子上顶着一颗温柔的脑袋。嘴唇是用来微笑而不是开口大笑的。安静，含蓄，特别有分寸感，带有古典的气质。干活时动作优美，又有耐心。还是新教徒。他是个农民，却从没被人瞧出来过，这就让身陷这场闹剧里的他更显得优雅。

59

[空白的一页②]

8月末，施莱斯维希

赤裸的树叶在轻柔的风中缓缓飘落，天地之间都是树叶的闪光，还有这雨水，一切都让我感觉到秋天的气息。我在那儿，在这间白色的医院里，周围是堆叠的身体，直挤到小船的尖头，也就是最后才会沉入水中的救生角；在落叶飞舞的高处，人们

---

① 指让·马拉凯的《雅瓦奈一家》，1939年由德诺埃尔（Denoël）出版社出版。——原编者注

② 1941年5月初至8月末的日记"空白"，在前面影印的《旅途笔记》中也可发现这个空白（参见第32页），它与《旅途笔记》中提到的严重抑郁和住院有关。——原编者注

再也看不见船身。

还有这神圣的甜美，还有病床的纯洁，还有那些逐渐变得轻声的、淡淡的新话语，尽管已然入秋，却还在身体和惊奇的春天。我睡了，美美地睡着了，不自觉地翻了一个身，用膝盖抵住胸膛，就像回到了童年。

60　　我读着书，肚子饿得比以前更狠了，时间不多，也没有多少事可做；反思得更少了，我只想到那些重要的事情，回想那些重大的时刻。但我身在此地，离一切都是那么的遥远。弥撒，音乐，指挥官，贝桑松，法国的医院，穿着白皮草的妹妹，还有好多好多的记忆，它们围绕着我，但并不让我难过。

随后平静的时刻会来临，一个接一个的音符被管风琴分娩出来，像孩子一样奔跑着集合到一起，只有一个音符漠然地等待着嘈杂过去，像个大姑娘一样转过身去不看它们，而等她再转过身来的时候，其他的音符还在深处移动着，但很快就要排成一列了，只需要再努力一下，事儿就成了。

丢勒的马克西米利安的圣经。插画，引人注目的彩饰字母，异教徒，大腹便便的淫妇，布道词上方趴着几条狗，下方，酒鬼的肚子上放着葡萄酒壶。老妇人在太阳上拾捡着树枝，蜡烛挂在圆柱上，鸟儿死在一边，最后是阿拉伯风格的图案。这些插画不可思议地没头没脑。中间有一些缩小了的肮脏高塔，置于被高墙围起来的拥挤的城市中，高贵、缓慢、郑重地写下了庄严的、无关紧要的字母，哥特体的文本整整齐齐地合拢在一起，面对着入侵。难道瓦莱里不知道丢勒吗？

8 月末。战俘营。封闭营房

我在读《浮士德》，有些难读。里面太多东西，诗句不够
纯。太多的献词、序幕和序曲。但诗意很纯，很超前——尽管　61
德国文学有些滞后——很有创造力，离那个激烈且至高无上的
世界很近。

"凡是属于人性的一切/我将在我的内心独自享用/并以我的
心神掌握至高至深的道理/在我的胸中积累全人类的祸福休戚/
于是我的小我将扩大成为它的大我。"①

G②瘦了许多，可他那么能吃！他整日整夜地撒尿，两天两
宿就能尿一百泡，还有那不会愈合的小伤口。我对他无话可说。

9 月 4 日

和尼克③聊了很久。他还是个孩子，出奇地天真，憨厚又
勤恳。他讲了他对一部经文进行舞蹈学研究的故事。谈到斯特
拉文斯基；想起一次排练：一名乐手问道：这里我该怎么办，
是降还是升？乐团指挥也不确定：等我去问问大师。三天后大

---

① 歌德，《浮士德》，奥比耶—蒙田出版社，1976 年，第 57 页（第 1770—1774 行）。——
原编者注
　原文为德文。译文参见歌德《浮士德》，绿原译，人民文学出版社，1994 年，第
53—54 页。——译者注
② 圣–纳泽尔的弗朗索瓦·格罗布瓦（？）。——原编者注
③ 尼古拉·凯德洛夫，巴黎人，音乐家，战俘营的乐团指挥。——原编者注

师回来了，被问到这个问题；斯特拉文斯基仔细瞧着乐谱，沉默了许久，突然大喊："可这关我什么屁事！"

62 　想不起来是斯特拉文斯基、米约还是奥涅格在哪里写过这句话："从这里开始单簧管即兴演奏。"K①很严肃。他那门艺术的深刻意义。我对他说音乐是精神最自由的地带，有最高的创造自由，在那里一切都是可以的。他歪着脑袋，慢吞吞地说，就好像没我这个人一样："自由，自由，但总要使用那些已经被用过的乐符，已经被奏过的和弦，还要遵守让音乐和谐所必需的法则……比其他地方更受束缚"，他还讲出了这句让我惊讶的话："我不知道我是怎么作曲的；我总觉得曲子早就被写出来了……作曲总像是去寻找自己已经写过的东西。音乐早就存在；只是要把它找回来。"他慢吞吞地费力讲着，块头大，行动迟缓，就像个小孩："遵守法则作曲，简直是世界上最美妙的事情。你拾掇花园的时候，不会为了要安装电报台而拔掉一棵树……"走到更远的地方，在医务室那边修长的杉树下，一脚在前一脚在后，说道："实际上，我们总是有话要说，只是不知道该怎么说。所以我们要使用大家都能听懂的语言。斯特拉文斯基不需要创造另一种语言；音乐必须是圣洁且庄严的。"——……"我不偏心；我喜爱每一小段，每一节乐章，它们都是完美的，就好像上帝的每个部分都是圣洁的一样。"我觉得讲这话的是罗丹。

---

① 同前注。——原编者注

　　我对他讲了 W① 的《乡村讲故事的人》。在讲了"他说：我
什么都没看见"这句话后，就沉默了，突然，又非常缓慢地说：
"这就是音乐响起的时候……"计划根据这个故事写一组交响
乐。讲了国王与金杯的故事，让他觉得既愤慨又好笑②。

9月7日

　　还在战俘营。尼克③讲了他的四重奏乐团④还有他的婚
姻——他婚后很长时间都没求过婚。好吧，神父说道，你去求
她吧。两个人在花园里；她笑了：好啦，现在向我求婚吧——
你要我求婚？八个月前你就是我妻子了——是哦。——好吧，
让我准备一下我的告白——给你两分钟，你快点吧。她又笑了。
我就急忙仔细思索了一下要说的话：你坐下，靠近我——不，

---

　　①　无法确定是哪位作家。很可能是弗雷德里希·戈特洛布·魏泽尔（1779—1819），他
在很长一段时间里被认为是《波那文都拉的守夜》的作者。——原编者注

　　②　这个故事被路易·阿尔都塞重新抄写在第一个笔记本里："有一天，国王让人把他抬
到一块悬岩上。他拿起一只金杯，扔进那个地方一片很深的海里，说道：'诸君！你们有
谁钓上了金杯，金杯就归谁。算是我的礼物。来啊！谁有种试试？'

　　"见无人回应，国王就在悬岩上睡着了。骑士们面面相觑，见国王睡着了，就鼓噪起
来。国王的女儿也在这里。大海平静安详。他们轮流上了国王的女儿。等他们结束后国
王才醒来。'天凉了，我们回去吧'，他说道。

　　"八天以后，国王后悔了，他召集了骑士：'诸君，我后悔那天在悬岩上的事情了；
我辜负了大家的信任：那金杯是假的。'

　　"骑士们回答道：'哦，我们知道。那是之前我们献给您的那只。'"——原编者注

　　③　尼古拉·凯德洛夫。——原编者注

　　④　凯德洛夫四重奏乐团。——原编者注

你懂的，我应该和你保持一个礼貌的距离。然后我就开始了；
她笑着，但很快，见我讲了那么多严肃的话，她就不笑了，脸
色变得苍白起来。我讲了些她早就知道的话，但换了一个她没
听过的说法，连我自己都不知道我能说出这些话。我们演得太
好了，入戏太深，大受感动，等到夜色降临的时候，才一言不
发地一起离开了那里。

樊尚[①]的订婚礼……为什么一个人会让我想起另一个人？
我独自对着K[②]和神父[③]讲了好久的艺术、诗歌和散文。我不那
么分裂了，我感到自己更完整了。克洛岱尔进入了我家，这个
家一直在等着他。

9月9日

坐水上飞机。一个老人，沉默寡言，除非是孤身一人的时
候——榔头、钉耙和小推车——让我想起西米昂[④]家草莓园的
故事。晚上回来，穿过低矮的城市，这座小城的窗户都敞开着，
把全部的宝藏都贡献了出来，包括它最美的女人们。肥料和水
泥的故事——西米昂！

---

① 保罗·德·戈德马尔在预备班的同学。——原编者注
② 尼古拉·凯德洛夫。——原编者注
③ 有可能是哲学家贝尔图神父。——原编者注
④ 第戎的西米昂（Simiand）（在第一个笔记本里的那些地址中，以及在下文中，拼写为
Simian）。——原编者注

9月14日

K[①]对我说："演奏的技艺是需要时间来练习的！即便达到一定的技术水平，也需要通过沉思和内心的沉重来让作品变得成熟，要实现这些，无须做任何事，只要在上面花时间。"不幸被关在战俘营，时间白白流失，什么作品也拿不出来。但我对他说：这是个成熟过程，会达到无意识的成熟。这是更重要也更广阔的领域。

保罗的小女儿出生了[②]。

读了欧里［庇得斯］的《伊菲革涅亚在陶里斯》。大段大段独白的《特洛伊妇女》。不可避免的各种版本的《赫卡柏》。非常有现实意义……特洛伊妇女们预估着自己将落到谁手里：俘虏的习俗丝毫未变。多伟大啊！这些被俘的人已经敏锐地预知了自己的命运。

苏格拉底在《斐德若》里的话："让我感兴趣的不是树，而是人。"[③]后美学的态度，或过时的错误美学，参见克洛岱尔。人比世界有着更大的密度……慢慢地剥开一切，直到最后一层茎皮，直到最本质的、最隐秘的隐秘的核心［原文如此］。

---

① 尼古拉·凯德洛夫。——原编者注

② 指玛丽-弗朗索瓦丝，保罗和马尼·德·戈德马尔的第一个孩子，生于1941年8月20日。路易·阿尔都塞是她的教父。——原编者注

③ 参见本书第42页译者注。——译者注

66 9月26日，战俘营

K[1]讲了一个年轻人的故事，这个年轻人有一天说："听着，我受够了，再也不要过这种悲伤的、得过且过的生活了。从今天开始，我发誓再也不犯错[2]了。"但从这天起，他就变得越来越悲伤。有天早上他母亲来了，崩溃地说：他想上吊，还好我们救得及时。为了救他，人们打发他去见一位独居的长老。后者倾听了好长时间，然后给他说了下面这番话："我的孩子，走吧，一年后再来见我。我给你开的药方是：尽可能地犯错吧。"

创造的必然性。K[3]为有一个过高的美学理想感到懊恼，这让他无法写作。托尔斯泰的故事：他曾有一位非凡的兄弟，"在他面前，我一无是处"，但对我们来说，他的兄弟却像从未存在过一样。令托尔斯泰为我们所知的，是他的野心，是他想让自己为人所知的意志。

9月27日

最近读了梅特林克的《玛莱娜公主》和特里斯坦·贝尔纳的《无导演的戏剧》。仅有两部有价值的剧：《扼杀者》和《安

---

① 尼古拉·凯德洛夫。——原编者注
② 这里的"犯错"原文为"pécher"，具有宗教和道德意味。——译者注
③ 尼古拉·凯德洛夫。——原编者注

托瓦妮特的归来》①。这里的图书馆有潘达尔·德·比代的版本，没有其他希腊语的书了。有一本。

参见《奥林匹亚凯歌》第一部分：　　　　　　　　　　67
"水是至善的事物，善中第一是为水……
"实际上，奇迹众多
不过窃以为，有死者的闲言碎语
在某种程度上也有违真实的道理
由斑斓的谎言所装饰的诸多故事
欺骗人心。"②

《奥林[匹亚凯歌]》Ⅰ，45
喔！世界满是奇迹，有时人的话语会遗漏真实；聪明又满是狡诈谎言的，那些骗人的故事……③

不过，在年轻的男儿身上，常常
长出灰色的头发——[而这]不合于
他们的年岁。"④

《奥林匹亚凯歌》Δ，40
我们常在年轻人的头上见到灰发，然而这不是出于时间或

---

① 这里应该指的是阿尔邦·米歇尔出版社在1930年出版的《无导演的戏剧》中的一部剧《安托瓦妮特或侯爵的归来》。——原编者注

② 原文为希腊文（第一行中意思重复的后半句原文为法文，是阿尔都塞对前半句的翻译），摘自古希腊诗人品达（前518—前438）的《奥林匹亚凯歌》。——译者注

③ 这是阿尔都塞对上面诗句的翻译。——译者注

④ 原文为希腊文。——译者注

年龄的缘故。[1]

10月10日，施莱斯维希

身体累坏了，一整天都在雨里搬煤——但我是怀着喜悦去做的。简单的劳动是一种恩典，我越来越被它感动，而且我希望自己能够保持健康以便全身心地投入（？）即便被简化为它最朴实的表达，比如使用锹铲和铁叉的动作，简单的劳动依然包含独特的恩典。简单，完全不需要计算、准备、手法，这样一种单纯的动作，没有影子，没有悔恨，把自己整个奉献出来。这一切都离智力生活是多么遥远！比之于精神生活的复杂活动，简单的劳动更接近宗教生活的朴实。这样的相似性解释了为何修士都要劳动，以及为何基督教要提高劳动的意义。简单的劳动前进着，发展着，开始又结束。伸直胳膊，铁叉与煤炭亲密接触，让煤砖掉落在一束束肌肉上，一切都通向任务的完成。简单劳动的美学价值：形成一个完美的、完成的、封闭的整体，就像一首音乐诗，像一部悲剧。深沉的、规律的、庄严的进程，其雄浑有如最完美的音乐在进行。这就是异于精神生活的特性，后者规定了智性行动是永难完成、没有尽头的。简单劳动的安全性和必然性，掌控了人，丈量了人，等等……等等……劳动越复杂，美学价值就越低，智性价值就越高，计算越多，智慧出场越多，反思越多，距离越远，就越不神圣。隐修士应该去

---

[1] 本句是阿尔都塞对上面诗句的翻译。——译者注

给花园犁地，给推车卸货，或去锯木材，但他不应该做木工或磨眼镜。简单劳动有着极高的美学价值，因为超智性的价值同舒伯特美妙又透明的单纯相似，是无知无识的孩子。

五天前与K①的交谈。"我不能成功地唱出雷纳尔多·哈恩的Lied②，因为它没有内容，是赤裸的，没有属性。艺术的属性……歌手拖长的音调，三连音，意大利式的慵懒小调，艺术的次要方面，艺术家在乐团的生活，纵情演奏打击乐的黑人，有趣的属性，但属性，是富饶的馈赠。纯粹的艺术是节俭的，没有动作，没有浮于表面的东西。听一听拉赫玛尼诺夫或克莱斯勒，没有噪音，没有动作，极端节俭，众神；旋律突然出现，变得激烈和极端。公众的反应：他们喜欢那种使自己陶醉的艺术的属性；但是纯粹的艺术，除非来自特别伟大的艺术家，才能为他们欣赏，使他们有感觉，让他们猜疑：张大了嘴，好像见到了什么不得了的东西，像在接受启示。"

69

我记得好像是歌德讲过（？），对着一块小石头静思冥想，能比周游世界学到更多。这几天天气很好。我仰面而躺，注视着天空——没有云——天空中有一些树，高大浓密，树叶重重叠叠，弯成一个弧，木头饱经风霜，满是槽沟，还有浑圆的小瘤，鼓鼓的，往下弯：就像用浓墨重彩在空白的纸上画了一幅画。简单事物的价值。这几天我就在树林里劳动。没有什么令

---

① 尼古拉·凯德洛夫。——原编者注
② 德文，意为"浪漫曲"。——译者注

人不快的，树干的弧形无比优雅，成长着，拔地而出，弯曲而柔韧，肌肉紧绷着，有点变形，纤细的树枝逐渐变细，说不准直径会变小到什么地步。还有树叶！没什么比枝繁叶茂的树更能让人想起饱经风霜的木头。可是，看啊，看啊。

要为森林写一首诗。在一片隐约又明亮的田野上，一棵棵浓密庄严的老树，弯弯曲曲，后面呢，背景在阳光里，数不清的雨水，浓密的、平行的影线，一些幼小的杉树。

有必要写一点东西，不是因为它有什么价值（不是文学），而是为了在几年以后知道我曾经的状态。真诚的回顾，在这里变得很容易，因为社会生活很少，只有极其基本的社会关系（与在工作队不同）。

70 **10月11日**

K[1]的话："那些音乐家——以及所有人——都有些小聪明。"我们在谈舒伯特，周四的演奏会，《菩提树》和《鳟鱼》的伴奏，《未完成的交响曲》，神圣性的奇迹："我不明白怎么能写出这样的音乐。"

在这个远离家乡的地方，对语言和文学所作的发现是有限的、幼稚的、贫乏的，也可能是空洞的。有一些深入的材料，

———————————

① 尼古拉·凯德洛夫。——原编者注

非常简单，看世界、看事物、看人，对被净化的生活的直接经验，这种生活被简化成了它的基本要素，被剥去了一切发明，人们的肤浅游戏。扩大、简单化，或者就是单纯，我说不明白。发现了一些简单概念的人性价值和美学价值，与智性研究的诱惑相反。对哲学难题缺乏兴趣。出现了一些历史难题。

10月19日

昨日早上，第一次粗暴的接触："我有礼貌，您也应该有礼貌。"特别平静，从未如此成功地控制住自己。存在的积极时刻。

在读尼采的《悲剧的诞生》。希腊主义和悲观主义，絮絮叨叨，晦涩，可能是天才的，完全不同的精神状态，但本质上是审美性质的（？）。深刻地见识了索福克勒斯和欧里庇得斯［等人］的合唱……但这是怎样一种文体呀！

71

10月29日

今晚，也许是第一次，我为了除灭自己身上的幽灵而写作……

11月11日

医务室：八天的沉思；疾病的复杂关联，回顾自我，细节都记得清清楚楚，然而对现实的抵抗还是令人失望。从未被写下来的关于密谋的故事，一个人有一天想要在一座小城里夺权，做了一大堆预测，用机械的细节去规定占领的时间。然后，不伦不类，听好了，看好了，女士们、先生们……什么也没发生。这个事件让我想起了卡罗萨的《魔术师》！机械事件的深刻的随遇性。

晚上收到一封信，信里讲到卡萨。随着时间流逝，战俘生活从还在将我与家人隔开的整个空间伸展开来。因此必须面对最严重的假设，最遥远的远离的假设。比时间和空间中的远离还要严重。

极度焦虑，过分认识生活的不可能性。我体会到纪德关于永远无法变成蝴蝶的毛毛虫所说的话[1]有多正确。我有自己的极限、勇气和弱点，对它们"持续的"、永久的认识，与其说是一种激发，不如说是一种行动上的障碍。如果我不认识自己的限度，或许我就能超越它们。总之，活到现在，我才知道什么东西有价值。

12月5日

太多语言，难以消化：德语、英语、波兰语，三线作战。

---

[1] 出自《新食粮》(*Les nouvelles nourritures*)，纪德的原话是 "La chenille qui chercherait à 'bien se connaître' ne deviendrait jamais papillon"（毛毛虫若是一心要"清楚认识自己"，就永远无法变成蝴蝶）。参见《纪德文集·散文卷》，李玉民、罗国林等译，花城出版社，2002年，第158页。译文有修改。——译者注

斯拉夫语太难了：不是词法，而是精神面貌不同。体的概念，用动词而非日期去标注时长。参见旺德里①。

两个月以来都过着绝望的生活，丧失了一切感情和对生存的主动兴趣。自从生存变得轻松起来，我就越发觉得它没有根据。缺少创造性活动，令人绝望。有一段时间不想再做反思了。学习外语的机械活动被集体谈话打断，R②谈到了青春，青春是这世上唯一我们只有在差不多要失去时才会谈论的东西。

我觉得从前的机制还可以重新运转起来，但我害怕启动它们，对哲学书感到畏惧。渴望发现，渴望征服未知，不管是什么，哪怕是出于偶然。

12 月 22 日

73

最近读了《查泰莱夫人的情人》；这本书紧张、严肃、悲伤，无比沉重。我感觉不到这本书有什么危险。与G③讨论了这些。我们聊到莫里亚克。"《火河》比《查泰莱夫人的情人》更肉欲、更邪恶、更有害健康。"

温和的冬天，脚下的软沙，在身体的重压下，温柔地呻吟

---

① 很可能是指约瑟夫·旺德里的一本书：《语言：历史的语言学导论》（1921 年）。——原编者注

中文版参见房德里耶斯（即旺德里）《语言》，岑麒祥、叶蜚声译，商务印书馆，2012 年。——译者注

② 朗容，巴黎人（？）。——原编者注

③ 古迪玛，来自波尔多。——原编者注

着，而身体也被近来总是在更新的雨水冲洗过，变得洁净了。生活没有季节。

收到一些照片。我看得停不下来。

我同时做许多事，精力零星地分散在每一个感兴趣的主题上，狄奥尼索斯的分裂。有意识地集中精力，我目前无法忍受；只好为自己找借口，说我还是囚徒。打针，与肉体的第一次积极接触；战胜了恐惧；我觉得自己装满了更多别人的经验而不是我自己的经验，长久以来我都觉得自己几乎可以吸收一切。我感觉到这类经验是极微小的，几乎微不足道；我假装对它很认真，对自己不认真。

在床上和G谈话，我们中间隔着过道，在同一个隔间里。这个人对事物有着积极的、真实的见识，还年轻，却已像个智慧的长者，对外交和海关、行政问题娓娓道来。生活填得太满了，太急迫了，不给我留一刻空闲。我最近一个时期过的就是这种生活！害怕未来所有职业都会变得过于繁忙，让人没有自己的时间。

74 12月25日

没有冬天的圣诞节，天气温和，月光明亮，满天的星斗满天的风。房屋压低了身子，不让自己被连根拔起，风把天空吹得越发高远了。很长时间没有看到天与地相隔这么遥远。但到了早晨，地上只有一点零星的积雪，高傲的云掉了个头，从树枝构成的图案中逃离。一片令人诧异的亮光，照向世界，洒在天地之间，大地静止，有如地毯，寂静无声；突然的骚动，虔敬又惊恐，风云流散，神秘飞逝，似乎在预言着什么。

我很喜欢昨晚的《泰奥菲勒的奥秘》①，它既简单，又如此天真、沉重和具有悲剧性，就好像这部戏比世界更有力，单独一个角色的面孔要比观众隐藏在黑夜的安全中的一千张面孔更有力。短息的诗句，漫长的祈祷。"这里上演的是骄傲与悔恨"，沉默的面孔，被音乐的混杂折磨着，交错的树枝，打上和打开的结，内在的人群在不停地低语，还有一根激情的线，纯粹，又如此完美，悬在一切之上。如果我没有因为这种供认或例外的感动而破坏它。结尾是无数的钟，它们并不听主教、杂务修士和泰奥菲勒的谈话，而是齐声共鸣，在一切喧嚣之上歌颂着上帝的荣光。

---

① 很可能是吕特伯夫的《泰奥菲勒的奇迹》，这部中世纪的戏剧特别重要，尤其是因为它的主题预表了歌德的《浮士德》的主题。事实上，这部剧经常在战俘营上演，主要是由索邦和高等师范学校的大学生们进行演出，这些大学生还因此有了"泰奥菲勒小子们"的外号。——原编者注

1942年

1月1日

等待的一天，真是可怜、不幸，软弱和悲哀的深渊，疯了。1942，这一年不知不觉就来了，但我不在乎年份，正如我不在乎雨和风。圣诞带来了雪，新年又把它带走了。光秃秃的大地上，冰雪融化。有人伤心，有人开心。可怜的魔鬼与它自己无休止的对话，被轻声的歌唱不停打断，没有调子，歌词也是从遗忘中拯救出来的。有些想法被词语串起来，四五个关键词不断地反复：谁在害怕，我在害怕，在害怕什么，在害怕水在火上燃烧，为什么水会在火上燃烧，等等。一个人在另一个人面前的无尽的悲哀。

关于从普罗旺斯寄来的照片。

这位蹲在阴暗的树叶丛里的母亲，跪在尘埃里，噢母亲，你承载着乳汁的重量，一对乳房垂向地面，是不可言说的孩童的重量，我在你的双唇上品到午日的滋味，在你的足下是棕色的土地，倾斜的树上静止的树叶，滑落在沙砾与树根间总少不了的丝状体上，还有突出的、被风侵蚀的峭壁，人的汗水。有个小东西在呻吟，像猫叫，像被人们杀死的、眼睛血红的兔子的惨叫，像狂风穿过厚厚的松树林突然刮向山岗最高处时的叫吼，还有延伸的大地，红色的蟋蟀在被红色干草遮住的犁沟里发出的声响。他呻吟着，你从未觉得如此孤单；一种声音开启了秩序，世上多出的一种声音，你手上托着所有的事业，但你什么也做不了，这让你难受。又一声喊叫，在你双脚站立的这片狭窄空间里，它独自逃离；你永远也追不上它。

1月16日

阳光与黑夜的王子啊
如果还有时间
我要不哭不闹地向您献上
疲倦不幸的双手

噢，圣母，圣母，我的朋友
请扶助您可怜的孩子
我已悔改，且决不愿
失去您的友谊

朋友们请听我说
我不再有毛发和僵硬的肢体
还那么年轻，尚有拯救
等到时间的终点来临

摘一朵被雨水浸润的花 79

在阿拉芒人的土地上

祈祷垂顾那片土地的老天爷

能够守护我的虔诚

如果必须的话，让夜晚降临吧

我将从山间再次出发

翻山越岭我都会小心

让上帝得着我的灵魂

1 月 24 日

收到加布里埃尔[①]和乌尔的信，保罗[②]的卡片。

他们都走过了怎样的路呀，向着越来越富足的方向，而我却向着越来越贫穷的方向前进；加布里埃尔茁壮成长，身体健康，很快就会通过会考，在不间断的反思的循环中，继续所有出身良好的男人都必然走的路，为自己提供一些用于消遣和反思的东西。G[③]对现状的反思："我承认自己曾经不公；我先前曾反对在一群老兵中招募公务员。花了太多时间去彼此打斗，而不是用于学习：这是否真是他们的错。"在这里没什么娱乐；必

---

① 预备班同学，里昂人。——原编者注

② 保罗·德·戈德马尔。——原编者注

③ 古迪玛。——原编者注

须回归到生存条件，永远用简单的眼光去看简单的、赤裸的生活。

80　　　给雅思鲁①上法语课。我用法语的俏皮话去核对H②的话，反正在国外没人能听懂。还没有理解红衣主教的故事。

---

① 被俘的狱友，波兰人或南斯拉夫人。——原编者注
② 乌尔。——原编者注

1 月 25 日　　致 B[①]　　　　　　　　　　　81

匈牙利的秃顶老树
年轻温柔，像一只海葵
在高处托着它的族谱
又像是斯巴达的战士

比侍卫更高贵
对女人，专断
对男人，胆怯、迟钝
毛发很少，灵魂很多

噢 B，我的朋友，我爱你！
指着你熟知的土地
到处都是树木和裸女的
匈牙利和波西米亚的王国

指着菜豆和盐
这些政府的礼物
指着你旧日的女友，还有那
为你的进步祈祷的人

---

① 受献辞者身份不明。——原编者注

在这片异乡的土地上
在这我们吃同一块面包
在这你雕刻天使的脑袋
蕾达、天鹅与兔子的土地上
对我发誓

不再混淆
秘鲁和拉佩鲁斯
柠檬和枸橼
佩尔鲁斯和珍珠①

我把自己唯一的友谊献给你
只恳求
等我上了年纪掉光牙齿
你能免费给我找一名牙医

---

① 上面并举的三组词在法语中发音相近。——译者注

摘自《西东诗集》^①

《自白》

　　"难以遮掩的是什么？是火！

　　将它暴露的，在白天有烟，

　　在黑晚有火焰，可怕的妖魔。

　　还有一样也难以遮掩，

　　就是爱情；秘藏爱在心头，

　　却容易从眼睛里泄漏。

　　但最难隐匿的乃是诗章，

　　你不能把它在斗下安放。

　　诗人刚把它吟诵出口，

　　他就全被诗情渗透，

　　他把它优美地抒写出来，

　　就希望世人全都喜爱。

　　他要向人人高声朗诵，

　　不管它令人欢喜或苦痛。"^②

---

　　① 日记在这里中断，后面五页都是从歌德的《西东诗集》里摘录的德文诗句，其中有几节被路易·阿尔都塞翻译或译写成了法文（这些地方已经直接从法文翻译为中文。——译者注）。这几页没有标注日期，我们可以假设它们是在阿尔都塞写日记之前或在写日记的过程中，被抄在第二部笔记本的这个地方，就像在他的其他笔记本中也存在很多摘录或地址一样（参见我们的前言）。总之我们不能确定作者是否有意把这几页放在日记本中的这个地方，我们只是照原样展示给读者。——原编者注

　　② 原文为德文，译文参见《歌德诗集》（下），钱春绮译，上海译文出版社，1982年，第318页。——译者注

《创造和赋予生气》①：亚当本是块土，上帝给他吹了口灵气，他才开始打喷嚏：他终究一半是土块，直到挪亚发明了葡萄酒。

《现象》

　　"尽管是白发苍苍，

　　你还会恋爱。"②

《诗歌与雕塑》。诗歌与雕塑

　　"等我这样把心火消去，

　　就会唱出诗歌；

　　用诗人纯洁的手汲取，

　　水会凝成晶球。"③

《粗野和干练》

　　"诗人鼓起生花妙舌，

　　请不要加以阻挡：

　　谁能够对我们了解，

　　对我们也会体谅。"④

---

　　① 标题原文为德文，后面是阿尔都塞的摘译。全诗参见《歌德诗集》(下)，前引，第321—322页。——译者注

　　② 原文为德文，译文参见《歌德诗集》(下)，前引，第323—324页。——译者注

　　③ 原文为德文，阿尔都塞用法文翻译了标题。译文参见《歌德诗集》(下)，前引，第331页。——译者注

　　④ 原文为德文，译文参见《歌德诗集》(下)，前引，第333—335页。——译者注

《宇宙的生命》中对尘埃的赞美

　　"在那总是阴沉的北方，

　　我早已感到缺少埃尘，

　　可是在这炎热的南方，

　　它却显得非常充分。"①

　　雨落尘埃，大地重新变绿，再次湿润，又一次充满浓烈的
生命的芳香。②

《天福的向往》　　　　　　　　　　　　　　　　　84

　　"如果你一天不能理解，

　　这就是：死而转生！

　　你只是个郁郁的寄居者，

　　在这黑暗的凡尘。"③

《宣判》

　　"……

　　因为安拉把才能给每个诗人。

　　诗人虽滥用，在罪孽之中散步，

---

　　① 原文为德文，标题后面的文字原文为法文。译文参见《歌德诗集》(下)，前引，第
337页。——译者注

　　② 这是阿尔都塞对《宇宙的生命》中另两节的摘译。参见《歌德诗集》(下)，前引，
第337页。——译者注

　　③ 原文为德文，译文参见《歌德诗集》(下)，前引，第339页。——译者注

可是却不能忘记皈依真主。"①

《无限》

"你不会完结，这使你显得伟大，

你从无肇始，这是你的造化。

你的诗歌像星空一样转动，

不论是始是终，永远相同。

正是这种又是肇始又是终，

它给我们显示出一种中庸。"②

头发的主题，人迷失其中，沉湎其中，《沉湎》③，曲卷的，圆圆的头，等着在其中迷失。

《忍从》

"爱情对待我满怀敌意！

如今我情愿承认，

我心情沉重地唱歌。

可是，请瞧瞧烛火，

它们要熄灭，就愈放光明。"④

---

① 原文为德文，译文参见《歌德诗集》(下)，前引，第348页。——译者注

② 原文为德文，译文参见《歌德诗集》(下)，前引，第349页。——译者注

③ 标题原文为德文，该诗参见《歌德诗集》(下)，前引，第366页。本行其他文字原文为法文。——译者注

④ 原文为德文，译文参见《歌德诗集》(下)，前引，第373页。——译者注

《旅人的安心》。旅人安静的灵魂

　　"对于三千年来的历史，

　　如果不知道正确解释，

　　就让他陷于愚昧无知

　　度过一天一天的时日。"①

《格言之书》 85

　　"我为何时时这样忧伤？——

　　生命很短，白昼很长。

　　我的心总在憧憬思念，

　　我不知道是否要登天，

　　……"②

　　"自己没熬过炎凉的人，

　　不会认清人的价值。"

　　"要我指看四周的风景，

　　首先你要爬上屋顶。"

　　"一个家里有两个女用人，

　　就不会打扫得干净。"

――――――――――

　　① 原文为德文，阿尔都塞用法文翻译了标题。译文参见《歌德诗集》(下)，前引，第414页。——译者注

　　② 原文为德文，译文参见《歌德诗集》(下)，前引，第420页。——译者注

"要知道，我觉得很不乐意，
说说唱唱的有这么多人！
谁把诗艺赶出了人世？
是诗人们！"①

"她如果发现一撮灰烬
会说：他是为我焚身。"②
她如果发现一小堆灰烬
她会说：他是为我烧尽

《苏莱卡之书》

"翁郁茂盛的繁枝，
爱人啊，你来瞧瞧！
再看看那些果实，
有刺的绿色果壳。

它们已垂着球体，
悄悄地不知不觉；
一根摆动的树枝，
耐心地将它们晃摇。

86

---

① 原文为德文，译文参见《歌德诗集》（下），前引，第425、428—429、435—436页。——译者注

② 原文为德文，译文参见《歌德诗集》（下），前引，第469页。接下来的两行文字是阿尔都塞的译文。——译者注

但内部越来越成熟，

褐色的果仁在增长；

它想跟空气接触，

也想要看到太阳。

果壳裂开，它就此

高兴地脱落下来；

我的诗歌也如此

大量落进你胸怀。"[1]

苏莱卡对西风说的话。[2]

《重逢》[3]，在这首诗里，上帝创造世界，随着他一声令下，各种元素互相分离，分道扬镳各奔前程。

"万籁俱寂，一片荒凉，

上帝第一次陷于孤独！"[4]

他怜悯这荒凉，便创造了曙光，于是

---

① 原文为德文，译文参见《歌德诗集》(下)，前引，第473—474页。——译者注

② 参见《歌德诗集》(下)，前引，第485—486页。——译者注

③ 原文为德文，译文参见《歌德诗集》(下)，前引，第487—490页。——译者注

④ 原文为德文，译文参见《歌德诗集》(下)，前引，第488页。——译者注

先前互相分离之物，可以重新相爱。①
对酒的永恒赞歌②

3月2日

在这沉默的时间里，一段友情几乎死去，面对漫天冰霜的威胁，大地紧绷着，我不愿再记任何东西，除了一些稀奇的思想，关于经济秩序、电力革命、高乃依的悲剧，醉得很真实，走得越远，越没精神。

87 　　生活并看着自己生活，因为看着自己生活反而妨碍了生活。我是巴门尼德的蛇，且知道自己是条蛇。野兽从人那里获得了智慧，还有什么比这类事更稀奇的吗？我们改变了这一切，这也就是为什么，仰面朝天时，总是同样的脸。

没有海，没有从松树东倒西歪的枝叶间吹来的风，没有尘土。

---

　　① 这两行文字是阿尔都塞对接下来诗行的摘译，原诗参见《歌德诗集》(下)，前引，第489页：

他于是就创造出曙光，

曙光很怜悯这种痛苦；

她从混浊之中展开

一场和谐的色彩游戏，

万物又能相亲相爱，

不像先前互相分离。——译者注

　　② 当指《西东诗集》中的《酒保之书》，参见《歌德诗集》(下)，前引，第501—524页。——译者注

Homo politicus[1]，几乎是处于纯粹状态，出于一个处于纯粹状态的原因；没有肚肠和沉船浮于海面的木板所带来的束缚，没有被风暴所毁的贸易，就连那个被两片大地间的缝隙中流淌着的金色小麦所严格掌控的世界也消失了。处于纯粹状态的人的激情，就像在其他任何地方一样，关系，在心中看重一个人，忽视另一个人，个人价值的优先性。你是镇长，你的镇在哪里？只不过是个颤抖的、赤裸的人，有着同样的普通的老二，同样的不幸、失败和卑微。对于那些只能靠回忆活着的人，从现在开始，过去要拒绝提供支持了。

要 G[2] 给我写一份营地经济生活的介绍。关系、竞争、供给与需求等等的纯粹规则。

对疯狂的直觉，但请放心，女士们先生们，我们知道自己疯了！

圣周六 88

让我在回忆中庆祝，抽搐着
我的四肢完全断裂
因此，这八天里
我满腔接受了

---

① 拉丁文，意为"政治人"。——译者注
② 古迪玛。——原编者注

用泪水承认了
上帝的爱

4月12日

我刚刚度过了生命中最艰难最危险的考验。上帝啊，感谢上帝，现在这段脆弱与裸露的时光已经过去。被剥夺了一切，人类的科学和肌肉的力量，对他人和自我的掌控力；双手也没有抓住老年福楼拜所保留的东西，与朋友在海边的几句交谈，不断重复的几句爱语。我触到了耻辱的顶点，到了一个无物可以用于遮掩的地方；到达那里之后，我在这个像一片荒漠一样的人身上，只能找到上帝的爱。

在魏尔伦的诗集里找到这首小诗[①]，八音节的，短促有力，活泼辛辣又凄凉迷茫的悲歌，它前无古人后无来者，但至少生了很多孩子（阿拉贡等人）：

"我来了，一个安静的孤儿来了。
我唯一的财富是一双平静的眼睛，
向着大的城市里的人们：

[①] 摘自《智慧集》。——原编者注
参见魏尔伦《这无穷尽的平原的沉寂：魏尔伦诗选》，罗洛译，人民文学出版社，2017年，第113—114页。——译者注

他们并未发现我是坏是好。

二十岁时受到新的折磨，
爱情的火焰无情地把我烧烤，
我觉得每一个女人都那样美好，
而她们却并不这样看我。

虽然我没有国王没有祖国，
也根本算不上什么勇士，
我却愿意在战争中死去：
但死神并不愿意要我。

我生得太迟还是太早？
在这世界上我能做什么呢？
人们啊，我的悲哀是深沉的：
请为可怜的卡斯帕尔祈祷！"

4月15日

身体上的自信也会带来精神上的自信。体会到这种苦恼：甚至对它精神上的防御手段也不再有把握，没法用精神的稳定去弥补身体的背叛。我就是这个样子，我活着的这个基础是脆弱的，身体哪怕暂时认输，我也只能任其摆布。

90　4月21日

顺势疗法的功效；谈到草药，谈到半病的人治疗病人而且把后者治愈……对下述主题的明确反思：我们若把生活看得复杂，生活就会真的变得复杂起来；濒死的体验以及不可持续的生活的体验；发现了体力劳动的单纯，以及社会关系的单纯；简单事物的道德价值（习惯的力量，就像有些人，他们欢呼某种习惯的胜利，任其摆布，不去担心会不会跌倒）。

4月30日

四天前去听了普罗沃[1]的讲座，关于经济自由主义的死亡，被埋葬的速度会比被杀死的速度更快。关于这一点，真正的螺线的困难：真正的原因和诊断。从根本上讲，经济自由主义和唯心主义一样：只要我们还在这个循环中，那么结论的必然性就是不可避免的；只有系统外的理由可以让我们走出去，对唯心主义来说是道德理由，对自由主义来说是社会理由。

91　　准确找出矛盾上演的舞台是一项棘手的事业：因为有许多舞台，而且在那些矛盾中，我们并不知道选择哪种矛盾，可以不再任由它自行解决。古[2]对P[3]的陈述的反驳，没有动摇我的

---

　① 阿德里安·普罗沃：勒内·米绍的化名，技工和工会战士（参见《阿尔都塞传》，第一卷，第214—217页）。——原编者注

　② 古迪玛。——原编者注

　③ 阿德里安·普罗沃。——原编者注

观点，运用在特定的一点上。参见1932年观察到的现象，在危机解决之后；新的悖论是生产与失业同时增长了。然而，自从工业集中化以来，劳动力也随之集中化了，不能否认其社会和政治影响，我们不能忽视社会问题。正常的经济危机作为一剂泻药只会影响少数个体而其余的国民可以蒙着眼睛继续狂欢的时代已经过去了。这是在国内方面。

在国外，更加政治性的出口方面：新国家、殖民地；问题几乎讲烂了。自由主义的黄金年代，当时那些老牌国家自己都是开放的。参见1800年和封锁。一个没有充分工业化的欧洲，是法国的市场。封闭的欧洲、亚洲、南美、殖民地；但是后来轮到殖民地封闭了，通过其生产而不是通过各种权利和防守更好地保护了自己；亚洲正在彻底关闭，南美暂时关闭了。在自由主义框架下，出口难题必然会走上一条死路。

4月30日

布拉西利亚克的《我们的战前》；一个人对于他所深入钻研的时代的惋惜，这个时代我几乎错过了。君主政治的巧妙构想；外交官的孙子们本可以像他们的祖父一样做事；以为用一纸条约就能赢得一场战争，以为无法变得强大时只要变得聪明就行，这是非常旧制度的观念。同样的印象在蒙齐[1]的书里也

---

[1] 很可能是指阿纳托尔·德·蒙齐1941年在弗拉马里翁出版社出版的书《往昔》。《致友人信笺》的第3号——它再现了路易·阿尔都塞1942年4月的一封信——也提到这本书，见第237页。——原编者注

可以找到，这解释了这种社会环境对塔列朗的赞美。这个时代的短暂教诲与这种希望背道而驰，人们是如此地急需武力，以至于没有时间装出机灵的样子。

5月9日

战俘生活已经很久不能再让我感到好奇了。在经历了内心深处的震动之后，我渴望回去。由于一种厌恶，地图上我无法跨越的国界，也存在于书上和人与人之间，这种厌恶感让我更爱法国，它的语言，它的作者，远胜过我遇到的其他文化！

93 4月12日

雨水打在屋顶上，就像从前我在安静的谷仓里感受过的一样，相隔两年之后，我认出了它，但却是因为它的不在场而被照亮。雨的美学价值，把房屋从世界其他部分孤立出来，有点像舞台，尤其在黑夜，反向的平行的雨的轨迹，一丝不差地停止在光的边缘。蜷曲的图画，在影线构成的椭圆形下，静止不动，充满信心。

正当我谈论雨，阴性的雨，雨却不下了。悖论，被拆解的机械结构，被戳穿的谜语。要玩游戏，得有两个人才成。

对下雨时长的反思让我想起了沙米索①的一首诗，八月中旬的古老麦地上（在德国）突如其来的大雨，危害着即将收割的庄稼，也给人们带来威胁；大家聚集起来祈求苍天，各种办法齐上阵，助长了人们解决和驱离乌云的希望。他们的话语还是无力，只有最年长者的评论让顽固的雨水退却了，这位长者可能因为年纪大，所以更了解雨的脾气，他说："它要下雨？它要下就让它下吧！"

"等它再下十五天

如果雨还没停

嘻！它想下又能下就让它下去吧！"②

94

5月27日

有许多故事要写或要讲，关于一个寻找文字游戏的人，或是关于一个找到了最重要的东西的人，还有一边一个在他们两侧散步的人，一个人带着财富，另一个人则带着这个世界的贫穷。

"我们一直在遵循古老的方式"，我妹妹在谈到文字游戏

---

① 路易-夏尔·阿德拉依德，即阿德尔贝尔·冯·沙米索·德·邦库尔（1781—1838），德国作家和学者，出生于法国，因其小说《彼德·史勒密尔奇遇记》(失掉影子的人的故事)而知名，这本小说成为了奇幻文学的经典之作。费希特和斯塔尔夫人的朋友，他在自己编的《缪斯年鉴》上发表了许多受德国民间故事启发的诗歌，以《格迪奇》（诗歌）为题收录于他的《作品集》第三卷和第四卷。——原编者注

② 摘自《诗选·塞克勒州议会》，勒内·里格尔译，奥比耶出版社，1949年，第145页。——原编者注

原文为德文，译文根据原编者注中给出的法文翻译译出。——译者注

时对我说。在这里尤其正确，想象力的无能，可能与肾上腺素［原文如此］的无能有关，或是有其他体内腺素的原因，战俘的巨大痛苦。现代战俘与希腊战俘不同，如果说他的担心不再是形而上学的，那是因为它已经变成科学的。古典时代的战俘，假设他是特洛伊女人的丈夫，他是特洛伊人，而如果特洛伊女人是亚马孙战士，他就是完美的特洛伊人。他们的生活无须担心空气的重量，身上承受的只有自然的和直接的力量，一具身体的重量压在另一具身体上，肌腱的活力，胳肢窝周围柔软的肉体的耐力，或灵魂的耐力。忽视物质具有的模糊的力量，他就能更好地实现道德人格。现代战俘要量血压，每过一刻钟就要数一下脉搏的次数，每天要吃两片维生素——如果他有条件这样做的话，差不多所有人都向往这样的理想。病情逐渐发展，内心的光逐渐减少。

95

我在读《厄勒克特拉》，突然我眼前出现了最美的一幅画面，就在文本边上，一位病人，比在文本中更鲜活，比欧里庇得斯或季洛杜笔下悲剧中的任何一名园丁都更像园丁，他讲话结巴，双眼充血，又红又沉，醉意蒙眬，这一切是这样美，使我从此很难想象一名园丁可以不是酒鬼和结巴。他说起话来比银莲花、比绽放的花瓣更温柔，双唇开裂，沸腾的口水黏在嘴里，唾液慢慢地爬上去呼叫春天，哦，他是杜伊勒里花园的园丁，不是卢森堡公园的园丁，他以死亡、骨灰和不朽的名义移植花朵，移植得永远比你想象的更多，因为总是会有一些多余的花被你遗忘，有点像有些话你反复地讲，但在你与天使的战斗中，你最终却没用它们来抗辩，对我而言，从今以后你比书

中的所有园丁都更真实，不论是比他们的原型还是比他们的
形象！

6月2日

关于《旧约》的闲谈。对蒙彼利埃的老人和沙漠中的基督
徒的反思，把在沙漠中吹出灵气的耶和华的意义同劳伦斯的意
义联系起来的理论，有着不同的名字的同一片沙漠。

对世界的孤立以及地中海美学的反思，在那片土地上，雕
像都闭着眼睛，阳光强烈，城市与水面平齐，就好像一幕幕戏
剧的舞台，远处是群山作为背景，前方是波涛汹涌的大海作为
观众——因为艺术家走进淹没他的人群的步伐，有点像疯子在
港口边走进大海的步伐——关闭的脑袋的国度，被意外封闭，
瞎子和聋子的土地，荷马和莫拉斯的雕像，或是被手指封闭，
脑袋在同一只手中像球一样圆，巴门尼德把球体放在额头下，
然后周围的整个世界就退却了。

对皈依以及唯一一条通往皈依的理性之路的意外的和简单
化的反思：批判和比较，分开、清理相似的东西，把相似的东
西归并为相似的东西，以便——有点实验性地——用可以勾勒
不可化约的东西的轮廓的差分法，去发现不可解释的东西的在
场。对惊奇的准备，对非本真的东西的承认，同历史的和批判
的反思是一回事。信仰把本真的东西归之于人。

对自我的新的、连续不断的回顾，或关于单纯的悲剧。我
有一些孩子气的话；失去所有的财富是否是一种财富？我对此

坚信不疑，但害怕把单纯与简单化混为一谈。

园丁主题的附录，但比一切更美。趴在一朵要移植的花脚下，就像一个贼趴在一堵要翻越的墙根下，园丁脱掉帽子，发出声音——把一个声音与词首辅音连接起来，就像一节得了感冒的火车头在喷射蒸汽，另一节停在路边的灌木丛中——用五分钟供认他从未是园丁。这种意外足以让我们想起关于这段经验的辩证价值、关于这位园丁的形而上学论据的辩证价值的几句话，他外表上看着像园丁，但其实不是。生活在柏拉图2500年之后，对他来说真是不幸！

97   7月12日

昨晚与神父①聊了很久。走出剧院时遇到了K②，正当大家要上床睡觉的时候，他在草地上行走。"我追求……的关心。这是一件可贵的事。""唉，钢琴师，你多弹了一个音符！"

"……他更是潇洒③地穿上了绑腿。"造物主一般的字典说："involture：某种绑腿，词源：in-volvere，involutum，参见volubilis。"

———————————

①   很可能是贝尔图神父，也有可能是约瑟夫·普瓦里耶神父。——原编者注

②   尼古拉·凯德洛夫。——原编者注

③   "潇洒"原文为"désinvolture"，与后面的几个单词词根相同。这里包含了"文字游戏"，参见《致友人信笺》第8号，1942年6月25日，本书第252—253页。——译者注

7月17日

离开的一天。克尔[①]走了，G[②]也要离开三个月，D[③]退役了，要去上阿尔卑斯的圣洛朗迪克罗的罗西先生家。今晚和他聊了很久。那里不再是伊苏瓦尔，不再是阳光下肥美草地上开花的苹果树的阴凉处，而是没有生气的、凋零的土地，在山楂树花下找不到一个普鲁斯特。

园丁主题的新附录，来自佩吉。这个想法来自听雪白的神父贝尔图的讲座。

98

[　空白　]

7月20日

"讨论了一整天后的夜晚，他决定了，他要克服的与其说是别人的忧虑，不如说是自己的忧虑，在他与自己之间建立起和平，就像黑夜的降临给村落、树林和群山之间带来和平一样，他开始反思权威。他读了许多以此为标题的著作，一些是隐晦的，一些是直接的，但并没有妨碍他想到，权威加诸自我的第一个证据即是对写作的放弃。出于这个理由，在沉默中，他展开了内心的斗争，这些战斗，除了存在和内疚之外，别无它证；这个移动的疆界，他每天早上都会在边界上退缩一点，他一步一步把疆界

---

① 克尔队长，XA、XB和XC战俘营的顾问军官。——原编者注

② 古迪玛。——原编者注

③ 弗朗西斯·迪塞讷。——原编者注

推向自身的极限。但在这令人心碎的一天，长久以来的唯一的一天，他的边防检查员在它们守夜的岗位上睡着了，就像一支渐渐不知道自己在踏步的军队，他心中感到了怀疑和困惑。

99

"他装出这种果断的男人样子，做出这些坚定的动作，他白天在别人面前戴着面具，展现这些态度，到晚上又将它们同百褶裤和白袜一起抛在一边，这都是为了什么？当他脱去戏服时，他理解了戏服的意义，他也理解了这台机器的准确尺寸，这台机器不属于他，就像红色不属于嘴唇一样。这套服装构成他出生的一部分，他只是它的影像；同样，他的力量也同他不相干。当我感到我的动作同我的意图不相干时，我的动作有什么价值呢？当我感到我的意图同我自己不相干时，我的意图又有什么价值呢？

"他走在一条大路上，孤身一人，感觉在他身后整座村庄都睡着了，他每走一步就离村庄更远一点。就像在他的生活中一样：每一天他都与自己离得更远，他前进着，但他的一大部分在身后沉睡，每一座房屋都被一段记忆居住，每一段记忆都与其他记忆相连，通过可以被老朋友认出来的动作和习惯。我要我在自己身上感觉不到的权威有什么用呢？我变成自己所不是的那个人有什么用呢？

"仿佛他突然体会到这种同叛徒和流亡者相伴的心碎的痛苦，他长久驻足于路上，随后一瘸一拐往回走，朝着那座村庄，后者不发一言就将他吸了进去，就像楼下的门把老租户吸进去一样。"[1]

---

[1] 这段文字很可能是路易·阿尔都塞自己写的。——原编者注

7月27日

参见里尔克：

"即便作者从诗的背后向我显现，我也无法想象这种力量，它一下子就打断了如此长久的沉默！同样，大教堂的建造者——他们如同种子，毫无保留地完全溶解在生长和花朵中——与作品的存在融为一体，作品在那里，就像它们早就一直在那里一样，建造者不再是它们的解释……""……但尽管我也承认有些诗会诞生，我还是不相信它们能凭空创造出自己。"[1]

沙沙[2]的故事，圆乎乎的，沉默寡言，把关键的话封闭在自己的圈子和缄默中，那些话驱除洪水，打开闸门，让雨的循环永续，他统治着两岸，就像西班牙国王跨坐在一个娼妇和少女——也就是平静但迷惑人的加龙河——身上，统治着两个王国。然后有一天他爱上了一把大提琴。

我要把它打包，用火车发送给你，制琴师说，绝不耽搁。火车出发，到达了，但在车站，柜台窗口太小，没办法交付大提琴。这有什么关系，先生，地球很小。循环继续，大提琴被瑞士车、意大利车、法国车、丹麦车载着，去找一间车站和一个出口，以便走出这场无情的循环。

---

① 译文根据阿尔都塞抄录的法文译出。引文出自里尔克《论青年诗人》。——译者注
② 萨沙·西蒙的绰号。——原编者注

8月9日

共同失去了忠诚的概念。人们之间的依恋是脆弱的，一场意外就能把它们斩断。良心的衰弱，又或是人的悲剧已经司空见惯。习惯比以往任何时候都更是软弱的标志。

101　**8月10日**

科尔本海伊尔[①]，《若阿基姆·鲍瑟-王大师》的作者，在卡尔斯巴德散步，某位鲍瑟-王先生拦住他问了一些事，好重建自己的家谱。

8月16日

这几天以来想了许多，尽管和以前是一样的主题，但还是因为与贝尔[②]的谈话而变得更加敏锐。

我从C[③]的房间向外看营地。八月沉闷的雨，赶跑了最后一批体育爱好者。林间唯一的活物是维斯瓦河区的农民。他们两两成行地走着，穿着完好无损的衣服，这既把他们的周日同其

---

① 埃尔温·吉多·科尔本海伊尔（1878—1962），纳粹推崇的德国剧作家和小说家。——原编者注

② 贝尔图神父。——原编者注

③ 皮埃尔·库瓦西耶或罗贝尔·科斯特。——原编者注

他日子区别开来，也把他们的品味同外表区别开来。我忍不住想，日常法语是最高级的辩证法语言，从几个世纪前开始，它就可以把外表同现实区别开来，这两者并没有同样的味道。我希望他可以在周日和平时一样穿得破破烂烂，去表现这种根本的精神独立，后者会让他看重自己甚于自己的着装。

　　最近几天足球踢得相当成功。我们——尤其是我——从未对身体有过足够的信心。但是当人们对身体有信心时，它是立竿见影、效果卓著的。这就是为什么当我发现自己球踢得还不错的时候，我就喜欢上了踢足球。对我来说这是选择正确道路的方式，它胜过其他所有反思、怀疑和迟疑的兜兜转转。无论是对自己还是对别人，总是肌肉在为精神雪耻。

　　我在读佩吉，很愉快。遗憾的是人们讲他讲得太多，而不是让他自己来讲。太多的辩护、太多的发现、太多的忠告，让人迷失。不要忘了，所有文字著作都是纸上的几行字；"此后便是沉默。"要围绕佩吉重新写一份关于沉默的忠告。

　　与贝尔[①]探讨了关于超脱的问题。被俘经历对某些人，尤其是对大学生而言，是灾难性的。我相信，在生活中人们只对很少的事会真正认真对待。然而有些事即便对于那些最具怀疑精神的人来说，也是神圣的。比如说职业。他们放进括号唯一关心之处，他们唯一不会质疑的部分。我担心这个被俘的大学

① 贝尔图神父。——原编者注

生在他与自己的学习之间拉开距离，就像在他与这个世界之间拉开了距离一样。鞋匠的优势是他在反思的同时，不会忘记自己的动作和对树林的喜爱。反思者的弱点，是他不得不对他的反思进行反思，或者说来自这种内在危险即关注自我。

103　　　　痛苦地、断断续续地、几乎是焦虑地着手一篇关于历史和经济主题的报告。越过了第一个障碍；但这是怎样的惶恐和耻辱，如今在最熟悉的道路上也这么无能为力！

8月21日

　　面对这些潮湿、柔软、充满活力和弧线的宇宙，我想起一个简单的观念：视觉被触觉支撑，触觉被听觉支撑，听觉被味觉支撑，现实就来自这种协调的平衡，帕斯卡尔也把确实性的真正基础建立在这里。

8月26日

　　一不留神，圣路易敬礼日就过去了，它和拉罗什的非常不同，密不透风的篱笆间的沉闷和炎热，河面上高大的树影，绣线菊的苦味，冷酷无情地竖立在年轻疲劳的大腿面前的上坡路，还有几条在水桶里拼命挣扎的鱼。

　　昨天下午令人振奋的考验，今天还在继续。停止波动，在

地动山摇的时候保持冷静，带来美学满足。可怜的军士长，上
了年纪，牢骚满腹，受了伤，但一点一点地，尽管昨天还在抱
怨，今天就全都忘记了。让我想起城堡的故事，完全相似。

读完了《蒂博一家》的《一九一四年夏天》和《尾声》。 104
惊讶于本世纪大河小说之间的相似性，一些主题的必然性，永
远是相同的，高师①、医生、分娩、父亲，完整而不可解释的形
象，难以穿透的光线中心，照亮他的孩子们的灵魂的每一个隐
蔽角落，通过生殖来进行统一。《蒂博一家》同《帕基耶一家②》
一样，父亲必然有着独特的个性；通过一家之长去为一个家庭
辩护，非常法学的构思。

同时也惊讶于书的类型，这种结构让读者不得不一口气读
到底，这种对于生活的物质性的、令人不安的呈现，哪怕是物
质性的，街道、城市、时间、事件，也是如此真切，以至于令
人几乎不得不相信书里的男人和女人真的存在。模糊的艺术，
在讨好人方面非常巧妙，但读它的时候不可能不想到自己，不
可能不跟着苦恼。

9月12日

在这段没有下雨的时间里，产生了不止一段友谊，我很高

---

① 高等师范学校。——原编者注
② 指乔治·杜亚美的《帕基耶编年史》。——原编者注

兴记住那些极度温柔的夜晚，那些与B①的谈话，以及对辩护的这种内心需要。

昨天和B②聊天，一起睡觉和散步，对温柔（！）的形而上学辩护，承认我还没有寻求它就把它剔除了，承认他没有解决这个难题。暴力，就像唯心主义和一切要求，就像经济自由主义和克尔凯郭尔，本身就包含着它自己的辩护。只能通过对事物的注视为温柔辩护。行动者拒绝知道任何行动的不义方面。在某种意义上，任何行动都是无知。只有在完整的观看中，在彻底的无行动中，才会有完美的温柔。对温柔的辩护，也是对其余人的辩护。对暴力的辩护，则是对自己的自我辩护。

9月30日

必须摆脱魅惑。这本借来的笔记本如今成了提前被检视的，被那个有一天我会自愿把它借给他的人检查。这是沉默的一个月，尽管多产

10月14日

不连贯的句子。现在虚空即将形成，所有泄密的地带都将

---

① 贝尔图神父。——原编者注

② 同上。——原编者注

关闭。冬天回来了，用一千种信号让我们感觉到它，身体记录了它，皮肤也对它有了反应。甚至在赫西俄德的时代，动物的毛发就会在寒风中竖起。

过去的两个月有许多事要记住。经历了死亡。又一个要被放弃的计划，因为事件的复杂性，它放弃了自己，让我免于自动放弃它的痛苦。不会再写没有经历过死亡的人的故事[①]。

106

最近一段时间，多次想到教父和他早先给我们做的那场报告，在那个时期我们可以无所畏惧地谈论所有恐怖之物。悖论，可以谈论让所有人噤声的东西，后者也是对一切话语的否定。我们永远只能通过同类去解释同类：用活人的嘴唇发出的几个词去解释死亡的沉默是不可能的尝试。我再次发现了这个关于闭环的观念，这个闭环只能给自己提供它的秘密和辩护，因为它是通过自己得到辩护的。思想、艺术和生活就是这样。莱布尼兹的观念，但没有先定的和谐。这就是那个狭隘的地方，从我们的注视中被夺去的秘密在此汇集：但它没有留下痕迹或些许标记，让人此后可以认出它。

面对这些鲜艳的颜色，红色和血，这种真正"死掉了的"自然的静止性，伦勃朗的一幅画像出现在眼前：《解剖课》：每个人的目光都盯着自己脑袋趋向的同一个点，以避开前面的人，这个主题的统一性是由集中在同一具尸体上的注视来完成的，不同面孔的重力——它加强了每张面孔的差异，让眼皮沉

---

① 在第二本笔记本的结尾处有一张"计划"清单，其中有一个计划就是关于"没有经历过爱情和死亡的人"。——原编者注

重，在皮肤下绷紧最少的肌肉——给每个人赋予其最终的形式，也就是反思和静止的形式，这种静止的活人和僵硬的死者之间的张力，最后有人发声解释死亡，只是因为不知道怎么阻止它，我带着强烈的情绪感觉到了这一切。

107　　被设想的尝试，部分是出于G①的多次恳求，昨晚进行了。以季洛杜恐惧地称作一般观念的东西为基础建立一个匿名小组，遇到了困难。比以往更有必要用理解去接受，尤其是在这段纷扰的时间里，更常见的是接受而非接纳。对那些我没能说服的人保持谦逊的双重主题，那些人即便知识渊博，他们从人们对他们讲的话中也只能认出他们对我的认识，长久以来我都为这种在讲话和说服别人时的无能而痛苦。我不足够了解我的主题，仅凭这个观点，并不能解释这种不满足。

10月17日

"你24岁了，所以你正在你的第25年，也就是说你快26岁了。"回顾自我，回顾这些老祖宗传下来的话。

昨晚和B②聊了很久，在两场暴雨的间隙，在潮湿的营地，一切都被夜色包裹着，只有哨兵的呼喊声，穿透阴影，回应着闪电和比以往更变幻莫测的一轮秋月。为什么需要谈到他们呢，如

---

① 身份不明。——原编者注
② 巴黎人保罗·贝西埃，或贝尔图神父。——原编者注

果不是出于对我的父母和祖先的合理的骄傲？如果从前有人跟我说需要通过过去来建立这种今天我在双手间能感受其重量的生存，为之辩护，并把这种生存同这些简单的现实、英雄的行为和长久的耐心挂钩，我可能会付之一笑。这种追求延续美德、在古人的生活中重新找到只有在原始森林中才能找到的忠诚的内在要求，正是种族情感的形式。我们在做了一长串推理和反思之后才着手的事情，那些人凭天性就已经做了，多么令人钦佩！

108

10月22日

缩减的美学价值。一切冒险的自然死亡，最令人失望的结局，完美的冷漠。一切艺术作品，如果不是纯粹的冷漠，还能是什么呢？"我很快就要进入庆典的中心了……"最完美的出发是发生在沙漠中的出发，没有齐声的欢呼，没有齐聚的目光，不需要向任何人讨理由。一个美好的时代就是这样，它伟大过，但在衰弱，在像一个活得筋疲力尽的人一样死去，它的呼吸变得微弱，动作变得迟缓，很难说它到底还能活多久。一些最美好的友情也是这样，人们会不经意地任由它们在雨中、在夜幕降临和起风时、在同样会到来的遗忘之前归于平淡。

11月19日

"随着时间流逝，战俘生活从将我们隔开的整个空间伸展开来……"焦虑了整整八天，然后这突如其来的启示让我平静下来，因为我知道他们还在。确定命运的位置。

11月25日

极度懒散，生活从此变得没有滋味。今晚在城里，完全惊讶于林间的寂静，惊讶于那个年轻女子，她有一双小螺栓一样的眼睛，眼睛与双唇四周，是围着每一个秋季水果那样的黄圈圈，这双眼睛像微型的小孩，挂在四月的面具上，它们的模样诱惑了全世界所有的画师，对这种生活的平衡的不真实渴望，这种平衡在使它变得陌生的力量下变得陌生。我感到黑夜的来临，感到将至的黑夜里的撕心裂肺，感到这种内在的分割和这种弃绝，感到唇间的泥土的滋味以及最卑劣区域的需求。克洛岱尔如今萦绕在我脑海，被平衡的，人道的，正午世界的平等、和平的景象。《五大颂歌》的完美无缺的光辉，未得到认可，这种与自身协调一致的深沉声音，直至根部。我感到暴风雨在升起，感到这种威胁，对于它，我自己也不知如何提防，因为我就是它，永远如此，今天我请求上帝的庇佑。

在一切声音都静下来的这个时间写作，我感觉羞愧。小人物，带着你沉甸甸圆滚滚的良心，像一枝纤细的花，立在枝干的顶端，漫步是一种危险，看啊，风和雨让植物弯曲了，世界的危险游戏在呼唤这种摧折。一切都是无理由的，比以往任何时候都更神奇。看啊，事物正在相互分离，在我们之间除了隔着一片平原、一片大海、几条河与几座山，还隔着沉默。在一切由其元素和内在联系所构成的事物以外，现在要重建一个属于自己的四面环海的世界。第二首《颂歌》要重建在分散的水、凹陷的海和这片永远重新开始却从未完成的空间之上。他心中所想的真是万物为一吗？

110

…………

"他投以最关切的一瞥……"。在所有观察者面前，玩走钢丝绳游戏，渴望一次失误或一次机会。这类游戏于我很适合，这时我很难辨认自己所在的方位，因为我不知道自己属于哪根绳。被轻拂的危险、要提防的坠落、内心的坚硬，都带来某种陶醉。很少有机会感受：实际上和以前临近考试的整个体验差不多。

拉米的发现。《魔鬼的统治》,《疾病的治愈》,尤其是后一本，柔弱又沉重，而且如此纯粹。这种单纯让我有点失望，我们不知道它——这种存在于人们之间的、同时也是人们与他们自己达成的一致，即不去认识儿童与圣人之间的中间地带——是对深刻的最初的还是最后的障碍。实际上，拉米最令人惊讶的隐秘特点，是对辩证法的否定。用其他东西而非智性来进行精神化，但不是通过即时性，而是通过某种精神上的即时性，某种确定的和突然的赠予，一个女人脸上的那种微笑，那个在漫步并中断示意动作的小女孩。R[1]的反思："拉米……从精神上讲，总是真的。"是的，条件是要留在精神的领地，要看见最终

---

[1]　勒内·罗尼翁，来自里昂，是XA、XB和XC战俘营的新教牧师。——原编者注

的一切。

令人惊讶的混合,《疾病的治愈》,迷恋即时性,参见那个酒鬼,那种在他自己身上的上升,就像在爬内心的楼梯,摇摇晃晃、支支吾吾,带着些行善格言的永久支持,没有对其构成进行修改。从根本上说,是书中变化最小的人物。

111

克洛岱尔,第二首《颂歌》,《精神与水》:

"哦我的上帝,我什么都不再要了,我把一切都还给您,一切于我将不再有任何价值,

而我看到的只剩下我的苦难,还有我的虚无,还有我的剥夺,而这至少还是我的!

现在喷涌出

深深的源泉,喷涌出我发咸的灵魂,洁净种子的深深囊袋爆发出一声巨大的叫喊!

现在我变得完美地清亮,完全辛酸的

清亮,我心中再没有什么

只剩下对独一无二的您的一种完美剥夺!"[1]

12月3日

愉快地阅读了里尔克的亲爱的上帝的故事[2]。有很多值得一

① 参见克洛岱尔《五大颂歌》,余中先译,人民文学出版社,2019年,第54页。译文有修改。——译者注

② "亲爱的上帝的故事"(Histoires du Bon Dieu),里尔克的寓言故事集。——译者注

记；很可惜背景是刻意设定、深思熟虑、强加于人的，令人不快的严格让它变得不优雅。背景必须可以让人遗忘，如果可能甚至不需要背景。背景首先应是适宜的。Decet[1]。

12月19日

昨天收到马尼的信，让我心潮澎涌。就好像一切都可以变得简单，没有褶皱，平等，明朗，没有这种将我们分离的例外环境。

回到《封闭的屋子》[2]，还有这首关于被人们封闭的新屋子的颂歌，后者我本来八天前就能毫无困难地构思好，要是有一点温暖、时间和光线的话……

112

我的上帝啊，在这所住宅的墙壁之间，
在门的圆眼下，就像东贝[3]的初学者
在另一个人从自己坟墓中所看到的门的圆眼下，
抬起头，摇晃的栅栏格外增添了跳撞的老鼠的痛苦，
石块的四倍注意力之间的小小猎物（我说四倍，因为我没有把木质的门和楼板这两个面算进来组成六个面）

---

① 拉丁文，意为"适合"。——译者注
② 保罗·克洛岱尔《五大颂歌》第五首的标题。——原编者注
③ 暗指路易·阿尔都塞1936—1937年在弗朗索瓦·瓦里永神父指导下于东贝的苦修院里做的避静，瓦里永神父此前和保罗·德·戈德马尔一起引导阿尔都塞读了保罗·克洛岱尔（参见《阿尔都塞传》，第一卷，第131页和第137—138页）。——原编者注

调和一切声音，使铜管乐器与小提琴屈从于复调弓，把内心乐团的这种多弦话语变成一种。

我在自我和这间封闭的屋子的寂静中

开始做至高无上的赞美诗。

（诗人就是这样进行的，他以某种方式，讲述事物，用人们的名字呼喊人们——从上帝开始，在花坛上行走，租出所有的套屋

一过去就被重新找到，一讲述就被聆听。

113　　但是别再跟我提你那发酸的思想了，把你的醋放回货架，贴好标签，以便人们再次拿走它时返还一些蒲公英，尾巴在空中，四月非常浓厚的尘土在桌上。

还是听我讲的吧）

黑夜在外面降临

在里面它不需要降临。

这黑夜。

不是上帝为白天后的休息而创造的那个，从暗影中散发着光芒，比一只

怀了所有这些房屋、山脉、海洋、村庄九个月的兔子更饱满

每晚都因大地而沉重，直至黎明和分娩到来

被洗得干干净净，就像上帝的手心，

带着所有在其中沉睡之人的呼吸，因为他们劳作了

他们需要有名义安息！

但这个黑夜，关于它我只知道，是它来
收割花园周围不在场的树木
把南与北、东与西分离的时候了
黑夜中我所爱的那个，调转邪恶的目光，
爬上封闭的屋子并将它包围。

黑夜啊，现在到了上十字架的时间
每个人到每个人之间的长远距离，
流血的妓女被肢解在墙上，她们的影子在一旁

像加泰罗尼亚小鸮挂在谷仓的大门
上方闪闪发光的灯笼，是黑暗的证明。

奇怪的梦：马赛和大海深处的集体沐浴，越游越远，直到 114
感觉海水在降低，泥浆在升高。赶紧回来，在海水完全消失之
前。到了旧港，紧紧抓住码头，城里的气味真冲！市长一定是
准备做什么事情！我等待着，不一会儿，一群叫卖报纸的人冲
上街头，对港口的船只吼叫着同样的命令，船上的汽笛声搅动
着空气。立即执行；在圣约翰堡那边，我紧紧注视着来往的汽
笛声把城市从泥沙的污泞中拉扯出来。我继续做着梦，走在路
上。在我的左边出现了一座山谷，还有一条位于中央的溪流。
河岸会合了，尽管有些倾斜，在更远一点的地方是极好的红土
地，被踩得结结实实；真惊喜，有网球场！半块场地在一边的
山坡上，另半块场地在另一边的山坡上；球网就架在刚刚溪水
流淌的地方；一切都笼罩在阴影之下。大树的阴影为我遮挡阳

光。我思考着，觉得用这样的球网打球肯定会很不舒服，我一直往前走；树木消失，阳光侵入了上升的山谷。我感觉到背后，在路的一侧，我父亲正在将手推车从一块平整的区域边上的烂泥中推出来，那块区域已经装上了矮栅栏，上面爬满早熟的秋海棠，显然我父亲正在为准备一块水平的网球场而劳作。

115　　"他们知道自己被关在小教堂里，就在木屋的后面。里面有几张实木椅子，许多影子，还有站在航行中的船艏的人会有的头晕目眩。因为天在变黑，他们就成了黑夜的一部分，唯一的区别在于被他们踩踏的沙子发出的呻吟，他们嘴里的声音以及他们的眼白，他们走到窗前往里看：他们什么也没看到，但比之前更确定他们走远了，并且喉咙深处发紧，这让他们讲不出话来。一直都是黑夜，树木收缩起来，打着颤，草地被收割，这片短短的浓毛缠着大地，使它透不过气来，就像男人长胸毛一样在它身上长出，激流的巨响成为了水的循环和地图的一部分，这句匿名的话比沉默更好，它甚至是沉默的尺度，让人们可以在一起但不用说话，互相理解但不用交谈。这对他们仍有意义。对泰奥而言，这有一点不同，他很年轻，满怀着未来，满怀着错误的观念：他只想下山去村里买几箱炼乳，嘻，里面有两个洞！他会谱曲，能听懂收音机里放的所有海顿的奏鸣曲。但是对另一个！他不想哭，他为自己的沉默感到非常骄傲，但从现在开始，有某种东西破碎了，某种自信瓦解了，那是他用了很长时间才建立起来的！当然我们不能既与女孩玩登山游戏，又不用受罚。我爱你，我的朋友！他不需要对她讲出这些藏在心里最深处的话。可以看出在他的脸上有某种真诚的痛苦。

至于把她拥入怀中，肋部感受她慵懒的重量，这种成熟的柔软……当他想她的时候，他总是会想起这一刻，想起他怀中的一具身体，赤裸的、滚烫的，因为血和放松的肉而沉重，她倒在你手里，垂着双腿，脑袋歪在手肘上，沉重地滑向大地，然而又温柔地靠在你身上，像一只动物；一个男人刚才上吊了。"[1]

116

佩吉谈到饶勒斯："一个很有解释天赋的人。做好了一切准备去向一切投降。从本质上说，投降就是这样一种操作，人们通过它，开始去解释，而不是行动。不停地解释的人都是懦夫。"

"永远不要相信诗人讲的话。比起别人，尤其不要相信高乃依……比起别人，尤其更要注意他做了什么，而不是他说他做了什么。"佩吉论高乃依，他认为所谓的激情—义务的辩论其实是爱情—荣誉的辩论。

12 月 20 日

要记住这个周日，雨下得断断续续，被哮喘威胁，泥泞中的足球赛，但还算开心，因为斗争激烈、反转、不确定，最后在付出艰苦的努力后胜利了，几页季洛杜论悲剧的文章，正好可以衡量这颗头脑与他所站土地的尺度。人们分隔白天与黑夜，

---

[1] 这段文字很可能是路易·阿尔都塞自己写的。——原编者注

但使人成为昼出的存在所必需的教育，可能只是没有奥秘的黑夜、没有传奇的树木、没有命运的灵魂所给的。第一个诱惑其实是相信生活的悲剧，第二个——它不再是诱惑而是反思——是相信没有悲剧的生活，第三个——它不再是反思而是深思熟虑后的幻觉——是相信没有生活的悲剧。艺术家最主要的方法。最高的嘉奖只赠予被拣选的灵魂，只在这样特许的年代，这时，时代的和平与艺术家内心的从容让一切用悲剧所兜的圈子都遭受挫败。自然的嘉奖被赠予我们的大地，因为平静和对事物的分隔，首先是白天的恩宠，天生就被赠予了它。

　　对于那些在世界起源时没有获得馈赠的人，我们能指责他们没有像我们一样感动吗？"苏格拉底说，啊，……不是树。"①中心的、原始的句子，比第一批哲学上的恐怖人物更好地把那些元素——水、火、土、火、黑夜、白天、精神、命运——分隔开来。

----

① 　参见本书第42页译者注和第61页正文。——译者注

1943年

1943年1月，元旦

过了许多节，令人开心的莫过于大家聚在一起；友情的复活，在某个晚上让我想起了停战后在福煦街区和第十旅的那段特别的日子。挂着沉重帷幔的房间，百浪多息的花饰，猫，洋葱，让每个人都陷入沉思的味道，对所有人开的善意玩笑。唉，夫人，每个人都在旁征博引，大家都博览群书。"他太高大了，以致他有时会想用坐姿去放松一下"，还有牙医的故事，把顾客固定在躺椅上，用手伸进他的喉咙直至手肘："我摸的地方会痛吗？——是，是的！——去看医生吧：这是阑尾炎。"实际上，人们在一起的时候很轻松，彼此偶遇的时候却感到难堪。难题永远是要知道，是该任由人们，任由人与人之间的脆弱规则自行其是，还是去挑衅、引导或反对。更是道德难题而非政治难题。最初的选择是道德层面的，至少我是这样理解的。剩下的很简单，就像拿破仑战争，一切在于执行。

伦理的首要性。比以往更急迫的问题。实际上，道德上的孤独是可恶的英雄主义；只要取消了孤独，一切都会变得轻松。 人类的共同命运，就是对话的存在，总之，从方法论而言，对话具有必然性，是基础性的交换。

D① 为报纸找的引文；这次自然而然地就让我在心中回想起了佩吉从前讲过的这句话：革命要么是道德的，要么不是。笑了。多么简单的一件事，就要绕好多弯子！天晴了。白雪覆盖着营地。景色更宜人。最好动手去做，而不是空口闲谈。从此以后《法国团体手册》② 就没用了。实际上，人总是在缺少某物时，才需要谈论它。

1月7日

有好多事要讲！从《斯巴肯布洛克》③ 一直讲到所有这些让生活突然有了滋味的事情：这项轻松的工作；这份报纸；这种对生活的重新把握；还有——感谢上帝！——这段时间，其间我终于停止了对自我的反思，还找到了一个活着的理由；以及这些计划；以及所有这些脆弱的、若隐若现的东西；以及——我的上帝啊——这份由知道这一切带来的喜悦！如今等待可能真的会带来结果。我不完全是在虚度光阴。坚韧不拔中有恩宠。

123

---

① 可能是罗贝尔·达埃尔，他在几个月前，也就是1942年11月30日，当选为战俘营"法国协调人"，他把阿尔都塞编入了自己的团队，主要是为了一起办营地报纸（参见《阿尔都塞传》，第一卷，第199—203页）。——原编者注

② 指《法国团体》期刊，副标题为"团体研究手册"，由弗朗索瓦·佩鲁和雅克·马多勒主编，其观点接近于里亚支学校，支持民族革命（参见贝尔纳·孔德的《战斗的乌托邦：于里亚支干部学校（1940—1942）》，法亚尔出版社，巴黎，1991年）。——原编者注

③ 查理·摩根的小说。——原编者注

上帝啊，既然在尽头处会有长久的沉默，那么一切都好①，这是最好的信号，即不再需要开口就能被理解了！

2月15日

［空白］

5月1日

与里尔克的深入接触；这一发现真叫人惊讶和喜悦。有些话在灵魂最隐秘的地带回响。

最奇怪的地方在于，这一发现来得正是时候，与其说它令我惊讶，不如说它回应了我。是时候在完全沉浸中倾听自我了，是时候再读一遍了。随后就有了这些不可胜数的无法单独梳理清楚的反思……

诗的深刻回响。让我不由自主地想到——就像他自己说的，"诗不是情感，而是经验"②——诗人在诗里把自己榨干，诗既充满了时间、树木、花朵和果实，被四面八方的风吹过，但也由同时属于过去和未来的灵魂的晦暗部分构成。里尔克诗歌的

124

---

① 本句中的"那么（et）"原文为"如果（si）"，疑为误植，现根据11月10日的日记更正，参见本书第134页。——译者注

② 译文根据阿尔都塞抄录的法文译出。另参见《注疏版布里格手记》，陈早译，华东师范大学出版社，2022年，第59—60页："诗不是如人所想的感觉（感觉早就有了），——而是经验。"另见《马尔特·劳利兹·布里格随笔》，收入《给青年诗人的十封信》，冯至译，上海人民出版社，2019年，第94页："因为诗并不像一般人所说的是情感（情感人们早就很够了），——诗是经验。"——译者注

形而上学价值。它绝不是一场游戏，除了这唯一的保留，即尽管仍要承认写作有点像是手指与笔相配合的游戏，但它不是生存的游戏。

诗显然有东西要说，它充满了自己难以承载的、溢出它自身的意义，这种负担对于词语而言往往是过于沉重了。

使人心绪不宁的里尔克。

[空白]①

10月5日

黑夜再次降临。外在时间与内在时间不再有距离的时刻来临了。秋天的特权，此时物与物的成熟会彼此相遇。还有同样的节奏，一件事物生成又消解的永远同样的节奏。再次沉入冬天，寒冷与风，周围的一切都在收紧，甚至包括我在其中散步的黑夜，还有当时的精神，不再是散落在路上，而是也收敛着，因为在刮风下雨。在沉默了这么久以后，可能正是这种力量让我书写。在夏天、在阳光下、在行动的逻辑中沉默了这么久以后，人啊，独自站在路上，眼看夜晚来临，随之而来的是在林间散布夜色的风，还有那雨，它用线条给天空本身画了一个边框！

坐在杂物上，没有光，外面的风敲打着，吹落的枝丫抵在墙上。然而，一些宁静的声音升起，它们被这片土地的口音带偏了，让我想起了其他的土地。就像战时的列车，闪着蓝光，

① 这一次出现在日记里的新"缺口"有五个月之久。见我们的前言。——原编者注

几乎不算是光。夜深了，在冷得麻木的半梦半醒间，声音一个接一个地升起，摧毁了寂静所带来的唯一安全感，那是笨拙的、农夫的声音，带着强烈的口音，谈论着同样的事：昨天的，今天的，那里的，这里的。

10月9日

今晚又听了一次乐队演奏，从前的印象又回来了。跟着部队驻扎在布亨；从喧嚣的房间深处，爆发出军号般的笑声；尼古拉①撕扯着钢琴的键齿；狭小逼仄的舞台上有人敲打着铙钹，砰砰作响，不苟言笑的面孔，严肃得像在考试，与从音乐家们井然有序的口中发出的欢乐格格不入。

10月15日

阿［贝尔］·博纳尔很好地译出了《安提戈涅》（索福克勒斯）的壮丽：

"如果国家是健康的，我们就能在其中拥有一切——包括朋友"，克瑞翁说②。

---

① 尼古拉·凯德洛夫。——原编者注

② 译文根据阿尔都塞抄录的法文译出。另参见索福克勒斯《安提戈涅》，《罗念生全集》第二卷，上海人民出版社，2007年，第301页："我知道惟有城邦才能保证我们的安全；要等我们在这只船上平稳航行的时候，才有可能结交朋友。"——译者注

这句话让我产生了奇怪的联想，想到莫拉斯的一些话，几乎用了相同的字眼：如果国家亡了，所有的目的也会随之而亡。

χοφός① 的那些句子，壮丽又沉重：

"自然有着千奇万妙
但人类才是自然的杰作。
他向着诸海域的彼端，
把道路托付给风暴的速度
在身边汹涌的，
海浪的起伏中进发。
大地，最伟大的女神，
永生者，不朽的、不倦的，
年复一年，在牛和犁的往复中
人类在其上劳作、播种。

鸟类的轻盈族群，
人类用细线牵住、捉住。
林间的野蛮兽类
大海深处颤动的生命
人类困其于网袋中

多智慧的人啊。他驯化，
他把山间自由的兽绑在机器上。

---

① 希腊文，原文疑有误，应为"χορός"，意为（希腊戏剧中的）"歌队"。——译者注

马匹飘扬的鬃毛，

公牛不倦的颈脖，

有一天被人类套上了轭。

他的思想比风更快。

他的作品是语言，是城邦的秩序。

抵挡雨，抵挡霜，他建造了屋顶。

他向着未来前进，

他预见了危险。

人类在一切事物中都是满有资源的，

唯有死亡

可以让他缺乏……" ①

海蒙对他的父亲克瑞翁说：

"我在城里听到了一些你不想听到的话，如果你在场，他们会把这些话吞回去的，因为你不会喜欢听。你让你的人民感到

---

① 译文根据阿尔都塞抄录的法文译出。另参见索福克勒斯《安提戈涅》,《罗念生全集》第二卷，前引，第305页："奇异的事物虽然多，却没有一件比人更奇异；他要在狂暴的南风下渡过灰色的海，在汹涌的波浪间冒险航行；那不朽不倦的大地，最高的女神，他要去搅扰，用变种的马耕地，犁头年年来回地犁土。他用多网眼的网兜儿捕那快乐的飞鸟，凶猛的走兽海里的游鱼——人真是聪明无比；他用技巧制服了居住在旷野的猛兽，驯服了影毛蓬松的马，使它们引颈受钜，他还把不知疲倦的山牛也养驯了。他学会了怎样运用语言和像风一般快的思想，怎样养成社会生活的习性，怎样在不利于露宿的时候躲避霜箭和雨箭；什么事他都有办法，对未来的事也样样有办法，甚至难以医治的疾病他都能设法避免，只有无法免于死亡。"——译者注

害怕。你的一个眼神，他们就会闭嘴……

"……不要认为只有你自己永远有道理，不把别人的意见当回事。有些人以为只有他们拥有见识、口才和智慧。把他们打开，却是空的。智者不会耻于向他人学习或承认自己的错误。顽固的人不是智慧，而是愚蠢。

"看看那些树吧；它们只有贴合风暴的运动才能留存最嫩的枝丫；如果它们迎风而立，马上就会被连根拔起……你见过有水手拉紧帆脚索却不调动风帆的吗？他就快要翻船了。"①

整首诗本身是完美成熟的果实，每句话都是沉甸甸的，每句话都像一只怀着幼崽的母兔；每句话都像一个走在路上的人的生活，满是回忆和经验。他认得每一条走过的路。在这一点上，庄严与纯洁不再可分。

写作意图的形而上学。把作为朦胧愿望的意图和意图区别开来。他下决心去做正在自己发生的事情这件事，无法与纯粹的意图区别开来。是纯粹的意图。意图取消了整体，就像思想取消了身体和世界。意图甚至取消了它自己的原因，就像思想

---

① 译文根据阿尔都塞抄录的法文译出。另参见索福克勒斯《安提戈涅》，《罗念生全集》第二卷，前引，第314页："人们害怕你皱眉头，不敢说你不乐意听的话；我倒能背地里听见那些话……

"……你不要老抱着这惟一的想法，认为只有你的话对，别人的话不对。因为尽管有人认为只有自己聪明，只有自己说得对，想得对，别人都不行，可是把他们揭开来一看，里面全是空的。一个人即使很聪明，再懂得许多别的道理，放弃自己的成见，也不算可耻啊。试看那洪水边的树怎样低头，保全了枝儿；至于那些抗拒的树木却连根带枝都毁了。那把船上的帆脚索拉紧不肯放松的人，也是把船弄翻了，到后来，桨手们的凳子翻过来朝天，船就那样航行。"——译者注

取消了思想的原因。

可是，不存在作为基础的唯美主义。这个小小的自主性即是对所有自身以外之物的否定。基本的、存在论的否定（用存在论的话说，它同用语言讲出任何对语言本身的否定相抵触）。

从外物中孤立出来。对那个把它从外物中孤立出来的外物的否定。然而如果我们承认意图的秩序，就没有美学，也没有从外物中孤立出来的思想，如果我们承认思想的秩序，就没有唯我论。

意图的秩序，不可言说者的秩序。所有的表达都是外物的轮廓，包括我们在把阴影画作阴影时避开的阴影，以及阴影相交处的那个受限又纯粹的小空间。意图的、不可言说者的秩序。诗中留白的作用："此后便是沉默……"

对外物的否定。一切外物都死了。死亡（大写的死亡）。死亡和习惯。可能甚至生命（生物学意义上的），还有它的节奏（不是大写的生命）、它的季节、它的重新开始，也死了。在返回自我又没有完全返回自我之物中的生命。树在老去，同时每个春天又会冒出新叶。不是同样的新叶。但在枝头做的是同样的动作。同样的树枝在同样的树干上，同样的树根在同样的地洞里。一棵树死了，在路边双重地死去，某一天晚上，比如我在思考它的今晚，女孩从旁边走过，那棵树的唯一机会，哎，女孩对自己双脚的注视，世界就在其中，就像卧室在蛋杯的弯曲处一样。那棵树的独一无二的机会——它让出道路，笔直的——在它的过去里伸展，它唯一的未来就是它唯一的过去。

对于不是生命的东西，能说什么呢？在那些树的背后，在同样一条道路的旁边，有一些房屋。方形的巨物，已解决的难题。解决办法就在那里。几何的、阻力的、材料的、人工的、资源的……难题。解决办法。房屋就是解决办法。找到解决办法的人，把解决办法在路边并且沿着大路摆在了地上！就像土地测量员，他摆一条边界，又摆一条边界！（这是意图的第二次死亡。表达。意图在自我表达，哎呀，一条又一条地摆放边界！跑啊，好家伙，追着意图！）。方形的墙，房梁。房屋不会变化。甚至不会改变节奏，用不着费心去找。避开了重复。它没有重复的危险，去吧。死的是这些墙，这些作为解决办法的墙，这块方形石头是世界与几何学家的相遇。楼梯。谁知道从楼梯进入房屋呢？身体的奴役。甚至是没有节奏的身体的奴役。当我们想到它来自人，当我们想到这是一种被找到的解决办法，或更准确地说是被遗忘在路边的解决办法。死亡。然而它是某个人生命中何等的奴役啊！房屋的意义，生命的框架。生命的框架是日程表、日常事务、职业、计划。房屋是谁？也是一种习惯。如果墙不是习惯了支撑屋顶的东西，它又是什么呢？如果房屋不是习惯了待在同一个地方的东西，它又是什么呢？对于那种习惯了自己屋子的人，这真是一种诱惑，诱惑啊！

10月16日

"你的皈依就是我的事业：别害怕，满怀信念地祈祷吧，就像是为我那样。"① 帕斯卡尔的基督。

11月5日

医生，戴着手套，穿着暖和的白色罩衣，用蜘蛛的动作搅动着空气……

11月6日

现在我心里想着许多事，它们拉扯着，彼此相遇，就像在被堤岸紧紧环抱的海角，又像海岸上的大风，撞击着既顺服又抵抗海浪的囚徒般的木棚。漫长休息之后的心碎啊！整个白天之后的报酬，不是对平静的水面的注视，而是在已经来临的夜晚，所有这些在港口相互碰撞着的过夜的船。

我同样也站在冬天的门槛上，风吹来了如此多的严寒，我可能要面对比以往更多的日复一日的重复考验，不停地回望，而我早就知道，即便对未来的展望，那也是在回望！

直到［阿兰］–富尼耶通过伊莎贝尔纠缠着我，我还以为他离得很远呢！伴随他一起而来的，还有所有这些回到这间既

---

① 参见帕斯卡尔《思想录》，何兆武译，商务印书馆，1985年，布码553。以下出自《思想录》的引文只注明该书所标布伦士维格本序码（简称布码）。——译者注

封闭又开放的屋子的东西！

比往日更甚，生活遁入了我朴实的手心，从窗户接过的一小片面包，还有与面包一起隐没的东西，紧贴在胸口。他别无所有，没有力量，没有过去，什么都没有，哪怕他那么善于创造，只有未来在阴影处等着他，就好像一场没有尽头的旅行。

如今作品从我身上掉落，就像果实从树上掉落一样，如今它不再是我成为其俘虏的唯一记忆，我是自由的，哦，摆脱了固有的不确定性，再没有什么东西把我向后拉，就像某人在身后拉扯你的衣袖！

或许我会驱逐心灵之船的噪音？就像在年迈的歌德那里，上帝通过驱逐对立的东西而创造了世界。

"Stumm war alles，still und öde[①]..." 被清空的港口没有一丝涟漪。第一天的回报啊，不是这种对平静水面的长久注视，而是贫乏，是与平静的海水一样的沉默，还有那些即便在催人昏睡的阳光下也彼此紧挨着的船。

11月7日

"多马说：'主啊！我们不知道你去的地方，怎能知道那条

---

① 从《西东诗集》里抄录的诗句，参见第86页。——原编者注

德文，译文参见《歌德诗集》(下)，前引，第488页："万籁俱寂，一片荒凉……"——译者注

路呢?'耶稣对他说:'我就是道路、真理、生命,如果不是借
着我,没有人能到父那里去。如果你们认识我,就必认识我的
父;从今以后,你们认识他,并且看见了他。'"《约翰福音》第
14章,第5—8节①。

　　道路、真理、生命是一体的。在存在中,方法、认识、生
命是一体的。方法与认识没有区别,一切认识都是生命。存在
中的人不需要存在论的道德主义,只有不在其中的人需要。对
于在寻求的人,方法有别于认识,就像在笛卡尔那里一样。对
于在认识的人,方法就是认识,就像在斯宾诺莎那里一样。方
法就是认识,对于活着的人,也是生命,就像在……

　　"我去的地方,你们知道那条路。——主啊,我们不知道你
去的地方,怎能知道那条路呢?"②

　　一条简单的小船在水面上,在大海上巡弋,就像一个平凡
的人在地上,在世界上游走。一个人在一条船里,他四周的大
海是无尽的孤独。这场相遇的画面真美啊,毫不令人惊讶的是:
人最关键的命运总是发生在海上一条简单小船的船心!最深邃
的文明诞生在大海的孤独中。这些船艇抛下了锚,永恒锚定在
孤独中,成为了一个个岛屿!来自源头的无声教海,激起了人
最早的敏锐意识,他独自对抗着大海和海水,因为海水包围着
他,让他看不见自己,大海对人的解放啊!

　　"自由的人啊,你将永远钟爱大海!"

---

　　① 参见《圣经·约翰福音》第14章,第5—8节。尽管阿尔都塞早年信奉的是天主教,
但由于相关专名在外文中并无差别,所以本书中与基督教有关的专名以及《圣经》引文,
一般采用通行译法,而不特别采用天主教译法。后文不再一一注明。——译者注

　　② 参见《圣经·约翰福音》第14章,第4—5节。——译者注

福音书总是向我们指示基督的这个动作本身：登上船，独自在湖面，尽管孤身一人，但一切在他里面，他在一切里面。

大海上的船啊！对围绕着你的海水的否定，难以置信的悖论，然而还在漂呢，漂啊舞啊跳啊，大海表面上的难以置信的小东西，跳啊舞啊漂啊，在世界表面上的难以置信的小东西，在漂啊舞啊跳啊的意识！

比沙漠更真啊！海水被联合一切的风吹过，然而风会停在几块连着的、弯曲的、彼此相依的木板上，如果木板相互连成一个圆圈，就不会下沉了。比沙漠更真啊，那里即便在暴风雨的风中，孤立的人也有双脚站在地上，等待着孤独的进攻。结实的肌肉，在这座被一个个时代、被层层相叠的沙子加固过的底座中，是一种额外的援助，这或许就足以经得住从四面八方袭来的风暴。在普遍的暴风雨中，保持双脚坚定有力地站在托举着他的地面上的人啊！但是在水里！没有什么可求助，以对抗那不固定的状态。在又跳又蹦，滚来滚去，起起伏伏中，没有任何依靠！被斩断永恒之锚的小船啊，没有锚的船壳，没有重量的结实，没有绷紧而不断的绳索。小船漂啊舞啊跳啊，成了风和海的玩具，在白天与黑夜，在被赋予人的最深沉的孤独中，被一切所抛弃！

11月10日

我重读了一些已经变得陈旧的句子，这句话一下子就抓住了我："上帝啊，既然在尽头处会有长久的沉默，那么一切都好"①，我突然就战胜了自己，因为我开口了。

11月14日

和A②讨论了物理学家和形而上学家，他认为本身有区别，我却觉得根本上是同一种人，唯一的区别是对象和方法。有点像两个人在树林里。光线暗了。如何走出树林，重新找到最远处的最后一棵树，阳光下的最后一棵树？一个人从一棵树到另一棵树，在森林里打转，给每一棵树的树干贴上标签，写上它的名字、本质和系谱。等他给所有的树都贴上标签以后，他就能跟着树上的记号回到阳光下。无论是否有无数棵树，都是一回事：他永远都要在那些已经被命名的树里找还没有被贴上标签的，哪怕所有的树都已经被贴过标签了。这是物理学家。

另一个人呢，就像笛卡尔。他径直穿过一棵棵树，穿过这片无论多深的森林，总有一天他会到达阳光满天的地方。"效法那些在森林里迷路的旅客……始终朝着一个方向尽可能笔直地前进……因为这样做即便不能恰好走到他所希望的地方，至少最后可以走到某个地方，总比困在森林里面强。"③

----

① 另参见1月7日的日记，本书第122页。——译者注

② 安德烈·阿拉尔（？）。——原编者注

③ 参见笛卡尔《谈谈方法》，王太庆译，商务印书馆，2006年版，第20页。译文有修改。——译者注

11月25日

旧的想法又回来了，并且这一次我注意到它对于沉默而言过于空洞，再一次是空洞的。让一切作品落地吧，就像成熟的果子，就像这个比喻本身一样，陈腐。一切都是超脱，或者说在所有作品里，甚至在内心，超脱就像词语间的沉默。写下的东西继续存在，但不与任何东西建立联系。不是词语的奴隶，而是从词语中解放出来，因为不一样！接着写了这么多东西，我向后回望，就像路上的人扭头向山坡上看，他看到那些曲线和直线，那些树木和篱笆，如果视力够好的话，就能看到边界。

就这样从一切中解放出来！我讲出这个词，是讲出了一个远离我的习惯。一旦写下来，就从一切写作中解放了出来！

从一切词语中解放出来，然而，就像是在兜圈子，有些词语，隔着非常遥远的距离，却一模一样。这样我在纸上或在心里重新找到的，是那些同样的词语，孤零零的词语。

12月6日

读到几句要记住的话：

"然而必需的只是孤独，巨大的内心孤独。进入自我，持续几个小时，不见任何人，这一点必须能够做到。让自己孤独，就像我们还是孩子时曾经的那样孤独，彼时大人们来来往

往……而我们完全不理解他们的行为。"[①]（里尔克）

"在艺术中，正如在死亡中一样，我们是孤身一人。"（画家
阿尔弗雷德·拉图尔）。

"要画成这样，得死好几回"，梵高论伦勃朗的《犹太新
娘》。

从圣托马斯那里记下来的另一句话，大意是说："祈祷者若
知道他在祈祷，那么他的祈祷就不完美。"

对噪音的反思。寂静[②]与噪音有关，就像在场与不在场有
关。还是在脑海里，就像在拉罗什的第一个午后，在花园的阳
光下或厨房的阴影中，只记得这种内心的苍蝇似的嗡嗡声在迎
接我。坐在藤椅上，注视着正对面的墙，多年了还是同样的铁
丝网，同样一堵墙，只有天知道它在那里多久了，但同样的寂
静让所有事物膨胀：叶的汁水，脸颊上的血，我双耳中的寂静，
对放弃的准备。

这就是噪音。寂静，尽管它更简单。寂静，世界尽头的精
神，安息了一切。这个完美之物安息在万物之上。在宁静中，
每一个移动的东西就像它应该移动那样，没有什么需要特别关
注的，就像高卢人吼叫着冲上卡比托利欧山，鹅掌踏在山岗上

---

① 译文根据阿尔都塞抄录的法文译出。另参见里尔克《给青年诗人的十封信》，冯至
译，上海人民出版社，2019年，第51页："我们最需要的却只是：寂寞，广大的内心的
寂寞。'走向内心'，长时期不遇一人——这我们必须能够做到。居于寂寞，像人们在儿
童时那样寂寞，成人们来来往往，跟一些好像很重要的事务纠缠，大人们是那样匆忙，
可是儿童并不懂得他们做些什么事。"——译者注

② "寂静"原文"silence"，也译为"沉默"。——译者注

的十字路口，但是平原的重量压在简单的土地上，还有大海和群山，既然它们存在——它们一定要在那里，因为有人把它们放在那里。直到世界的尽头，直到另一个终点，内在精神在它自身中的大安息。而尽头的一切，在远景中变小，成为极小的东西：有在某片海上沉睡着的几座小岛，还有岛上特别小的几个人。

137 一声噪音。这是在某一个点上听到的骚动，它启动了所有噪音。像鸡栏里一只母鸡张开了嘴，那么一整晚都会吵个不停！即便是远处一声噪音，也是万物长久陷入的沉默。

12月6日

"只要想到这句话有多么确切，即政治的全部技艺就在于利用各种形势，我有时便会怀疑，我于此所讲过的那些话，以及这些我本人的回忆录，是否应该被归入无用之物的行列……

"……既然一切箴言精义都是常识，而对它们的运用，我们无法从别人那里学到，只能在我们每个人自己心中找到。但这种对我们自己的理性思考的厌恶是不理智的；因为这种运用主要来自习俗，并且常识的形成，只能或者通过长期的经验，或者通过对同样性质的事物进行反复持续的沉思，因而我们全靠了那些规则本身和一些例子，才有优势可以不需要一些例子和一些规则。"《路易十四回忆录》。

12月7日

维庸［的］伟大的《遗嘱》：
"其次，还有我可怜的母亲，
她为我忍受了剧烈的痛苦，
还因为我而多次大大伤心——
我请求她向圣母发出祝福。
我没有其他什么房屋或城堡
安置我的灵魂和我的躯体，
也无法防备贫穷和痛苦，
和母亲一样，这可怜的老妪。"①

138

［拉宾德拉纳特·］泰戈尔谈他自己的画："我的画作是我的
被画出来的诗。""它们应该去表达而非解释……艺术在这方面
是相同的，它是不可解释的。"
"它（死神）要问：你的歌能继续活下去吗？
我回答：'我不清楚，但我知道
在唱歌的时候
我常能找到永恒。'"

关于寂静②。克洛岱尔［《封闭的屋子》］：

---

① 参见维庸《遗嘱集》，杨德友译，华东师范大学出版社，2010年，第64页。——译者注
② "寂静"原文"silence"，也译为"沉默"。——译者注

"请您做得让我在世人中间
如同一个没有脸容的人，而我关于他们的
一种没有任何声音的话语就像一个
寂静的播种者……"

12月18日

我发现了圣十字若望①，以及随之而来的整个神秘的世界，偶遇的和期待已久的句子。最终是写下来的与晦暗之夜的相遇，就像另一场与沙漠的相遇，以及与克洛岱尔的《冬霜》的相遇。整个这一套否定神学，实际上是唯一的神学。

12月21日

轻微的颤动，你会在翻动书页的时候认出它，今夜它又像古老的记忆一般抓住了我。通过马多勒②，他因为一次难以解释的奇迹（也或许是同样的路就要一些同样的停靠点），停在了那些路的同样的、完全是同样的拐弯处；这种花和山楂的酸味、肥草上发酸的阴影的酸味、滋生昆虫的小路的酸味。

---

① Saint Jean de la Croix（1542—1591），西班牙诗人，基督教神秘主义者，著有《灵魂之歌》等。——译者注

② 雅克·马多勒，路易·阿尔都塞读过他的几本书：《克洛岱尔的天才》(1933)和《克洛岱尔的悲剧》(1936)。——原编者注

这又有点像是驾车去重历记忆中的青春（在莫尔旺的刺骨的寒冬时节啊，这本书像是由暖洋洋的书页和花草间的春天制成的，它的纸张像呢绒一样留着温暖。）有点像是围绕着普鲁斯特的同样的旅行，而普鲁斯特也围绕着它，这本书后面这些无尽的链条，这种人们相互留赠的滋味，他们一个接着一个地留意到了舌面上这种微弱的酸味，一个接一个地在安静的晚上，留意到了被绘成花朵一样的三座钟楼在天空中沉默的相遇。

就这样，在蒙［泰朗］那里重新读到普鲁斯特的一些句子，保存完好，尽管时光流逝也未受损，就好像它们在时间的内部被隔离了出来（翻过第一页，哪里有灰尘？每一个字母都闪着同样的光芒），一本书面目一新的印象，好像它在异己的时间中把自己幽闭了，它跨越时光就好像包裹跨越空间，不会受伤也不会衰老。记忆像它一样，被从空间中隔离出来的一个小圆圈，某个晚上，因为一个突如其来的奇迹，我再一次钻进它里面。

某个"东西"，作为沉默的支撑物出现，它就是沉默本身；某个东西，是虚无的支撑物，它就是虚无本身。我把它叫作，既然——因为说话要用词语——需要有一个词语占据这个句子最后的位置，我把它叫作：主体。

140

12 月 25 日

泥泞的圣诞节，无聊，不开心，尽管做了那么多准备。醒来的时候，屋顶有些霜，太阳照在霜上；风，还有晚上断断续续的云，从潮湿灿烂的繁星前吹过或飘过。

等待。等待。对这座封闭的屋子——有人在门口驻扎过冬——的围困，还要多久呢？我等待着这句终被应允的祷词从另一个人的口中讲出。我就这样走了，在我心中是充满了东贝 ① 的沉默，还有这条走廊，在那里一个像聋了一般沉重的自鸣钟破裂了；我就这样走了，为了相信而重复着帕斯卡尔的这句话："你的皈依就是我的事业……" ② 还要多久呢。

12月26日

在圣十字若望的书里有这些话：
"为了达到一个我们未知的地方，就要走一条我们未知的路
为了达到一个不属于我们的地方，就要走一条不属于我们的路
为了达到一个我们所不是的地方，就要走一条我们所不是的路
执着于某物，就是弃绝一切
为了完满地获得一切，就要彻底地离开一切
当你拥有了一切，要对手里的它一无所需
因为无论你在一切里面寻找什么，你都彻底失去在上帝那

141

---

① 　见第112页注释②（即本书第113页注释③。——译者注）。——原编者注
② 　参见本书第131页译者注。——译者注

里的宝藏。"

（《攀升》[1]1.I，第十三章末尾）

　　圣奥古斯丁："Domine，quaeris fugientes Te；fugis quaerentes Te[2]."

　　圣十字若望的精神之夜让人想到 Beati pauperes spiritu[3]：

　　"在感官之夜要遵循的规则，即是不再操心、不再讲话，也不再冥想……要让灵魂获得平安和休息，即便像是它什么也没做，像是我们在浪费时间，像是我们不愿去想任何事……"[4]

　　（《［心灵的］黑夜》1.I，第十一章。）

　　"一旦灵魂成功从可察觉的形式和形象中小心地得到净化，它就会沐浴在这道纯粹和简单的光中，并在其中转化，臻于完美的境界……这道光从未在灵魂中缺席。阻碍它不能浸于其中的，是造物的形式和面纱，它们将灵魂包裹和阻塞了……"[5]

　　（《攀登［加尔默罗山］》1.II，第十三章）。

---

　　①　即《攀登加尔默罗山》。——原编者注

译文根据阿尔都塞抄录的法文译出。另参见《攀登加尔默罗山》，星火文化有限公司，2019年，第92页。阿尔都塞这里注明的标题为"Ascension"（攀升、升天），与后文注明的标题"Montée"（攀登）不同。——译者注

　　②　"主，你寻找那些逃离你的；逃离那些寻找你的。"——原编者注

　　③　拉丁文，意为"心灵贫乏的人有福了"，出自《圣经·马太福音》第5章，第3节。——译者注

　　④　译文根据阿尔都塞抄录的法文译出。另参见《心灵的黑夜》，星火文化有限公司，2018年，第94页。——译者注

　　⑤　译文根据阿尔都塞抄录的法文译出。另参见《攀登加尔默罗山》（第二卷第十五章），前引，第149—150页。——译者注

142　　　　思想的承袭。这些关于创世的现代理论，把创世看作沉溺于自身活动的上帝的伟大游戏，由人通过其再创造来完成，克洛岱尔就是这样想的，这些理论非常接近莱布尼兹以及整个晚期笛卡尔学派：要多找一种辩护，要么通过一元论，要么通过二元论。

1944年

1月1日

万物皆有时，有时开口说话，有时保持缄默（我们可以通过人们真诚和熟练地认辨其时的方式来区分他们）。从未像几天前那样有那么强烈的感受，想着自己可以用几个理论点来写一些东西，只需要稍加处理即可。从今往后，事情太显而易见了，再也不需要求助于表达了。

雨、风、泥，本地对即将到来的一年的三重迎接。令人惊讶的交替，以及让所有的期待都落空的奇怪的冬天（尽管相反的是，只要时机成熟，那些要素终究会逮着人们的）。在幽闭的木棚里，脸部的、身形的、背影的众所周知的面貌，公认的、意料中的、重新发现的表达。在舞台上，就像在房间里一样，每个人都在，因为每个人身边都有一个别人，靠得比在长椅或同一屋檐下更近，乏味的音乐把所有的耳朵都串到一起，像在整间屋子里彼此交会的织线布。人们不仅是空间的、舞台的、长椅的、广场的、高处的、低处的囚徒，也是所有这些词语、所有这些音符、所有这些颜色和线条的囚徒。渺小的人啊，争论着、引诱着、分辨着，就好像清晨结冰的布料中的苍蝇！

在世界第一片海上涌现的第一批小岛，在海水织成的光滑布料上，这些小小的涌现物，是深邃的大地用空气的语言所做的符号，人啊！

1月6日

昨日的惶恐，来自对流逝的时间的可耻仇恨，时间向前进，夹带着它的人类小弟；来自我翻开的那份报纸，为了在 L. X. G.①等字眼的掩饰和把戏之下寻找那个名字；来自总是在每天的某个时刻等着我的怀疑，唉，我是过于自觉的受难者；或是来自一天之后的休憩，积蓄能量的过长的一天，对持续集中的内心而言过长的一天。

1月17日

笛卡尔的伟大，对自己的财富和言谈很确信，舞台上庄重、高贵的演员。熟知世界以便拆解它，熟知自己的思想以便遗忘它，比起创作，他更爱休息。一篇简单的前言的庄严腔调。一个弃绝一切姿态的人的最完美的姿态。

147　文本像是半山腰上盘旋的路，像是在山谷的半坡上，那里有路过的旅人，有算账的商旅，有嘈杂的城市，有读书的小学生。

---

① 身份不明。——原编者注

世界最初的在场，像遗忘一样静默，而所有这些微小的噪音，也就是这些拥挤的文字，都一个个紧密挤在一起，像一片树木在密谋反对沉默。

"但是，就像一个独自走在黑暗中的人，我决定慢慢地走，非常谨慎地对待一切事物，尽管我前进的步伐很小，至少我不会摔跤……"

同样的和永恒的避静①步骤，离群索居。

"……就在八年前，这个欲求（寻找真理）让我决定远离一切熟悉的地方，来到这个国家避静，经年的战争在这里建立了这样的秩序：他们维系军队似乎只是为了让人们以最大的安全感享有和平的果实，我置身其中的人民虽然很活跃，但比起管他人闲事，他们更关心自己的私事，即便不缺少能在最繁华的城市里找到的任何一种便民设施，我也可以像在最偏远的荒野里一样过着孤独和避静的生活。"②

2月5日

M③的这封信给了我胸口以沉闷的一击，这些不同的信都在讲同一件事。

---

① "避静"（retrait），或"退省"，天主教内的一种宗教活动，指在一定时期内避开"俗务"，进行宗教静修。——译者注
② 文本来源不明。——原编者注
③ 很可能指马尼·德·戈德马尔。——原编者注

2月22日

在这段沉默和劳动的时间里，精神迷失在细节中，回顾自我只能是不满意，但我还是想记住这种重新找到的感受，我已经在其他的阅读里见识了它，如今它作为永久的现实又被认出来，这就是我在读普利尼耶的《最后一天》时所感觉的。我不愿像在谈其他类似的书一样谈论这本新出的小说，讲家庭是对社会空间的限制，讲这本书的有机统一，统一本身就是多样，是被父亲（又是一位父亲！）的意志统一的——但是这一次，这个同样的感受不在于主题，而在于这种体裁本身，它是一种向读者施加的暴力，是一种被人强加的呈现，世界的呈现、人的呈现、生活的呈现、街道的呈现、戏剧词语本身的呈现，这种呈现是如此真切，以至于几乎成了对读者的折磨。一旦打开这本书，就不可能再放下，我们阅读时在焦虑和希望中分享的命运，书里生活向你们内心世界的闯入，以及这些用身体围绕着读者、把读者不由自主地拖入他们的世界和悲剧中去的人物。读它是一种折磨，就如同写它是一种勒索。一本否定了美学的书，在其中作者把自己的生活或是他想过的生活藏在主角的第三人称中，并粗暴地厚着脸皮强迫读者去分享它。（如果这是他自己的生活，为什么他要强迫我去分享它，如果这只是他自己所梦想的生活，为什么要在一种不可能的现实中对我呈现它？）在这种直接的联系中，艺术作品在哪里呢？读者对作品的后发的超脱条件，是作者对作品的超脱，而它在哪里呢？或许发生

了太多事情，在正在阅读的我的心中发生了太多事情，让我不能在这本书中重新找到内在于超越时间的艺术作品的平静。或

许需要把这些事情关在叙事者的生活中，用"我"——就像潘多拉的盒盖——去阻止激情冲出羊皮袋，一本书就像一个羊皮袋，压在手臂的一端，它饱满、圆实、肥大，但不是那个喷射的整体，把自己溅洒在树枝和天空上，以及那些站立着、全神贯注、目瞪口呆的充满期待的人的脸上！但尽管那些话是向共同的部分说出来，却成了对听者直接的和个人的呼喊！噢！上帝啊，什么也没发生，我的眼睛冷漠地转向舞台，从远处目击了预料中的演出，全部发生的事在时间中是那么少，是那么被包括在了整体的每个部分中，开头就在结尾中，结尾就在开始中，除了安排好的以外不会出现任何新东西，就像一些永远年轻的词语，自发地降生在了口耳之中！

季洛杜死了。没想到。震惊地得知了他的年龄：62岁。他还是厄尔皮诺的同时代人。青春是他分享他的书的命运的方式。唉，遗忘会不会是他们分享他的死亡的方式？

鲍勃[①]和将军的故事。将军呢，真将军来了，还说："叭！叭！"最真实的故事是那些永远不会发生的故事。

2月24日

在这片战败的土地上的可怜小人物啊，把自己的灵魂安放

[①] 指罗贝尔·科斯特，鲍勃是人们给他取的外号，又名托托（Toto），罗贝尔·达埃尔的父亲（参见《阿尔都塞传》第一卷第201页对他的描绘）。——原编者注

进无用的手势中，交换着无法流通的货币，说着并相信着那些毫无意义的词语。两个人的平衡啊，就像跷跷板上的两个孩子，为了稳住它，压上了全身的重量！两个人面面相觑，为了相信他们还活着，那么多东西被共享了，观念、词语、金钱、法律，还有不存在之物！基督的话是深刻的，他说他还不够神，可以通过生命给这座由两具彼此靠近的身体构成的可怜建筑物以现实性。"你们当中若有两个人同心祈求，我就在他们中间。"①

像两个穷孩子交换画片一样交换着想法。

2月25日

"那时我才发觉，关于一个女人，人们什么都不能说；我注意到，当人们谈论她时，在多大程度上是在围绕着她留下空白，他们命名着、描述着其他东西，环境、地点、物品，直到某个地方，一切都停住，轻轻地、因此也可以说是小心翼翼地停在围绕她的那条从未被画下的淡淡轮廓上……"里尔克（《布里格手记》）②

---

① 译文根据阿尔都塞抄录的法文译出。另参见《圣经·马太福音》第18章，第19—20节："你们当中若有两个人，在地上同心为什么事祈求，我在天上的父必为他们成全。因为无论在哪里，有两三个人奉我的名聚会，我就在他们中间。"——译者注

② 译文根据阿尔都塞抄录的法文译出。另参见《注疏版布里格手记》，陈早译，前引，第181页。——译者注

3月2日

"Scripta manent[①]……"这种随心所欲的客体性，是那些留存并对抗时间的事物的另一种说法。不是对抗时间，而是激起它、产生它，就像在思想中统一产生多样。存在着一种只能在时间中孕育的永恒性—客体性，这种客体性会在自己身上重新焕发像是每次都会被时间超越的青春。但时间根本无法超越它，每一次被接近，青春都会跃起，在随后的运动中激起时间，与关系—时间这个项有关的项，青春就是它的这个重复的、多样化的但永远相似的项—要素。对于这种永恒性，可以讲许多，除非它不是永恒性。又一次，这种跳跃根本不是定性的（因为我们可以看到，这里绝没有与另一种认识模式即定量模式的对立），而是难以形容的。

3月5日

我偶然找回了一个旧感受，忍不住要记下来。那还是在 B[ex][②]的一个夏天，在垂直静止的高高的草丛中，在平缓流动的水旁。在火辣辣的阳光下，双脚踩踏着青草，它是柔韧的，会重新立起来。大地就这样被一种让它自己变得不可触碰的［原

---

① 拉丁文，意为"写下的东西会永存"。——译者注

② 很可能是指贝城上的平地（Les Plans-sur-Bex），位于瑞士沃州，路易·阿尔都塞在那里度过了1937—1939年的暑假。——原编者注

文如此]①保护物覆盖和重新覆盖。炎热的昆虫声充斥空中，鼓噪着人的耳朵，所有花朵都在空气中碾碎了，还有这道致盲的光，一种驱离记忆的咒文。结冰的河在哪里，被两个脚上有伤、手上发青、拍打岩石的小人物截为两段的桥在哪里？饥饿的胃就像一只握紧的拳头，旁边是一棵干枯的树，好似一具站立的古老尸体，人们背对背紧靠着，把手伸向木柴烧出的微弱火光，因为风起于冻结的雪，还是因为地平线在收紧——就像戴在大地上的一枚戒指，在北极的长夜中渐渐变黄？

死了，死了，这个时代死了，与当下毫无联系，后者就像读到过的历史，是很久以前就读到过的历史，请告诉我，在这池平静的水中，在刺激着青草、昆虫和阴影的壮丽的六月的阳光下，历史还剩下些什么！

过去啊，就像一颗坠落的果实，你们相信它会记得落下的橄榄，就是清晨趴在弯曲枝干上的苍白的橄榄吗？它怎能不在焦急的树叶的指尖，感觉到在绽放的新芽中为自由的空气和白色的阳光而躁动的未来的征兆？比起它曾经拥有的，难道不是未来的时光更属于它吗？比起回忆，难道不是等待更属于它吗？只凭着回忆过活的人的没有等待的生活，在当下本身中的双重遗忘，提前向未来许诺了的遗忘。

最近读了《布里格手记》。像是进入了一个同已知世界毫不接壤的世界。要远离那些已知的事物，在自我与自我的回忆之间拉开好几个夜晚，甚至好几个人生，或者简单来说就是自

---

① "不可触碰的"原文为"inattingible"，应为"intangible"的笔误，所以原编者注明"原文如此"。——译者注

己一生的距离，才可以进入童年马尔特的既非凡又可怕的国度。一本奇书，它有力、粗暴，而且如此不真实，以至于要相信它，就恰恰要有这种粗暴和这种残忍，这些时不时爆裂溅洒在书页上的脓疱，这些在街上跳来跳去的疯子，还有这些死人，这些死人！这本书的后退，这本书，就像蜷缩成一团的发热病人卧室里的窗户，在注视中远离，每一次都变得更小，但始终可见，直到变成一个极微小的存在。这本书的后退，是童年的后退（一个孩子永远不会说现在是哪个时代，除非说是他的父母、房屋、肖像和帽子的同时代！），也是向时间的尽头的后退，直到对时间的否定：死亡。

因此我想理解这种万物的非同寻常的混杂；想理解这个孩子，他以独自面对手中纸牌的国王的疯狂——这个国家一直过着自己的日子，但疯子国王自己就像太阳和春天一样来到这里——和堡垒中教皇的疑虑，玩弄着生命中的最初创造；还想理解这种在事物刚出生时就对它们的收集，那时每个词都有着它最出人意料的和最深刻的意义。这本书在它的第一页和最后一页之间没有标记，奇迹般的平衡，像是对日常语言和对生活的否定。

3月8日

我感到内心的黑暗缓缓落在自己身上。一些画面拥挤着跑出来，但我要它们有什么用呢？我在这张纸上写这些话、这些自判有罪的话，又有什么用呢？

154　3月14日

　　翻了一遍丰特奈尔的《关于世界多样性的谈话》。公园，金发的侯爵夫人在林荫道上，当时是栗色的夜，慢步走着，谈论着恒星和行星。

　　世界是一间剧院，人们向你展现它的内脏、机器、丝线和齿轮。月亮呢，是一个有人居住的世界，上面来自阿里奥斯托故事中的人比来自其他寓言里的人更多。《疯狂的罗兰》(？)。罗兰因嫉妒而发疯，因为他太爱安杰丽佳，而后者却不理睬他。圣约翰在月亮上引领着阿托夫，那边的山谷里填满了人们缺少或丢失的宝贝：王冠、希望、时间、恋人的叹息、装在贴有名字标签的小瓶里的每个人的理智。但没有疯狂。阿托夫重新找到罗兰的理智瓶，把它带回地上。阿里奥斯托总结道："美人儿啊，谁能升到天上去，带回你的魅力令我丢失的理智呢？我不抱怨这种丢失，只要它别走得太远。但事情既已开始，它就得继续，我只要等待变成我所描述的罗兰。然而我不信要找回自己的理智，需要我穿过天空飞到月亮之上；我的理智没法在那么高的地方居住；它会在你眼睛上和嘴上流浪，你若愿意我将它收回，就请允许我用双唇去收集它。"①

　　──────────

　　① 译文从阿尔都塞抄录的法文译出。另参见阿里奥斯托《疯狂的罗兰》，王军译，浙江大学出版社，2017年，第1400—1401页："女人啊，谁为我登上天国携带着我理智重返人间？您美目射利箭伤及我心，从此后我才华每刻锐减。只要是不继续丢失理智，我不为无才智口出怨言；但如若智慧在不断减少，我唯恐把罗兰难讲周全。有人说我理智并无双翼，不可能空中飞升入云间，我自己也不信它有能力，可高居天国的月亮之天。您若觉我可以重获智慧，它必在您身上游走不断，秀丽目、美面容、象牙乳峰，我均会用双唇品味香甜。"──译者注

更远一点："你还知道在美洲，有一些鸟会在黑暗中发光，我们可以用它们来读书。我们怎么知道在火星上没有很多这种鸟，一旦夜幕降临，就会飞散到各地，洒落出新的白天？""做数学推理就好像恋爱。"[1]（给恋人或数学一点开始，你就会向他们付出一切）。

155

3月23日

长久以来，有太多的事情我不忍见其消逝，便把它们都写了下来。我决定这样做只是出于谨慎，是为了记住这段注定要消逝的艰难岁月。不是为了我自己，而是为了等到将来有人向我问起的时候，我不至于哑口无言。但是F.G.[2]的这种痛苦，这种被封闭的可怕的痛苦，在这双被折磨的眼睛和这张开裂的嘴巴后面，这张每一块肉都在抽动的脸，这因为皱纹和脉搏而紧绷的皮肤，怎么忘得了啊！还有这声音，来自那么远、那么深的地方，在它跑遍了全身之后，变得不可辨识！在这一团麻的脑袋后面，悲剧是一张孤单的脸，无法从自己身上摆脱出来，哪怕脸部轮廓和语言都已经撕裂，其他人不痛不痒、心安理得地从远远的地方经过，比作为背景的树和正在降临的灰色的夜更遥远。

---

[1] 译文从阿尔都塞抄录的法文译出，引文出自丰特奈尔的《关于世界多样性的谈话》。——译者注

[2] 弗朗索瓦·格罗布瓦。——原编者注

156　4月10日

"……而如果说我还能看见那些远离我们的土地，那些你在成长而我却不知道的新的春天，还有这整个未知之物，在这个世界上，它就像一条黑夜里的航船，意识到模糊晦暗的距离，我却很难画出理想的线条……在熟知的你的身上，现在添加了一些新的画面，它们只对我是画面，对你或许是些简单的记忆……布里夫就是这样，我知道，你在那里发现了三层的屋顶、许多蔬菜和一些瘸腿的哲学家，我想象着，在那里，你发现了主人给醉取名为酒，你给柏拉图取名为词的暧昧；你的朋友们就这样，一个接一个地脱离你们青春的合唱团，出发经过青草地，走向那个在榆树下等待的年轻男人。（而你的哥哥因这些还算过得去的女孩感到如释重负，你看到他，他又站了起来，就像一根每颗果实都砸向他的轻盈的树枝！）这段旅途就是这样，它没有故事，城市的名字，这条街道的名字。而现在，在被墙保存得更加清新的阴影里，在静物和饱含思想却默不作声的书的沉默中，一位少女，把手指放在光彩夺目的异色格子上，于是一位已逝的公主又降生了，穿着鲜红的裙子，天鹅绒的，沉重的裙子，像孔雀一样神气活现①……我就像个面对一堆旧纸的人，裁剪、拼接，几滴墨水染在几张纸上，这就是过去给他留下的全部。然而，在字里行间，就像在页白的注释间，他听到失落的音乐从深处升起。音乐来自阴影，阴影中很难分辨房

---

①　此处是在想象他妹妹演奏《悼念公主的孔雀舞曲》的情景，参见阿尔都塞1941年12月28日和1943年8月28日致妹妹的信，分别参见本书第274页和第280页。——译者注

屋、树木以及由一些动作引起的小旋涡——它一晃而过，提示着有人存在。然而音乐升起，装满了他的心，他心中的数^①回应着——把幽深的森林托付给了风！

那时土地的细节还是真细节，晦暗的天空中的符号，孩童的愉悦与恐惧。我的妹妹啊，那时我还能够在那些画面前闭上双眼，为的是不听你的声音，而只听这个音乐，从今以后它是我唯一的沉默！"^②

157

4 月 11 日

莫拉斯的故事，他房间的每个角落都塞满了文件和纸，让他在这种难以置信的混乱中迷了路；当他不再能进入自己房间的时候，他搬家了。

我比从前更理解普鲁斯特了！除了语言上的一点滋味，以及让我想到最近读到的马多勒^③以外，在他身上没别的什么。然而，还要说的是，这些清晰的记忆在黑夜里纠缠着我并启发了我。它们不做预告，我听不见它们到来的声音，没有内心的

---

① "数"原文为"nombre"，据本书第286页该信完整版，此处为"monde（世界）"。——译者注

② 这一段文字选自路易·阿尔都塞1944年4月8日寄给他妹妹若尔热特的信。该信全文录于本书第276页。——原编者注

③ 指雅克·马多勒（Jacques Madaule，1898—1993），法国作家，天主教知识分子，政治家，著有《克洛岱尔的天才》和《克洛岱尔的悲剧》等。——译者注

起伏，也没有血液的加速，让我能预见这突如其来的滋味，它像一颗成熟的果子，在我的嘴中爆开，充满我的灵魂。它们被我所不知的逻辑唤醒，在我心中涌现，然后消失。它们永远不聚集，永远不会彼此牵连，而是单独的，是天空中孤立的完美的小圆圈，是进入我灵魂的气泡，在爆裂后发光，然后暗淡下去。不，我不去找它们，它们也不追随我；它们可能只是一些相遇。从此以后我便理解了这样的人，他不等待，而是促使这些相遇早点到来，追随着这些气泡直到进入自己的过去。

4月14日

空气被轰隆声震动，炎热的暴雨平行地倾注而下。还没有发现一根绳索，我行走在呻吟着的、托着我的影子和脚步的沙地上。大地在两次洗礼之间伸展着身子，就像在两次睡眠之间一样。但在天空的黑幕上，在几乎刺穿我后背的混乱的阳光下，就好像一切都突然从阴影中涌现出来！树是红棕色的，每滴水落在上面时，树枝就发颤，微微晃动绿叶，叶尖抖动的样子好似闪光，灌木丛惊讶地察觉到大地在阳光中投掷的标枪；在远处的一些屋顶上，每块砖瓦都好像一处火苗在熊熊燃烧。病人的眼里有那么多突如其来的激情，忍受一种颜色，如今就像忍受一种侮辱，我弃绝了黑色地平线的光辉；我转过身：在灰色的树林间，在灰色的土地上，在灰色的天空下，我现在要走向阳光……

4月17日

最近这些天读了，准确说是重读了《帕尔马修道院》。我一时犹豫着要不要比标题走得更远，这个标题就像阳光下一棵参天大树，它的枝叶在影子里抖动着，风在它的顶端和树干间对着树皮鼓噪起元音的声响。第一页是多么伟大啊！从中我只想记住从阿尔卑斯高山上向北方平原倾泻的阳光，它把那些沉睡的小城从暗影中画出来，就好像一条闪闪发光的大河，在光线所及的每一处丘陵都要闪耀一下，就好像一支由年轻战士组成的大军，从山上奔跑而下！

又或是法布利斯，从这个地区的最高处，奔进受他脚下的土地束缚的他的钟楼，在火辣辣的阳光下，他看到黏在地上的影子、村庄、广场上的男人和在时间中长大的女孩，还有最远处的树林和田野。

正午的炎热席卷了被青草、树木和尘土覆盖的成熟的大地。对抗无情的太阳的唯一办法，就是退到高墙和房屋后面，在那里，清凉中的男人和女人得以保护自己的思想，像玩巧妙复杂的游戏一样制订出自己的方案，在阴影中仔细考虑一遍那些会为他们赢得这个世界的规划。

拿破仑在晚上工作，当清凉随着阴影降临在熟睡的营房："我要用士兵的梦想去制订自己的计划。"

昂吉安公爵被处死后，塔列朗在得知夏多布里昂辞去官职时说："如果别人犯了错，我可不想犯傻。"

4月25日

帕斯卡尔赌局①的回响，赌局本身，或是差不多的东西，无所谓。几天以来留下的是对人们所接受的信仰之跃的尖锐意识。打赌，意味着："试一下；没有什么标准会为你开门，进屋来。就打进屋的这个赌吧。你会看到结果的。尝试一跃，你又能损失什么呢？没有：如果你不满意，你再走出屋子就行了，这一轮结束：这证明你走错了屋子（一切时代提出的一切信仰都是一间间屋子），又或是你心肠硬。如果你感到满意，你就留在屋子里。你不再需要去别的地方找食物。食物就在那里，送给你的。你推开门，你会发现已经为你准备好了一间卧室，它一直都在等着你。

"有种观点认为只有信仰的考验才是信仰的证据。更准确地说（这里不再牵涉证据）信仰的考验滋养了信仰。不需要其他项的项。道路就是生命。生命的统一，而非所有认识的中介体系。"

我要补充说，这种接近信仰的模式，只能教给那样一些灵魂，他们对自己的认识的存在论否定，已经达到足以把他们引入另一种秩序的程度，他们在等待真正的生命，并在寻找能够到达生命的道路。重新思索这一赌局只意味着，人们最终在否定了所有道路之后，除了生命以外再无别的道路。

"主啊！我们不知道你去的地方，怎能知道那条路呢？"多马问。耶稣对他说："我就是道路、真理、生命。"②

---

① 参见帕斯卡尔《思想录》，何兆武译，前引，布码233。——译者注
② 参见《圣经·约翰福音》第14章，第5—6节。——译者注

4 月 27 日

蒙［泰朗］说：

"他的语言中有如此的暴力，他的行为中有如此的信念，在
真诚地认识他以后，我们不知道这个人的表达能否穿透他生命
的最深处，又或者这同一个生命能否触及他的所有动作和言说。
他属于其作品与其自身最好的部分相一致的那种人。是该崇拜
这一无以伦比的翻译，还是该为这道影子、这段内在的距离、
这种使人与世界变得一致的死亡本身而略表惋惜？"

161

5 月 10 日

和 L[1] 谈论雕塑的主题。讲了这个事实，即中世纪的柱头抛
弃了古典风格的叶板，以获得直接的自然景观。十二世纪，作
为主要装饰物的花蕾生长，而后绽放，提供了被风吹过的、鲜
活的花瓣（十三世纪）。十四世纪，各种昆虫飞舞在一堆青枝
绿叶中。十五世纪，花瓣像是在秋天一样弯曲，几乎要掉落；
又或是那些最变形的、最奇异的、永远是本地的花，比如菊苣。
春天，夏天，秋天。当花瓣凋落时，就到了冬天，其中沉眠着
哥特式艺术：死亡。

希腊的发展与中世纪的对比：笔直的雕像，移动、微笑、

---

[1] 勒内·拉贝勒（？）。——原编者注

裸露、大笑、受苦。中世纪的感官艺术在对神圣人物的表现中
萎缩了：一开始圣母是僵硬的，后来变得柔软了，怀里抱着孩
子，与孩子一起很快就要最终做出对痛苦的恐怖表达，即浑身
是血的［基督］、被剥皮的人。

考古学改变了艺术的意义——就像历史学改变了政治的意
义：现代艺术家知道古人如何回应这样或那样的问题。他能选
择类型，而中世纪的艺术家只能走在前人的道路上。考古学引
入了对整体的意识。

诸艺术同政治、经济、哲学的相适合，同样多的章节专论
整体的独一无二的相适合。

于斯曼把哥特式大教堂的塔尖比作削尖的铅笔，人们用它
在天空中书写祷词。

圣母院未完成的塔楼，现代也不敢去建；时代已经失去了
那种优雅。维奥莱－勒－杜克[①]和克莱蒙费朗[②]的两个夭折的塔
尖也是如此。

几出中世纪的神秘剧，地狱门口的小鬼嘲笑着公众，向他

---

① 维奥莱－勒－杜克（Viollet-le-Duc，1814—1879），法国建筑师与理论家，曾修复多
座中世纪建筑。——译者注
② 法国中南部城市，奥弗涅大区首府和多姆山省省会。——译者注

们扔东西。颠倒的伦常！相反，如果犹大表演得太好，在演出结束后他就有可能被"拉下台"，还得保护自己！批判的悖论性起源！

[第二本笔记本结束]

163 　　　　　　　[第三本笔记本开始]

5月16日

L①的课，讲中世纪艺术。

十五世纪的尸体的气味，在"气泡翻滚"的教堂（参见圣热尔韦②的教堂）周围是如此强烈，坟墓上躺着的死人，死亡之舞。感到终结将至的世纪，把它的衰落刻在自己的雕像上。

审判死者，在被判要下地狱的人的行列里，总有一位国王，一位主教。

升天的景象：一朵云，一块石头，在它们中间是一件罩衣，衣摆下垂，遮住两只脚（想起一出神秘剧，其中同样的装饰，加上引体向上，重新出现在艺术家的单杠上！）。

---

① 勒内·拉贝勒（？）。——原编者注
② 圣热尔韦，法国罗讷河谷南部的一个小镇，保留了不少古老建筑，如中世纪的教堂。——译者注

164 **6月6日**

正如……"既然不能让正义变得有力量，人们就让力量变得正义。"——"既然不能让军士都像H.de C.①，他们就把这些H.de C.都变成军士。"

教会既从属于各种政体，也从属于各种制度：尽管它在它们之上，属于另一个世界（至少从法律上说是这样）。

6月8日

蒙田：

致读者："我自己就是我这部书的材料。你把自己的闲暇浪费在这样一个如此无聊和如此无意义的主题上是不理智的：所以，再见!"②

（参见蒙泰朗："我相信这些篇章不会产生任何回响，至少在我的国家。并且我可以补充说，在我看来不需要说为什么。"……）

---

① 这两个首字母很可能是指于贝尔·库尔邦·德·卡斯泰尔雅卢，路易·阿尔都塞在《来日方长》中提到的那位别具一格的伊苏瓦尔军士教官，后来在《事实》中以库尔邦·德·卡斯泰尔布永的名字得到更详细的描述。——原编者注

② 译文根据阿尔都塞抄录的法文译出。另参见《蒙田随笔全集》(上卷)，潘丽珍、王论跃、丁步洲译，译林出版社，2022年，第33页。——译者注

（参见拉布吕耶尔："如果有人认为这些文字是乏味的，我会惊讶；如果有人觉得它们有味道，我同样会惊讶。"①）

"当然，人是极其虚荣、自相矛盾和反复无常的。"②

165

"有人指控人类总是渴求未来的事情……"③

"马克西米利安皇帝……上厕所从不允许他的仆人在场：他这样不让人看见他小便，就像处女不愿向医生或他人暴露习惯上应该隐蔽的部位……他在遗嘱中还特意叮咛在他死时要给他穿上衬裤。他还应该在遗嘱中追加一条，给他穿衬裤的人要先把眼睛蒙起来。"④

一个人因为伤心而扯自己的头发："他是不是认为秃顶有助于减轻哀伤？"⑤（西塞罗，《图斯库路姆论辩集》，第三卷，第26节）"色雷斯人在电闪雷鸣时向天射箭，做一种泰坦式的报复，

---

① 这段对拉布吕耶尔的引用是以小字补写在页边的。——原编者注
② 参见《蒙田随笔全集》(上卷)，潘丽珍、王论跃、丁步洲译，前引，第38页。——译者注
③ 同上，第45页。——译者注
④ 同上，第50页。译文有修改。——译者注
⑤ 译文根据阿尔都塞抄录的法文译出。另参见西塞罗《图斯库路姆论辩集》，顾枝鹰译，华东师范大学出版社，2022年，第147页："最愚蠢的国王在哀伤中以同样的方式拔下自己的烦恼丝，好像悲痛可因秃顶而减轻。"也见《蒙田随笔全集》(上卷)，潘丽珍、王论跃、丁步洲译，前引，第55页："犬儒派哲学家彼翁谈到一位国王因哀伤揪自己的头发时，不无风趣地说：'那人难道认为秃顶可以减轻哀伤？'"——译者注

试图用箭矢让上帝恢复理智。"①

我的精神是一匹"脱缰的野马"②。

"真理的反面有千百副面孔，无法确定其范围。毕达哥拉斯学派认为，善是确定的和有限的，恶是无限的和不确定的。千条路都背离目标，只有一条通往那里。"③

"我外出旅行时，总习惯让我的对话者谈他自己最熟悉的事，这样，通过和别人交谈（那是可能有的最好的学校），我就可以学到些东西。"④

166

"应该叫建筑师、画家、鞋匠和其他人谈各自内行的事。"⑤

"我们在这出戏的其余部分都可能戴着面具……但是，当我们面对死亡，上演人生最后一幕时，就再没有什么可装的了，就必须讲真话，直截了当地道出内心之所想。"⑥

---

① 译文根据阿尔都塞抄录的法文译出。另参见《蒙田随笔全集》(上卷)，潘丽珍、王论跃、丁步洲译，前引，第56页。——译者注

② 参见《蒙田随笔全集》(上卷)，潘丽珍、王论跃、丁步洲译，前引，第70页。——译者注

③ 同上，译文有修改。——译者注

④ 同上，第119页。——译者注

⑤ 同上，第120页。——译者注

⑥ 同上，第129页。——译者注

"我将用死来检验我的研究成果。我们将可以看到我的言论是出自嘴巴，还是出自内心。"①

"当青春从我们身上消逝时，我们竟然毫不感到震动。青春消逝，其实也是一种死亡，甚至比生命衰竭而死，比老死更令人不堪忍受。"②

"每一天都在向死亡迈进，而最后一天则到达终点。"③（塞涅卡的话？）

"然而，我常思忖，不管是从我们自己身上，还是从别人那里看到的，死神的面目在战时似乎不像平时在我们家中那样狰狞，没有医生接踵而来，没有家人哭哭啼啼。同样是死，可村民和地位卑贱者却比其他人处之泰然。我们用恐惧的表情和可怕的治疗将死亡团团包围，说实话，我认为这些比死亡更让我们害怕。那是一种完全不同的生活方式：老母妻儿大哭大喊，亲朋好友惊慌失措，纷纷前来探望，仆人们吓得脸色苍白，呜呜咽咽，忙前忙后，幽暗晦暝的房内点着大蜡烛，床头围着医生和布道者。总之，周围一片惊恐。我们人未死就已入殓埋葬。孩子们看见自己的朋友戴面具就会感到害怕。我们也一样。应该把人和事物戴的面具摘掉。一旦摘去面具，我们就会发现，

167

---

① 参见《蒙田随笔全集》(上卷)，潘丽珍、王论跃、丁步洲译，前引，第130页。——译者注

② 同上，第145页。——译者注

③ 同上，第153页。——译者注

死其实没什么可怕：我们面临的死，同不久前我们某个贴身男仆或女仆毫无惧色经历的死是完全一样的。"[①]

"我是因为相信说故事人的真诚，才借用这些故事的。感想是我的，以理性为依据，而不是亲身的体验。人人都可以加进自己的例子……同样，我在研究人类习俗和活动时，将一些奇闻怪谈当作真人真事为我所用。不管有无其事，发生在巴黎还是在罗马，在让还是在皮埃尔身上，总归是人类聪明才干的一种表现，叙述出来对我也是有用的启迪。我在研究和利用那些材料时，既注意表面，也注意实质，对于那些故事的不同版本，我总是选用最珍贵最值得记忆的。有些作家旨在叙述发生的事件，而我的目的，如我能做到的话，是讲述可能发生的事。"[②]

"我们的父辈，花钱让我们受教育，只关心让我们的脑袋装满知识，至于判断力和品德，则很少关注。有人经过时，你向我们民众高喊：'瞧！那是个学者！'另一个人经过，你又喊：'瞧！那是个好人！'人们会把尊敬的目光移向第一位。要等到第三个人喊道：'瞧，那人满腹经纶！'我们才会乐于打听：'他懂希腊文还是拉丁文？他写诗还是写散文？'可就是不打听他是不是变得更优秀或更有头脑了。这是最重要的一点，却总是被

---

① 参见《蒙田随笔全集》（上卷），潘丽珍、王论跃、丁步洲译，前引，第153—154页。——译者注

② 同上，第166页。——译者注

忽视。"① I，24②

"我们的学究就像鸟儿有时出去寻觅谷粒，不尝一尝味道就衔回来喂小鸟一样，从书本中采集知识，只把它们挂在嘴边，仅仅为了吐出来任风吹走。令人惊讶的是，我和那些学究一样也在做蠢事。我写随笔时，大多数时候不也是这样做的吗？我从书本中到处搜集我喜欢的警句名言……"③ I，24

"我厌恶那些学究不能忍受歪穿的长袍，却能忍受扭曲的心灵。"④ I，24

"有人问苏格拉底是哪里人，他不说'雅典人'，而回答'世界人'。他比我们有更丰富深湛的思想，视宇宙为自己的故乡，把自己的知识投向整个人类，热爱全人类，与全人类交往，不像我们只注意眼皮底下的事。我家乡的葡萄园冻冰时，我的神甫下结论说是上帝降怒于人类，并且断言，野蛮民族因此要口燥唇焦。"⑤ I，25

---

① 参见《蒙田随笔全集》(上卷)，潘丽珍、王论跃、丁步洲译，前引，第205页。——译者注

② 引文后的标号为蒙田《随笔集》法文版的卷号和章节号，第一卷对应我们参考的中文版上卷，章节号则比中文版章节号小一个数字（比如此处第24节，对应中文版第25节），下同。——译者注

③ 参见《蒙田随笔全集》(上卷)，潘丽珍、王论跃、丁步洲译，前引，第205页。——译者注

④ 同上，第210页。——译者注

⑤ 同上，第232—233页。——译者注

"人生结束时，人们才教我们如何生活！多少学生在染上梅毒以后，才开始学亚里士多德关于节欲的课。"① I，25

169　　"事实上，即便是现在，我们仍看到，法国的孩子是最优秀的。"② I，25

"我想向一位贵族老爷表示敬意。……我问他，当他被国王派往德国，面对善饮的德国人，曾几次出于公务需要而喝得酩酊大醉过。他回答我说他入乡随俗，喝醉过三次，还一一做了叙述。我知道，因为缺乏这种能力，他忍受了很大的痛苦，可他不得不为这个国家操劳。"③ I，25

蒙田的父亲养育他的时候，"要在和风细雨和自由自在中培育我的心灵，而不能用严厉和束缚的手段……我父亲小心谨慎到每天早晨用乐器声将我唤醒"④。I，25

6月10日

一个人说："灵魂中最高的部分"，另一个人说："最深的部

① 参见《蒙田随笔全集》(上卷)，潘丽珍、王论跃、丁步洲译，前引，第241页。译文有修改。——译者注

② 同上，第243页。——译者注

③ 同上，第247页。译文有修改。——译者注

④ 同上，第257页。——译者注

分"，两者意义相同。人被深海和高山撕裂，不知道该选哪个好。

6月14日

法国道德主义者的伟大后裔——蒙田、帕斯卡尔、拉布吕耶尔。单独一个人写十行，就相当于十个世纪的写作。告诉我：这段话是谁说的？我打赌你有三分之一的几率搞混！

帕斯卡尔说：

"我不配保卫宗教，但你们也不配保卫错误与不正义。但愿上帝以他的仁慈，不看在我身上所有的恶而看在你身上所有的善，来赐给我们一切的神恩吧，从而使真理在我的手里面不至于屈服……"①

"坐在一艘遭到风暴袭击的船里而又确有把握它绝不会沉没，那真是赏心乐事。那些干扰着教会的种种宗教迫害就属于这类性质。"②

"教会最好的状态，就是只有上帝扶持时的那种。"③

170

---

① 参见帕斯卡尔《思想录》，何兆武译，前引，布码921。译文有修改。——译者注
② 同上，布码859。——译者注
③ 同上，布码861。译文有修改。——译者注

6月15日

X……①在词语当中，就像在女人当中。无法向她们施以暴力，去强迫那些会产生定语和爱情的未来的相遇发生。

细雨针扎似的淅淅沥沥落在屋顶，水从一头流到另一头，越积越多，直到要重新开始时才停止，就好像一次全身发麻。

没有完全休息好的面孔。眼睛、睫毛、嘴唇、皮肤都很厚重，都在做意想不到的动作，就好像一片静止的灌木，突然因为一片意料之外的落叶而抖动。

还是帕斯卡尔：

171

"正如耶稣基督始终是在人们中间而不为人所知，因此他的真理也始终是在一般的意见中间，外表上并没有不同。同样，圣餐也就在普通的面包中间。"②

"所有的物体合在一起、所有的精神合在一起，加上所有它们的产物，都比不上最微小的仁爱行动。"③

---

① X在这里以帕斯卡尔或拉布吕耶尔的方式相当于某某（某物）。——原编者注
② 参见帕斯卡尔《思想录》，何兆武译，前引，布码789。译文有修改。——译者注
③ 同上，布码793。译文有修改。——译者注

6月16日

"塞尔维亚人和蜗牛"，卡拉布里亚的新保［罗］-路［易］·库里耶[1]！

"等到所有人都睡去后我才上床。我没点灯，很难找到床。我弯着腰尽量小声，不去惊扰下铺的人，他均匀的［原文如此][2]呼吸让我知道他已经熟睡，我爬上了床铺。外面是没有月亮的黑夜，我隐约看见大片的乌云，就好像人们在这个地区常见的那样。主人把我留在楼下的大厅里，学这些人的样子对我讲了一千零一种当地的恐怖故事，让我印象深刻的是，他表现得既沉稳又慌乱，让人觉得这是一个正在筹划恶行的人。我在那里想着自己的事情，并且已经渐渐变得没有意识，这时，一个像是栗子落地的难以觉察但又清晰的声音把我从半睡眠状态惊醒。当时我不觉得这声音有什么大不了。第二声，出现在安静的一刻后。当时只有我室友们的呼吸声此起彼伏，很有规律，所以这一声让我更清醒了些。想象一下它造成的阴影，我心中重新闪过一些模糊的思绪，我不熟悉这个地区，也不认识这个既话痨又沉默的旅店老板，我想起了他的古怪微笑，你能理解的，下一次，我会起床，不再硬着头皮……声音一直是这么清楚、有力而坚定，被关在大片的沉默的空间里，似乎来自房间

172

---

① 这篇文本似乎其实是路易·阿尔都塞本人对保罗-路易·库里耶从卡拉布里亚写给里尔的德·皮加勒夫人的一封信的仿写。该信来自《雷西纳，波蒂奇附近，1807年11月1日》，摘编自《从法国和意大利写出的未刊书信》，收入保罗-路易·库里耶《全集》（Firmin-Didor出版社，1864年，第274—275页）。——原编者注

② "均匀的"原文"réguliaire"，应为"régulière"之误。——译者注

的某个角落，我要摸索着去那儿探险。我认出了一个大木橱，一扇门，在木橱下有某种沉重的纸板。我在橱门前听了一会儿，它可能是一个伪装的出入口：什么也没听到，我就继续盲目地检查。过了半个小时，我没听到任何不正常的声音。放心了，我去找我的床，我发现它在我左边；我爬上床，展开被子，钻进被褥，闭上眼睛。我还没舒上一口气，咚，像是在同样的地方，在我摸黑检查过的木橱一边，又发出了被沉默捂住的浑厚一声。

"想象一下，我那个心跳得呀！对你说实话，我亲爱的表妹，我整宿没睡。我受了六个小时的折磨，数了九十八声，一直是完全相似的声音，前后总是间隔很久。你可以想象我在黑暗里瞪着双眼，等待着笼罩我的未知，只有死亡或白天才能让它放开我。我那时也想到了你。我在向上帝祷告的时候也谈到了你，把你说成我们塞尔维亚少女中最可爱的一位，如果当时我可以写字的话（我没法写字，你不用猜也知道，缺少光线和平静——我的手指在发抖——也没有笔和贴好邮票的信纸），我会把你放在了［原文如此］①我的遗嘱上，让你可以得到这些珍贵的罐子中的一两个，它们是希腊公使不久前给我的。我等待着死亡：来的却是白天。

"我像年轻时在皇家军队服役一样从床上跳起来。夜里困扰我的声音在白天的其他声音中消失了，太阳，我的显赫的亲人，看到它我终于放心了。

"我在吃饭时搞清楚了我夜里的恐惧是怎么一回事儿。店

---

① 原文这里用错了动词时态。——译者注

家给我们上了一盘蜗牛。旅店老板娘之前把它们放在卧室的高处，就在木橱下面：为防它们跑掉，就把它们关进了一个大纸盒。我这就明白了，表妹，你也懂了吧！这些可爱的小兽像我们的哲人一样寻找着前往天空的出口：它们爬到纸板上，一个叠着一个，背壳向下，被纸盒盖住了。第一只蜗牛把自己稳稳地固定住，其他的蜗牛仰面朝天成群地爬在它身上，一个抓不稳，就掉了下来，发出让我深感困惑的声音。

"表妹，你就笑我吧！因为我已经不再想你，而是在轻松地品尝这些无害的小东西，我大口吃着，让旅店老板娘和我的肚皮都很开心，我想啊，人好像可以很快地从害怕变为平静，就好像人们甚至喜欢把恐惧当作食物……"

我记下来，他说，词和词相遇，要比人和人相撞容易（字词间的相遇要比人与人之间的相遇更容易。）对我而言写字比行动更简单。你会怎么做？我做选择。

还是帕斯卡尔：

174

"我仅仅相信凭它那见证就扼杀了它本身的各种历史。"[1]

"《诗篇》为全大地所咏唱。
谁给穆罕默德作了见证呢？只有他自己。耶稣基督却要求

---

[1] 参见帕斯卡尔《思想录》，何兆武译，前引，布码593。——译者注

他自己的见证应该是什么都没有。"①

"穆罕默德并没有被预告过；耶稣基督却被预告过。穆罕默德杀戮；耶稣使他自身被杀戮。

穆罕默德禁止人读书，使徒却命令人读书。

最后，他们如此地相反，如果说穆罕默德对人来说走上了成功之路，耶稣基督；则对人来说走上了败亡之路，但不能总结说，既然穆罕默德成功了，所以耶稣基督本也可能成功，而是要说，既然穆罕默德成功了，所以耶稣基督就要败亡。"②

"当一个人被说服相信数的比例是非物质的、永恒的、依赖于第一真理——也就是人们所谓的上帝——而存在的真理时，我并不认为他在自己的得救方面就更前进了多少。"③

"一切都有利于被拣选的人，甚至是圣书中的幽晦；因为他们是由于神圣的明晰性而尊崇它们的。一切都不利于其他人，甚至是明晰性，因为他们是由于他们所不理解的幽晦而亵渎了它们的。"④

---

① 参见帕斯卡尔《思想录》，何兆武译，前引，布码596。——译者注
② 同上，布码599。译文有修改。——译者注
③ 同上，布码556。译文有修改。——译者注
④ 同上，布码575。译文有修改。——译者注

6月19日

我的题目，一旦我写了，就是我的财产，就像牧场是农夫的财产一样。习惯的力量约束精神而非其思想，约束人而非其作品。而就像一个人会用拳头捍卫自己的财产一样，我也会用全部话语的力量去捍卫我的题目。人的境况的永恒法则，即人在每天早上醒来的时候都是自身选择的囚徒。传记作家众所周知的毛病，主角变成了时代的中心。当这种恶习变成考古学的，人们会说什么呢！！有人会说博韦①的大殿把信徒的祈祷带上天际，无数根柱子把灵魂投向了神秘的穹苍，等等。还有人会说拉谢斯迪约低矮的哥特式教堂把视线引向了朝圣所的核心，而太高的拱顶会让人的注意力离开祭坛，是建筑对其对象的服从成就了它的美，而不是什么来自魔鬼的骄傲，等等。这是侏儒们在废墟上的争吵。但是，天杀的，当人们崇拜时，需要找到理由！拯救建筑物的需要就像救人，不用管后者的意愿！又或者这堂艺术课接近一堂我完全听不懂的政治课。如果我们不去祝福或逐出教会②，而是试着理解呢？如果我们不把上帝、善和美同奥弗涅的石匠的作品混在一起，而是让石匠的归石匠、上帝的归上帝呢？我们或许就能搞明白，对于这些教堂，中世纪沉重的沉默想说什么：文人就忙他们的写作吧，信徒就忙他们的宗教吧，不要去管石匠，让他们随心所欲地筑他们的墙！

（参见乔治·索雷尔关于中世纪美学城邦的孤立状态的讨

---

① 指博韦大教堂。——译者注

② "逐出教会"原文"excommunier"，天主教也译为"绝罚"。——译者注

论。《［论］真理的起源①》。）

6月24日

记下来备忘：

一位严重秃顶的老人遇到一个年轻的熟人。后者很自豪自己鼻子底下有一点胡须的影子。老人呢，心里发酸，反唇相讥：
"哎哟，你可以让胡子再长一点！
——哎哟，另一位说，你可以让头发再长一点！"

一个吝啬鬼，受不了有人给他的餐盘里加大蒜，有一天就称自己被邀请，迫于盛情，无法推托，请求原谅不能与平日的伙伴共餐：
"这里的饭菜有大蒜；那里的……
——不花钱！"②

6月26日

他说：我还是坐在自己椅子后部。您觉得来访的人会倒在

---

① 收入乔治·索雷尔的《论实用主义的用处》，1921年。——原编者注
② "不花钱"原文"à l' œil"，与上一句的"à l' ail（有大蒜）"发音相近，所以这是个谐音梗。——译者注

我怀里吗？那些男人来见您，只是为了占有您。谢谢。我更喜
欢去他们的场地上找他们，不为了什么，或是为了打扰他们，
为了把他们从他们感到满足的秩序中赶出去。这是一场绝妙的
忙乱。但是，见鬼，要花多大代价！当我从那鬼地方回来时，
全身是汗，气喘吁吁，一天剩下来的时间我都要瘫倒在床上。
为了早上和几个男人身体的相遇碰出的几点火花，我要付出瘫
痪一整天的代价。

177

比起身体的碰撞和精神的碰撞，我更爱词语与词语的碰撞。
最难的是起步。必须站起来然后才出发！诗不会叫关节作响，
叫皮肤松弛，叫身体因其自身重量而变沉重。醒时的恐怖。只
要把黑夜甩到身后，剩下的就是康庄大道！在我面前的词语，
就像路边的灌木丛：它们向我奔来、跑来、相遇、交汇、磨合，
眨眼间就变成了一处风景：每一次眨眼都有新风景。这一切都
是为了让那在一个人脑袋上跳舞的眼睛——这台在精神之路上
滚动的机器——得到快乐！

他说，不如说，我在这片天空下比在其他地方更有机会。
您可能认为我是个穷人？拜托，我脑袋里有整个世界。我用面
前的纸片办事，就像银行家。当我整理好自己的账户，把行列
排整齐的时候，瞧！我做了两次减法，一次加法：我就用一些
符号完成了我的故事。众所周知，数数字要比数马车容易。到
最后，什么也不会改变：我的词语有其自身的黄金储备：我只
是把自己的时间和努力储蓄了起来。

我讲什么呢？我的努力？其实是我的人生。就像银行家以
178　虚幻的财产为信用，这些钱会在某一刻进账的，或是来自将来
的一次丰收，或是来自安的列斯群岛运输胡椒的武装商船，我
的信用来自未来。我发明了自己未来经验的符号，我在心里构
建了自己将来的日子。区别在于：银行家有时到期了却等不来
要进账的钱：他破产了。而我呢，钱总会进账的。人们讲述的
一切都是真的。生活总会回报那些给予它信心的人。在需要的
时候，为了模仿人们要求它成为的样子，生活还会发明创造。
自然模仿艺术已经很久了，你们难道不知道？

7月2日

附在没有经历过死亡的人的主题下：佛陀，王子，在王宫
无忧无虑长大，突然在一张挂毯后发现一具尸体。

7月13日

做了一个可以写成一首诗的梦：八月某一天的黄昏，在沉
沉的夕阳下，我和妹妹一起前往位于拉罗什的废弃花园。在桃
树下，我们直接躺在黏稠的地上，树上结满了桃子，但那年还
没有人摘。我们慢慢地吃着桃；桃的表皮皱烂，早就熟透了，
里面包藏着浓郁的汁液。我看着妹妹青春美丽的身影；在她身
后树枝摇曳，就像刚刚有人离开。夜色降临，还剩下的烂桃子

弥散出又苦又甜的气味，从地面升起。

外婆来了，我说。我们一言不发地跟着她来到厨房，喝了 179
一大瓶冷牛奶。

7月19日

挑战风车的人是多么天才！他选择向一具尸体进攻！我们
拿捏不准，不知道这是慈善精神，还是最省力的简单法则。但
去同一个无法自卫的东西——只是因为它不存在——对抗，不
会像打人一样挨打，这也太简单了！我们真不知道该更佩服谁，
是那些与他们自己的幽灵战斗、不用动手的人，还是那些发明
幽灵、给你安排一些戴着镣铐的对手的人。一个人攻击制度却
避开权贵，另一个人攻击经济却避开政治，第三个人攻击思想
却避开作者。这场见鬼的杀戮无疑会持续很久，你们扑向的是
不会说话也没有生命的影子！对于那种敌对双方都瞄准侧翼进
攻以延缓决斗的决斗：不必惊讶它会持续很久！

然而稍微诚实一点就可以改变许多。只要每个人都同意他
们针对的只是人，而不是木偶或影子，那么人类就可以免去噪
音和屠杀。所以我们真的应该放弃攻击以求理解。因为一个人
打出的拳头，要比风车的扇翼更冷酷无情；即便假设我们有一
个坚定迎击的灵魂，我们也有可能在他攻来的时候放下武器：
或者是因为相信一种观念，或者是虽然手里握着短刀，但发现
自己面前站着的也是一个人。双重启示，良心的火花只能在深 180
邃目光的碰撞中迸发，而不是出自苦心求索的精神！一旦人们

懂得世界上并没有像碍眼的树一样要砍伐的错误，而只有被蒙骗的人，就能实实在在地前进一步！

在对抗这种人时我们会犹豫：他向你揭示了你自己！这是我们最不愿意面对的事情，我们情愿去听任何谎言，也不愿面对这个可怕的真理；我们对抗的是我们对他形成的观念，我们希望他是错的，这样就可以辱骂和击打他，将他翻来覆去，就像小男孩用手指把玩人偶；我们还会去攻击一个甚至不属于他的观念，一个匿名的、作为"主义"的观念，一个射击场上的巨大人形靶。摧毁、击打护板、穿刺，是多么快乐啊！为了发泄情绪，甚至为了向自己复仇，就要有一个属于这个人的形象以供诛伐。若没有这个形象，那么面对这个人，就会像面对自己一样感到恐惧。

7月20日

高师人阿［尔芒］·奥格的《西里西亚文学》。杰出的，悖论的，许多无谓的噪音。又是一个把方法当作真理的人。让我想起了普雷沃·帕拉多尔评价拉布吕耶尔的话（我大概引用一下）："他为自己选择了一个对象，盯着它，直到它开始发光。"在这个干瘪的小东西上，固执地穿透眼镜的精神之光，突然点着了火苗。如果你摸索着去找，你会感到手指上沾了一点灰。卓越的方法，斯汤达对爱情的定义。但这个转瞬即逝的火苗是什么呢？我要说：奥［格］认错了门，他把入口当成出口了。

唉，先生们，如果说所有的真理都是方法，那就压根没有方法
了；如果游戏不会停止，游戏又能从哪儿开始呢？

8月21日

帕斯卡尔说①：

"真正的雄辩会嘲笑雄辩，真正的道德会嘲笑道德。也就是
说，判断的道德会嘲笑精神的道德——后者是无规则的。"②

"嘲笑哲学，这才是真正地搞哲学。"③

"一个人精神越伟大，就越能发现有原创性的人。一般人看
不出人与人之间的差别。"④

"当我们想要有效地纠正别人并指明他犯了错误时，我们
就要注意他是从哪一边观察事物的，因为从那一边看，他通常
是对的，我们要向他承认这个真理，但也要带他去发现他错了

---

① 以下引文，均参见帕斯卡尔《思想录》，何兆武译，前引。具体布码见每段文字后的
译者注，阿尔都塞本人在句末已注明布码的，不再加注。译文视情况或有修改。——译
者注

② 参见帕斯卡尔《思想录》，何兆武译，前引，布码4。——译者注

③ 同上，布码4。——译者注

④ 同上，布码7。——译者注

的一边。他对这一点会感到满意的，因为他看到自己并没有错，只是没有从所有方面去看问题；人们不会恼恨自己看不到一切，然而人们却不愿意自己犯错误，而这也许是因为人天然就不可能看到一切，是因为人天然就不可能在自己观察到的那一边犯错误。"①

182　　"通常而言，我们更能被自己找到的理由说服，而不是被别人的精神给出的理由说服。"②

　　"河流就是前进着的道路。"③

　　"我们在写一部作品时所发现的最后那件事，就是要懂得什么是必须置之于首位的东西。"④

　　"但愿人们不要说，我并没有说出什么新东西：题材的处理就是新的；在我们打网球时，双方打的是同一个球，但总有一个人打得更好些。"⑤

　　论快乐，它"是我们做出别人所希望的一切时付出的代价。"⑥

---

① 参见帕斯卡尔《思想录》，何兆武译，前引，布码7。——译者注
② 同上，布码10。——译者注
③ 同上，布码17。——译者注
④ 同上，布码19。——译者注
⑤ 同上，布码22。——译者注
⑥ 同上，布码24。——译者注

"<u>雄辩</u>。它既要能取悦人，又要真实；并且它的能取悦人本身要来自真实。"①

"凡是雕琢字句讲求对仗的人就像是开假窗户讲求对称的人一样：他们的准则并不是要正确讲述而只是要做出正确的姿态。"（27②）

"当我们阅读一篇风格很自然的文章时，我们感到又惊又喜，因为我们期待着阅读一位作家而我们却发现了一个人……那些在教导说自然能讲述一切甚至于能讲述神学的人，就是好好地在尊敬自然了。"（29）

"我们只请教于耳朵，因为我们缺少心灵。"（30）

"当我们看到一个人就想起他的著作，这就是一种恶劣的标志了。"（35）

183

"有些作家一谈到自己的著作就说：'我的书，我的注释，我的历史，等等。'他们听上去就像是在街上有个小亭子间的小市民，总是把'我家里'挂在嘴边。但鉴于其中往往是别人的东西比他们自己的还要多，所以他们最好还是说：'我们的书，我们的注释，我们的历史，等等。'"（43）

---

① 参见帕斯卡尔《思想录》，何兆武译，前引，布码25。——译者注
② 括号中的数字，是作者注明的布码，下同。——译者注

"你的烦恼我也有份儿，但红衣主教先生是不愿意让人猜透的。"（56）

"你的做法不文雅：'请您原谅。'没有这句原谅话，我还一点也不会察觉有什么冒犯呢。"（58）

"并不是在蒙田的身上而是在我自己身上，我才发现了我在他那里所看见的一切。"（64）

"人必须认识自己：如其不能有助于发现真，至少这将有助于规范自己的生活；没有什么比这更正确的了。"（66）

"让我们的想象能超出此外吧：它所厌倦的与其说是提供材料的自然界，倒不如说是我们的构思能力。"（72）

"精神自然而然会信，意志自然而然会爱；从而在缺少真实的对象时，它们就非附着于虚假的对象不可。"（81）

184 "季节和我的心情并没有什么联系；我在自己的心里有自己的雾霾和晴朗的季节。"（107）

"我以为恺撒年纪太大了，是不会以征服世界为乐的。这种乐趣对于奥古斯都或者亚历山大才是好的；他们都是年轻人，是难以抑制的，但恺撒应该是更成熟得多。"（132）

"绘画是何等之虚幻啊！它由于与事物相像而引人称赞，但原来的事物人们却毫不称赞。"（134）

"最使我们高兴的莫过于斗争，而非胜利……我们追求的从来都不是事物本身，而是对事物的探索。"（135）

"人的一切不幸都来源于唯一的一件事，那就是不懂得安安静静地待在屋里。"（139）

"……力求通过刺激去得到安宁……"

"小孩子害怕自己所涂出来的鬼脸。"（139）

"没有想到死而死，要比想到没有危险而死更容易忍受。"（166）

"人类既然不能治疗死亡、悲惨、无知，他们就认定为了使自己幸福而根本不要想念这些。"（168）

"我们永远也没有在生活着，我们只是在希望着生活……"（172）

185

"最后一幕若是流血的，那么无论全剧的其余部分多么美好：我们最后却把灰土撒到了头上，于是它就只好永远如此

了。"（210）

"他们说：'假如我有信仰，我会立刻抛弃欢乐。'

"而我呢，我要对你们说：'假如你们抛弃欢乐，你会立刻就有信仰。'因此，就要由你来开始了。如果我能够，我就给你以信仰；然而我不能够做到，因此也不能够验证你所说的真理。但是你却很可以抛弃欢乐并验证我所说的是不是真的。"（240）

"信仰乃是上帝的一种恩赐；千万不要相信我们说的：它是推理的一种恩赐。"（279）

"认识上帝距离爱上帝又是何其遥远！"[1]

"最细微的运动都关系着全自然；整个的大海会因一块石头而起变化。"（505）

"安慰你自己吧：你并不是凭你自己就可以期待它的；反之，倒是在无所期待于你自己的时候，你才可以期待它。"（517）

8月26日

一旦远离了他们的财产、他们的朋友、他们的家人，你能

---

[1] 参见帕斯卡尔《思想录》，何兆武译，前引，布码280。——译者注

指望他们做什么，如果不是尽其所能用最坚决的态度去牢牢抓
住那为他们充当思想的东西，即某些习惯？这种身体的精神，
这种毫无意义的纪律，这种没完没了的仪式，真是可怕的荒诞。
但谁不曾有一天是那样的呢？哪怕只是为了谈论它，鄙夷它？

对此还要补充的是，即便没有什么把他们和邻里间关联起
来，他们还是与国家保持着紧密联系。聚合在一起的时候，他
们比别的离散的人能更好地交流。这些环境给权力带来了怎样
的拥护者啊！由于缺乏别的思想，他们继续在自己遥远的拥护
者中利用其习惯来搞政治。对于那些把自己视作国家的延伸的
人，他们怎能不看重国家的命令呢？我说要有另一种过去，或
是一种严肃的力量，才不至于退让。

在被与国家分开并深陷此处的人们的这另一端。离散的。
他们只有手中的武器，现场没有自己的兄弟，更何况不是在自
己国家的其他地方，无论多远，无论多远。不理解是注定了
的！

在精神秩序中，对孤独的恐惧。P.G.[①]对我们说，他不知道
有哪位伟大的圣人是独自成长的，他们在精神上总是被某位弟
兄或姊妹支持着：圣十字若望和圣泰雷兹，拉科代尔和斯韦琴
尼女士，等等。圣方［济］各和圣克莱尔，等等。

---

① "战俘"（Prisonnier de guerre）或 "神父 G"（Père G.）的缩写，后者是战俘营里一位
不知姓名的随军神父。——原编者注

187　8月29日

论莫拉斯：因为不再有力量，他们就给自己制定教义。法兰西行动^①的成功，既来自根瘤蚜，也来自莫拉斯。

9月9日

"你们要彼此相爱，就像我爱你们一样，这就是我的命令。"《约翰福音》第15章第12节，上帝，人。那么世界呢？

9月14日

严厉的教训，罪有应得。我得到了很好的回报。其实是突然发生了同一场冒险，分别在肉体的父母和精神的父母身上。或是来自我们被追随、做头目或成为中心的快乐。有一天独自重新找回自己的最好办法——我由此得出结论，必须懂得及时断绝父子关系，即便是精神上的，小心不要被他们占有了，就像是富人拥有他的金子。纪德写得很明白，具体是哪些文本记不清了^②，但他希望门徒离开的时候既不要感谢也不要后悔。实际上，如果这个人选择忠于我并且我没拒绝，那是因为我没什

① 法国作家夏尔·莫拉斯领导的法国民族主义保守派运动和组织。——译者注
② 《地上的食粮》和《新地上的食粮》。——原编者注

么可以提供给他的。如果我能够在自己的精神中保持我所是的和我所能给予他的这两者间的含混不清，那我就没有对人讲清楚。事实上，我没什么可以给人的，我不行，就这么点习惯、动作和标记，但是上帝可以。如果他认为我是来推销自己的，他当然有权关门。我也有权保持缄默，只做对自己有益的事情。

188

翻了一遍蒂邦①的《约伯的梯子》。没有深入接触。在阅读这本因固执而苛刻且专断的书时，我感到一种说不清的极细微的不适——尽管它的前言还行。不停地想起帕斯卡尔，想起他！

《随笔集》《思想录》②，道德主义者的方式。被沉默包围着的一点点思想。一个小火花噼里啪啦，升起又落下。一千个小火花构成一本书。你要担心的不是头晕目眩，而是火花闪烁。精神疲惫，对跟随这些乱窜的火星的迸发感到厌倦。把基本的美学趣味分割成小块，把离群索居变成一次永久的拍卖，人们贬低了自己物品的价值。除非一次长时间的离群索居在他心里支撑起所有这些小东西，就像舞台或夜间灯火通明的船只承载起台上或船上的人物。

解决办法是粗制滥造。艺术要有一定的离群索居，但仅凭

---

① 古斯塔夫·蒂邦，基督教思想家，占领时期，他的作品在合作主义者和贝当派圈子里有很大影响。——原编者注

② 指蒙田的《随笔集》和帕斯卡尔的《思想录》。——译者注

离群索居还搞不成艺术。粗制滥造是作者对其主题的报复。任何一个正常的、会思考的人，都能轻而易举地在一天时间里拿出三四段中肯的反思。一年之后他就能去编辑那里，口袋里装着手稿。人们用许多小片段去凑成一本大书，是为了向那本他没法写出来的巨著报仇。一千条小思想为你向那个你没法拥有的思想报仇。

189 　　在这里人们向帕斯卡尔求助。而不是蒙田，人们从他本人的供认中就知道他没有勇气连贯地写同一件事，知道无论他在滔滔不绝高谈阔论时怎样装腔作势（人们更愿意忽视这点）人们都会乐意原谅他。但是在帕斯卡尔那里，作品是自己唯一的裁判，他无意推销，既不鼓噪，也不喧哗。人们敬佩帕斯卡尔，因为他在偷懒时也是那么天才，就好像在未来懒惰必然伴随着天才。人们庆幸他死得其时，在自己作品出版前就去世，用他的生活的秩序给圣人们留下一个榜样，也用他书中的不矫揉造作给作家们留下一个榜样。"若它完成，令人敬佩；若它被中断，更令人敬佩"，圣–伯夫说。有一种常见的错误，就是相信被中断的作品可以独自立得住，就像一只立定的狗那样；认为一本书作为深刻的运动，只能是一系列令人惊讶的休止的集合。令人惊讶的确实是一千种思想的休止构成了一本书！《思想录》令人敬佩的地方在于这些思想是已完成的，有一种思想①把它们统合在一起，这胜过一切手法、诀窍和风格上的约束。帕斯卡尔有理由嘲笑读者精神中可能存在的无序：因为他有自己的秩

---

① 帕斯卡尔《思想录》的标题原文为"Pensées"，即"Pensée"（思想）的复数形式。——译者注

序。在这一点上他与许多作者相反，后者思想中的无序驱使他们去找圣人为自己开释，找读者为自己辩护。

9月15日

交朋友没有年龄限制吗？人们可以在八十岁的时候交上朋友吗？

两个小老头在衰老的两端保持平衡的故事。一位若是死了，另一位就会堕入虚空。

一个故事，讲的是老人对年轻人的不可能的友情，又或者是从尊敬到不敬，其中没有一种叫作友情的过渡。徒劳的追求，老人的回光返照，就像太阳在最终跳进地平线前照在窗户上一样：然后是突然填满灵魂的黑暗：这位朋友只是一个门徒，他走了，就像所有人一样。唉，他是最后一个人！在这个年纪，一切都完了。

190

一个故事，讲的是一个有些话要说的人，他凭着自己的观念生活，他找到了世界的理性，并把它当成一个偶像。沉默包围着他，像其他偶像一样多的沉默包围着他，他自认为那些被他的天才光辉所吸引的年轻人爱着他。然后，就像树叶从树上飘落，随着牙齿一个个掉落，那些虚假的和暂时的朋友也渐渐离他而去：只有他的观念和他相伴，讨厌的孤独，难以忍受地独自守着自己的观念，如果没人陪着他，它对他毫无用处。

就像风猛烈刮过一本打开的书，为它翻起一页，书页颤抖着，起起落落，斗争，战栗地对抗着风，突然，一切徒劳的抵抗都在另一边受挫……然后是另一边，然后是第三条边……长时间的努力后，忽然出现了一条裂缝，纤维被抽出，那些再也挺不住的书页旋转起来，随风飘走，在某一刻还等着被重新盖回去，尽管它们已经被遗忘。

9月21日

R[①]的画面：起初一切都是透明的：亚当、夏娃，鲜花还只是光线，他们在阳光灿烂的某天相识了。犯了错：世界开始变得昏暗，有了颜色，阴影滑进了他心中，还有空间中。自这一天起他就不认识自己了，他对自己成了一个黑夜。

艺术是圆的，就像精神一样。F[②]重复着这个短句，突然他的眼睛睁开，看到了这个世界：他就好像活在梦中，所有的事

191

---

① 罗贝尔·达埃尔。——原编者注

② 这里的F可能指弗朗索瓦，是路易·阿尔都塞创造出来的想象中的文学人物。阿尔都塞在第一本笔记本里用了十来页的篇幅开始写关于这个人物的一部"剧"《弗朗索瓦》。他日记提及其中一些主题和情境。在一张附于第一本笔记本的活页中，阿尔都塞指出了这部"剧"可能的总主题："弗朗索瓦，或是一个讲述其游手好闲的人生的人，或是一个独自在道路中央和夕阳下眼睛转向身背的囚徒，我不知道谁能把我从这个残酷的游戏中救脱出来。[……]"——原编者注

物都在变圆，地平线、天空、大地、人的生活、他的思想、雨水、蛇、人自己，像一个剥了壳的蛋一样圆，载着克里斯托夫的那些船就像蛋黄，克里斯托夫的双眼，在白天圆睁着，在圆形的黑夜就闭上，他的思想滚成了圆形；甚至那些似乎注定不会咬自己尾巴的事物：直线、尺子、子午线、法律、正义、家长、岳母，他也看到它们弯曲成了非欧几何。

要写一篇关于道德主义者的试笔。

9月24日

就像一座俯视平原的塔楼，他注视着这黑压压的一群。日以继夜地，像一支大军，毫不费力地穿越着子午线，唯一的区别在于他们的清晰特征在白天消失，在黑夜又回到他们身体的影子里，这些人迈着相同的步伐漫无目的地走着。有时他[1]看到他们停下来，聚集在一个被在场者的身形遮住的点周围；队伍中其余的人紧紧抓住前面的人，就像苍蝇落在一块腐肉上。他们脱下帽子；某种静止蔓延开来，就好像在这种缓慢之上，有另一种缓慢可以用来做对比。然后队伍开合，像开幕式的队列，继续在平原上进发：原来这些人是在彼此陪伴，直到死亡，他们停在某处，是为了埋葬其中的一位。

192

---

① "他"原文为"ils"，应是"il"之误。——译者注

9月25日

第一次接触巴尔扎克，感到失望。可敬的历史学家，蹩脚的作家，冒牌的道德主义者。惊讶于一个介入自己时代如此深的人会看得如此清楚。不可思议的大杂烩，像一个大市场，升腾着人与兽的嘈杂声，人们会在其中迷失方向，因为那里没有说教式的文学旅游推销员，向你报告每一个路人，拉着你的袖子，指给你看，必要时向你兜售事情的道德寓意。

这个人无疑有许多事要对人们做，尤其是在金钱和法律方面。在他那里，只要有机会，各种剽窃就会代替道德主义的天才。这个人发现了金钱，他想必在追逐财富的过程中受挫，就通过一切连他的读者也会加入的诉讼程序，用他的主角承受的全部破产，来展开复仇。所有这些财富，他描写了那么多财富，因为他自己没能得到它们。

嘈杂不安的人群就像倾覆在地的蜂巢。呐喊，骚动。人们争先恐后地彼此推搡着，奋力甩着手肘，游向这片人海。财富！时不时地，一个名字在嘈杂声中产生回响，声音高过它自己，接着人们看见一个小人挣脱出来，容光焕发，离开纠缠着自己的人群，后者试图跟随他，但做不到。这真是这个时代奇特的集体冒险。人们只有在落入人群中或是落得比人群还低时，才会幡然醒悟，想到他们。

一群脑袋骚动着，有时被光掠过——就像通过影子看一幅

肖像，在黑夜里有时几乎难以看清。就像在船的高处，夜色把
螺旋桨的骚动吞没了：大海在波浪下显露出来，它是被黑暗吃
掉的旋涡，但还是海，是被短暂的闪光照亮、从虚无中拉出的
同一片水域。所有这些脑袋尽其所能地升起到最高的地方，伸
着脖子，朝向光亮，为了能够挨到金子的耀眼耳光。

巴尔扎克的愚蠢，当他离开这个他非常了解的世界，试图
把自己变成一只白羊的灵魂时。他感到十米外有洗涤剂！值得
藏进大理石壁炉的情人，像蛋白酥一样鼓起来：有风！

巴尔扎克报复了那个让他感觉过于严厉的时代，或者说他
给我们提供了关于这个时代的真正肖像，这种情况下，那个时
代的生活未必那么离奇古怪，如果我们了解那个时代的和平、
安逸的生活以及其他方面的话。设想这样一个世界，它的一部
分无法抵挡金钱的诱惑，另一部分满足于古老药方的治疗——
这些药方比一切恶习都更有力地抓住了它。幸运的是，巴尔扎
克似乎比他的时代更不好惹。

9月26日

194

一整夜的大雨，雨是从最小的时候起唯一从未改变过声音
的东西。哪怕我的全部记忆都会消失，仅凭雨滴淅沥沥落在屋
顶上的声音，我仍会记得自己曾经年轻过。

要写一篇小说，关于无人格的人。或是不再适应世界的人，缺少与世界和人们的接触。人生从无意识的和谐——意识会在这里引入被动的不和——开始，结束于同诸存在和世界所做的魔鬼般的斗争。暴力和孤独来自这样一种东西，与它接触很艰难，需要付出努力：要穷尽灵魂和爱的全部力量去人为地重建那种和谐，而这种活动不是天然就有的。不是怯懦，不是软弱，而是某种离群索居带来的宿命！

多少古老的主题在这里混在了一起！从最遥远的时期开始（这将是一个从出生到死亡的故事），独木，小女孩玛塞勒，音乐，死亡，激流，黑夜以及南美洲被照亮的海岸，戴着面具走丢的儿童，路易十一以及来自世界深处的各种野兽，礼拜堂周围的曲调，伟大的克拉皮奥，五颜六色的邮票，等等。

奇怪的梦。我、R①，还有乌尔［老爹］坐着一辆四轮车在中国旅行，车架子和车身是一棵树，拉车的马不愿转弯：它撞到了篱笆上。

195　　画上要补充一些人，他们成群结队一直走到坟墓，突然站起来一些孩子，像从地里冒出来，有人握着他们的手，他们却不住地问：你们要去哪里？说啊，你们要去哪里？

---

① 很可能是罗贝尔·达埃尔。——原编者注

10月3日

一个人被自己的种种画面吞噬的故事，或作家的噩梦。

柏拉图是第一位疯人故事爱好者：参见他讲的诞生于土地的人的故事。

被那些画面吞食的人，被它们打翻，左推右推，在东倒西歪的人群中无法站稳。

一个人寻找一些画面的故事：追猎。

世界像一块翻滚着的大圆石，上面的房子、墙和花园都长出了一种奇怪的植物：一种表面起皱的苔藓，一种小小的微不足道的隆起，缠在它们的土地、住所和死者身上，还有些特别小的人，若是不靠着那些房子、墙和花园，就会被运动带走。
同世界的运动——也就是时间——作斗争，时间突然消失，经过最后的挣扎，被空间的旋涡吸进死亡之中。

一些画面。在植物的沉默中，在内心的阳光下慢慢成熟的命中注定的美妙果实；有一天它落在胸腔上，在心口轻轻一撞，沉闷又温柔。
李子①，绿的和红的，淡黄的，被汁液撑出裂缝，沉沉的；

196

---

① 原文"Prune reine-claude"，一种李子，源自亚洲，法国人发现后以克洛德（Claude de Valois，1499—1524）王后的名字为之命名。——译者注

我们看到默默低垂了几个月的树枝，几个星期以来，它都为这种顶生的母性而变得沉重，等待着坠落，就像等着孩子出生：空气中满是阳光，充斥整个空间，比果实里的果肉还稠厚，昆虫都被蜜汁绊住，难以飞离。在这密集的沉默中，滚圆的太阳的重量还在称/思考（pense）①着，这个庄严的思想（pensée），它最终脱离，落下，更确切地说，下沉到托着它的空气里，摔烂，裂开，被献给死亡和群兽！沉闷的一声，像是属于稠密的空气，随后又恢复同样的沉默。无人宣告这个时刻的来临，除它以外几乎无事发生。然而树枝又重新竖立起来，因刚分娩出那个死亡而变得衰老。

画面的孤立。画面就是不相互连贯的东西。圆满的果实：它必须有这种完美的成熟，让它的果皮开裂，让果肉的光芒四射，让每一颗果实都成为一个小太阳，一股在文本中爆裂的力量。

否认的人的故事。拒绝世界和自我。当他看清的时候，所有被他拒绝的东西都远离了他。可怕的孤独，一个人走在荒无人烟的路上，变成了疯子，重复着同样的拒绝。

"夜色降临，人们看到他从城市的一座门里走出来，走上平原上的一条路。最后一批遇见他的路人说，他们看到一个泪流满面的小老头，固执地重复着'我不要，我不要！'再走远一点，

197

---

① 文字游戏：pensare在拉丁语里意为"称、有分量"（peser），后来引申为"估价"（évaluer）、"思考"（penser）。——原编者注

他们扭过头，在被黑暗吞没的路上，只能看见一个极小的黑点在夜色中移动。"

囚徒当塞特的故事，一百年后，人们撞见了小声嘀咕着的他：他在尝试第九十八次越狱。

10月5日

巴尔扎克，第一位一致主义者。当然，这是他作为作家可能在我们记忆中留下的最过分的头衔。他身上的历史学家会独自为自己辩护，这个作家需要，这个病人，毕安雄从死亡中拉回来的病人。毕安雄和其他人：不可思议的大杂烩，一座真正的中世纪风味城市，人挨着人，一座高贵的首都之城，文字像人群一样熙熙攘攘。人们由此整理出一个词汇表，就像罗曼①对他的《善良的人》所做的那样，有按照字母排序的索引以备忘。又或是巴尔扎克的美学，藏在由人物构成的封闭人群中，这些人物一个个地彼此相连，可以说在他们的世界以外没有任何东西存在。

———————————

① 指朱尔·罗曼（Jules Romains, 1885—1972），法国作家，"一致主义"（unanimisme）发起人之一。著有《善良的人》等。——译者注

10月10日

风吹起了这么大一枝蒲公英，我在这片土地上失去了自己的皮毛。一个名字的名字，从这粒种子里不会长出什么重要的东西。

写一本书非常困难。或者更确切地说，很难到达一定的水平，到达某种巅峰则不可能。所有写出来的作品都患上了哮喘病：气喘吁吁。永远是同样的世界，同样的自然，同样的人们。每一位作者都是在被各种画面催促的人群中挣扎的个体；他用尽全力想要穿过包围着他的人，直到进入完全的孤独，获得一片阳光和安宁。他徒劳地推搡和拉扯着；或突然像一名四肢伸展的潜水员，一头扎进深海中。可惜，永远是那个世界，同样的海，同样的人们。这名运动员到达自己跑道的终点。就像在起点一样，他是在原地跑步，赢得的只是气喘吁吁。

几本从这种自然的纷扰中得到的书，在人群的沉默中变得平静，像几记锣响，或琴弦发出的一声重音。有一些作家没能在人群中达到真正的孤独，就为自己再造一种人为而纯粹的内在孤独：比如蒙泰朗（我尤其想到了《独身者》）——但如果人们是在自己身上再造了孤独，他如何才能达到纯粹的孤独呢？最深刻的音符包含所有的音符，书的沉默也是噪音的边界。事实上，在像聋子的耳朵那样卷起的贝壳的凹陷处，我们依然能听见海的声音。

每一位作家的隐秘野心，独一无二或孤独，"在艺术中，正

198

如在死亡中一样，我们是孤身一人"①。作品的起源的孤独，作者想把它转移到被生产出来的作品中：他希望自己的作品也能分享自己的命运，更确切地说，是承担和承受自己的命运。他把自己的命运托付给作品。既然他在作品前是孤身一人，那么他也希望作品在世界前是唯一的②。这是他的复仇，是他在出卖恐惧和战栗时唯一索取的回报。但当他在别人的作品里尝到并认出相似的东西时，唇边的味道该是多么苦涩呀。（关于孤独和创造，参见里尔克：《给青年诗人的信》③，关于尼采论上帝死后的孤独，参见德·吕巴克④。）

199

深入绝对孤独的强烈要求。作家的失败：他从不孤身一人。为了使世界存在，他只要和自己相伴就够了。而我不是在说上帝！

"一种深邃的思想穿透了他的精神。看哪！他自言自语道，他在湖上又看见那群可笑又活泼的鸭子沉着地游在水面，突然，一个激灵，就笔直潜入水中。只能看见水面的小波动和两三个在阳光下爆裂的气泡。这群鸭子，他自言自语道，在有了鸭子的观念后就会潜水了。"

---

① 参见本书第137页正文。——译者注

② "唯一的"原文为"seul"，也译为"孤身一人""单独（的）"。——译者注

③ 参见本书第136—137页正文及第137页译者注。——译者注

④ 括号中这句话的第二部分，"尼采论……孤独……"，是后来补加到面对面的下一页纸上的，并有一个指示箭头与前面相连。所提亨利·德·吕巴克的作品是《无神论人道主义的悲剧》（1944），其中论费尔巴哈与尼采和尼采与克尔凯郭尔的第一部分已分别于1941年和1943年发表在《新城》杂志上。——原编者注

不要给自己制造幻象：我们永远达不到那些最伟大的人抵达的那种内心孤独，也达不到甚至最卑微的人也在追求的绝对孤独。能在世界上的一小块地方制造沉默，就已经很好了，就像伦勃朗在普遍的黑暗中制造光明。这是作品在对世界的否定中，在作品对世界的拒绝中，所能达到的最高点。此外……没有此外。

200　主人公和作家，或孤独的悲剧。每一位作家心中都睡着一个尼采。这或许就是为什么尼采心中会睡着一位作家。谁能比他更好地把孤独等同于独一无二呢？（参见8月26日，孤独与精神生活。）

要写一篇关于友谊的对话，从苏格拉底带领吕西斯抵达的地方出发①。

10月11日

安娜②神话的小细节：
"有门被用力推动的声音。我进入沉默深处。一直走到它淹

---

① 参见柏拉图《吕西斯》，《柏拉图全集·中短篇作品》（下），李致远、叶然等译，华夏出版社，2023年，第841—869页。——译者注

② 关于安娜，参见本书前言以及第38页的原编者注。——译者注

没我的胯部。看哪，它上来了[1]

10 月 12 日

"你们当中若有两个人，在地上同心为什么事祈求，我在天上的父必为他们成全。因为无论在哪里，有两三个人奉我的名聚会，我就在他们中间。"《马太福音》第 18 章，第 19—20 节。

昨晚与 O[2] 一起讨论 R[3]。要把他的否定当成一个体系，才能进入话语的秩序。不然只能碰一鼻子灰。完全的否定就是沉默。"一直讲，你就会明白！"但只要打破沉默，我们就落入话语的规则。左右都要小心；要给自己造一座城堡，谨慎出门。将自己托付给话语的人至少要相信话语。这是门票钱。但用一枚简单的钱币，一位古币学家就能为你复现一个货币体系，就像考古学家能用一小块骨头复现蛇颈龙一样。这小小的信德将带你

201

---

① 看起来作者在编撰时被打断或自己中止了，而且接下来没有再继续写这篇关于安娜的文本。不过路易·阿尔都塞在第三本笔记本里折叠保存了一片似乎是这篇文本的"草稿"（未标明日期），我们把它抄在这里：

"我用一只手推动门，它嘎吱作响。我在黑夜中行走，笔直地行走在这片沉默的水中。突然我的那些画面逃离了我，以一种不可思议的速度变小。在这个热闹的节日里，这些女孩和男孩在高大明亮的大厅里跳舞，一瞬间，只剩下一座微小的城堡留在阴影里；一缕微光照出了窗户的位置，一群身材像苍蝇那么大的男人，迎着窗玻璃走近；我听到更远的地方，一种难以分辨的尖酸的音乐从这个地区深处响起。然后一切都静默了。"——原编者注

② 居伊·乌西瓦尔。——原编者注

③ 罗贝尔·达埃尔。——原编者注

走很远。理性就像军队：进去容易出来难。

昨天与R①展开了真正的苏格拉底式的对话："那些罗贝尔们②"，或是关于行动目的的助产术式对话。

10月16日

26岁！！！无可奉告。是在很久以前了，那时我笑话祖母的逻辑：我确实进入自己人生第27个年头，很快就要有28岁了。显然，没什么值得去做的，人过了某个年纪，就只能感到衰老。如果十年后还能再读到自己写的东西，我会觉得自己很可笑吧！

这几天做了很多反思。被邀请以吉尔松③的"托马斯主义"为题做沉思。当然，我还没准备好分享这些严格的论点。但我所站的位置有千军万马：一个就要从四面八方裂开的住所；一座准备好往平原上派出侦察队的城市，甚至准备好在那里降落。

---

① 罗贝尔·达埃尔。——原编者注

② 这个表达似乎是指达埃尔的团队，他们在战俘营的建筑里占据了两个房间。——原编者注

③ 艾蒂安·吉尔松，尤以作品《托马斯主义》（1922）和《圣托马斯·阿奎那》（1925）闻名。——原编者注

10 月 27 日

八天的假感冒和垂头丧气。被这种缓慢的死亡侵袭，每天它都从我们这里多拿走一点。除了维持一种对抗寒冷、饥饿和疾病的生活以外，没有直接的目标。人们等待着结束，就像在等待死亡。相反，在真正的生活中，是怎样一种运动啊！意义，好胜心，一切都在激发精神。（我讲的是这种令人沮丧的实际活动的缺乏。）这里是可怕的孤独。一旦明白了在这种被排除在外的状态中没有什么事业可言，就没有什么值得去做的了。被消磨的、不再有反应的意志。执着于一个固定的观念，它这一次真的变成了原动力。人们唯一感知到真正存在——就像感知到绿叶下清冽的水流——的时刻，是这样一些时刻：一个没有被时间打败的人偶然与真实的青春相遇，而他的未来仍在消逝。

重读了蒙［泰朗］的《独身者》。确实是一个伟大的，特 203
别伟大的作家。他挥洒自如的证据，是他把普通语言糅进了自己的语言：它们被使用，通过与相邻词语的接触而被转化，这种接触让它们有了腔调和别具一格的高度。

蒙［泰朗］肯定是把对孤独的渴望推到极致的作家之一。《独身者》，过时的孤独和骄傲的孤独的诗。最后的死亡的庄重感，背景是天空中的树木、云彩和野鹅，一位在死亡边缘挣扎的老人的可笑思想的巨大阴影。

蒙［泰朗］偏爱几个固定的画面，他像个贼一样，绕着它们兜兜转转。苍蝇扎堆的伤口，夜色中的邮轮。（一个画面是普罗透斯，可以用这样的、那样的乃至别样的形式表现它。）将人处死的主题，以及人们可以在斗牛场、公牛、血淋淋的马和死亡的背景下捕捉到的所有阴影。在他的作品中，死亡的场所就像最好的装饰品，非常西班牙式的感觉。死亡不是悲剧的元素，<u>而是装饰</u>。证据就是他绝不会走过头，死亡是他所有作品的背景装饰，大海与最后的天空，对于生活的悲剧而言于事无补。全部的悲剧性都被带回到生活中，集拢在大地的手掌心，就像在希腊城邦——在那里，英雄遨游于大海与天空之间。一个小小的中心点，即是生活，而所有死去的或将要死去的都只是装饰，是这个小小的前台的背景。死亡里没有深度；瓦兹河上的死者，在"巨大的金龟子"经过后僵硬了，让他觉得可笑并真的让他大笑起来。只有生活是深刻而庄严的。

204　　生活，各种极端的交替。齿轮转动，各种太阳的画面；日与夜，是与否，否定的时代跟着肯定的时代；没有背叛，因为没有上帝、善或其他什么可以背叛的。唯一能取代信仰的，是对交替的运动的忠诚。他作品中的所有否定，就像所有赞美一样，可以被归结为这种肯定。至少在蒙［泰朗］觉得需要表达这种无常的恒常的那些时刻。

　　这个人的令人惊讶的青春。毫无疑问，他相信自己。在二十岁时他写了一本如法典一般硬邦邦的书。他发现了真理，他自己的真理，并把真理抛到了舞台的高处，那里有四只青春的喇叭在他发声之前就已经吹响。最令人惊讶的是二十年后，他继续相信着他在刚开始长胡子的年纪所写的东西！他不作判断，至少假装不作判断、不作比较，他在每一次的肯定中都是全心全意的，并且自豪于不带一丝挑衅，就像一只甲壳类动物带着自己的壳四处游走。这个人是一段长久的宣告——一种长久的保证，一次长久的挑战，哪怕他已经不再是最具天赋的青年作家，整个这种长度本身在他也可以被算作一种天才。

蒙［泰朗］不怀疑。不退却。在他的表达和思想中。他没有双重性，没有影子，没有蜘蛛蟹，没有失乐园。他总是在正午：他与自己的影子完全重合。没有一点点曲言迂回。这位古典主义者支持个人政府。他没有任何次要的东西，无论是在思想上还是在写作上。他有王家血统。政治活动，他可能说过"朕即国家！"至少可能想出过一些更放肆的话。

他因此是道德主义者！所有法国人生来就是道德主义者，无论他是不是变成作家。在这方面没有一丁点儿外国佬的样子（他也并非总是这样……）。这是这个人唯一允许自己对直线所作的迂回（直线对他而言确实是最短路线，与所有现代几何学相反）。在这一点上他离开了那个虚假的父亲——于他而言就是尼采。一位最终成为了先知，另一位成为了道德主义者。一位的狂热使他脱离世界，另一位的放肆则把他带回世界，使他重新与世界挂钩。这非常法国：这位布道士特别喜欢孤独，但却是舞台上的孤独，这样大家可以听他讲；或是门房一个角落里的孤独，这样他可以醉醺醺地嘲笑客厅里的所有傻瓜。人们说过谁喜爱"舞台的孤独"来着，夏多布里昂？无所谓，我不费神就重新找到了这个词，这意味着我的话里还是有一点真理。

在他的每一本书中，那个魔鬼都在那里。有时它就是他的书本身，有时它用一只愉快的眼睛看着书被写出来。如果他不是站在舞台突出的位置朗读自己的诗句，那就是被塞进了书里的某个角落，在那里他闭眼观看，并拿那些被他赶去打转转、奔跑、爱恋和死亡的小人物取乐。"我们之所以没有更强有力地描写德·库特先生在这晚的情感，那是因为……"再没有比这更傲慢的不在乎自己读者大众的方式了。永远是同样的大众。只是有些人向他们付出是为了赢得他们的掌声，而他则是为了挨他们的爪子。

无论如何，这个人有健康的地方。不像纪德，他身上没有丝毫病态或狂热的东西（他们之间的对立，是智慧与个性之间的对立）。他是这个时代最美好的装饰品之一（这个带着装饰的人，为什么他拒绝成为一种装饰：因为死亡就会成为一种装饰！——毕竟死亡不过是提前到来的永生!!），尽管他咒诅这个时代，就像他必定会做的那样，但这个时代也同他一样自然而然地对此不在乎。（它大概不会煞费苦心去对他以牙还牙。）

这个朝气蓬勃的年轻人的拐杖：是充斥他书中的引经据典。他艰难地出发，左倚右靠地仗着某个人或那些古人，或另一个人。他不断地重复，以致这个过程像是成为了一个真正的体系，不只是几篇文本的体系，而且是从所有那些历史（当然，是最高贵的和最血腥的那些历史）中提取出来的微小事实和事件的体系。人们在想：他是不是也有一个根据问题整理的文档，可以随心所欲地拿出来查看？

为什么读蒙［泰朗］经常会让我有时候忍不住去想帕斯卡尔呢？这个人几乎一无所缺，生命如此饱满，可以穿过那条其另一边是斜坡的道路。他总是在坡顶，就像帕斯卡尔，把自己变成怀疑论者，以更好地进入人们的思想，总是在坡顶，但不要试图让他知道自己正行走在坡顶，并且另一边就是下坡。他不是这种人：会向夏多布里昂口述说，上帝创造山谷是为了使山里的水流淌出去。对他来说，水总是往高处流。

一个沉默寡言的少年。在他绷紧而柔韧的血管里流动着未来。

10月28日

最近这些天奇怪的撕裂感，让我觉得仿佛把1942年那段半疯时期重新过了一遍，一种强烈的兴趣攫住了我，一次深刻的启发，就好像充满植物生机的春天。而另一方面是这种软弱和无力，为此我只能继续维持最低限度的与世隔绝，否则一切都不可能。只需要那么一点点，我就可以在同一条道路上自信地前进。

207

一个以前的观察，记下来备忘：一个单纯的人住在他出生的地方，深深地受制于他的习惯，无法想象人们可以出生在一个地方但生活在另一个地方。我问他："你出生在哪里？——在X……——你住在哪里？——可是，好吧，在X……"他偷着瞄了我一眼：以为我在讥讽他！

　　另一个要记住的观察。已经很久了（1942年的），但只要有机会我就会想起。我当时躺在皮埃罗①的床上读《斯巴肯布洛克》②，房间里有二十四个喜欢吵吵闹闹、吃吃喝喝的家伙，厨子之类，他们甚至执意玩起了留声机。可笑的唱片，1925—1929年间的有点刺耳的音乐，一遍又一遍地反复播放着。但无论副歌的旋律多么陈旧和造作，它们此后都与那些歌词绑在了一起，成了一道幽深的风景。其中一首歌的一句歌词，我至死都不会忘记。《斯巴肯布洛克》给了这些劣质曲调一个千载难逢的机会，将它们改头换面，一下子变成了要花四个苏去听的歌剧。以我当时的经历为例，人确实是可以从这样的苦中作乐的。

　　这个天赐良机也让我从此决定在音乐背景下阅读，无论什么音乐（这不重要，意不在此），甚至可笑的、乏味的也行，只为了听见歌词的沉默通过所有这些声音扩展开来，就像幽深森林中的回声（就像幽深的森林中有水在喷涌）。

208

　　每个艺术家都有孤独这个魔鬼，它离死亡（在那里只能孤身一人）比离生活更近。即便从精神上说生活也不是独一的，只有对话能滋养它。圣人并非孤身一人。为了去和上帝相遇，圣人总是依靠某个男人或女人。"这圣事真是伟大"③（圣保罗），它让基督的承诺能在每一刻得到实现。"有两三个人奉我的名聚

---

　　① 皮埃尔·库瓦西耶的外号。——原编者注

　　② 英国小说家查理·摩根（Charles Langbridge Morgan, 1894—1958）一部以主人公名字为标题的小说。另参见本书第122页正文和原编者注。——译者注

　　③ 译文根据阿尔都塞抄录的法文译出。另参见《圣经·以弗所书》第5章，第32节："这是极大的奥秘，但我是指着基督和教会说的。"——译者注

会，我就在他们中间。"(《马太福音》第18章，第19—20节）

10月30日

开始变冷，我们渐渐进入深冬。今天大风把树都吹弯了。像巴蒂斯特所说，树叶"开溜了"。夜里也开始变冷，我们在忐忑不安中半睡半醒。可悲的是暖炉出了问题。R们①被冻僵了，尤其是鼻尖。我们溜达了很久，让血液循环，用辩论来给自己热身。这一切只是小小的开始。

10月31日

《约翰福音》第3章，第8节："你不要因为我对你说'你们必须重生'而感到希奇。风随意而吹，你听见它的响声，却不知道它从哪里来，往哪里去；凡从圣灵生的，也是这样。" 209

11月2日

焦诺的《生命的胜利》。不谈开头部分那个胎死腹中的论点。壮丽的画面，怎样一种分娩啊！Alma Mater②，是的，但在

---

① 大概暗指第201页注释中提到的"罗贝尔们"。——原编者注
② 拉丁文，意为养育之母，也引申为"母校""祖国"。——译者注

焦诺那里，永远是父亲在感受这些痛苦。读者也随着生命的胜利而感到痛苦。没有喘息的余地。生命中没有什么可以让生命得到休息，甚至死亡也不行。甚至像一棵静止的老树那样僵直的死亡——或是像一个浑身绷紧的人即将脱落的皮屑那样死亡——也不行。更不必说这些永恒之海边上的黑夜的幽深海滩了。在那里死亡本身正在分娩。它就是生命。这无垠又荒唐的世界每一刻都在接生出下一秒。在他所有的书中，我们都可以听到这种痛苦的喘气声，有如大地上的狂风。

壮丽的画面，但是比之于作者创作它们，读者几乎要花更多的努力才能理解它们。怎样的滔滔不绝！永远是同一种。人们从来只为自己辩护；这个人写一本书，只是为了给他心中的世界画面作辩护，这样他就更亲近这个画面了！人们徒劳地寻找着这种内心的巨大平静（他让这种平静统治高原，因为风在那里停止了斗争），这种距离（远离一切事物！），这种水平静止的海。这种巨大的沉默——乐团将在这里放声歌唱，沉默中的第一个音符就像投入深水中的一块石头，这面容与内心的虔敬，这双在讲故事前闭上的眼睛，这段在世界走上孤旅之前的童年，但是，伟大的神明们在哪里，在哪里啊？

210　　他重复着。种种主题、种种画面、几乎全部进展都在重新出现。这类作家最终会成为先知。可惜从他现在讲出来的东西里看不到先知的影子！（他在他没讲的东西里更像是先知。）我们在这里又发现了被人忽视的岔路。焦诺走错了道。

要简短回顾一下焦［诺］留下的对世界的第一印象：一次巨大的分娩。诗人的必要性，他在某处说道：诗人有助于创造。他站对了自己的位置，因为他确实是他创造出的那个世界的写照（多么美妙的逻辑，既然他在创造，他就是那个被创造出来的东西的写照：闭环了）。在他那里有运动、喘息、推搡、痉挛、放松。当他缄默不语，当人们以为从这场斗争中有某个人诞生时，人们才发现这本书已经结束。

松散的风格。然而只有它才能把一位作家从死亡中拯救出来（真正的死亡是生不出任何东西的！）

"为了让他能够忍受世界是被创造的这个事实，他必须每天，有时是每个小时，每一刻，身体力行地重复对世界的创造。每一刻他都在思考、改造、添加、裁剪、颠覆、构建、创造。"焦诺对自己的精彩定义（第42页）。

"人是贫穷的神明。他们跟在财富之后到来。就像有人常常不得不'用心去吃'一样，他们更是常常不得不'用心去创造'。"（第43页）。

在精彩地描述了对勃鲁盖尔的死亡的欢呼后，有这样一句话："他们不停地死亡，因此他们不停地活着。"（第56页）

（根据死亡在一本书中的位置，我们可以看出它的作者是哪一类人。根据对死亡的论述，或是根据生者之中的死亡。）

211

"它（死亡）是生命的自然伴侣……"（第61页）

"我的心脏可以停止跳动，可以停止记录我自己身上生命到来时洋流般的运动，但是生命不会停止于到达海滩边缘，在那里它对于我们变得可以用感官感觉到，我的死亡不过是对立物的逻辑推演，是深渊的充实，深渊里有永恒的膨胀在躁动着。"（第63页）

"如果万物中最小的细菌上的最小的寄生虫会失去生命，那么宇宙［就］会在一瞬间消散，如同一团蒸汽。"（第66页）

"世界在那儿，我必须每一刻都跟上它的节拍。"（第129页）

11月7日

对焦诺的这些反思，还可以补充一点：不完美的、经常是经不起推敲的画面，其缺点虽然难以觉察，但还是令人不满。它们中很少拥有完全的成熟，让人承认它是发热的光，使自己的光芒一目了然。在大多数时间里，几乎只有一个（在这方面与它们作者的想法一致，即所有的形式都在彼此转化，所有完美的方面都是暂时的，没有太大价值）。有些东西在协调方面"出错"，和声中轻微的不和谐。另一个不足，助长了同一种印象：在对比中常常两项中的一项是生硬的，它本身就是无声的对比，或是夸张，某种次要的多余画面（它只依靠自己）。精神在波浪中漂浮着，悬在空中。(好像垂向路面的一根树枝。)

当然，除此之外，也有显著的成功之处。然而焦［诺］和蒙［泰朗］是多么不同啊！完美的文本，就像一匹漂亮的马，有钢铁般的大腿。一些耀眼又纯粹的画面，被完美地勾勒出来（[①]不是用病态的、阴郁的、随时会转变成它们的对立面的色调，而是通过与那个把它们变成一片浓厚的阴影的世界的接触。怎样一种秩序！就连任性也是，怎样一种秩序！我们开始把这句话与这些文本对照，其中只有一个词被改动了："风格的内部为一切都准备好了位置，连任性也有位置……"在这个人身上，风格是一种力量。他之所以如此成功地捍卫了自己关于力量的悖论，是因为他独自捍卫自己一人，用蒙［泰朗］的话说就是：因为他是作家。

焦［诺］：不是"一丁点的"道德主义者！你在他的作品里寻找人，你会有很大的机会像一位昆虫学家寻找一只寻常的虫子。但是天空、大地、风云、河流、树林。村庄蜷缩在一座小山丘上，像是被浩瀚的天空压死的一只微型蜘蛛。人这样一种寄生的显微镜算什么呢？或许是有感觉的、吵闹的，作为这个笨重的自然的一种力量，是树木与河流的一种变形。纤弱的女子向沉默[②]（这个有力的名字是一种象征）发起了进攻，车夫旋转着变成了树木（他的微笑变成了树皮上的一个斑点），等等。数不清的例子。

213

---

① 原文只有这半个括号。——译者注

② 原文为首字母大写的"Silence"，可音译为"西朗斯"。——译者注

焦［诺］的泛神论：一张漂亮的画面，人们买下它只是为了炫耀。（它所受的喜爱很大一部分来自这里。在这个时代之后它还会剩下什么呢？？？）光有理论是不够的：人们需要画面。

蒙［泰朗］的泛神论？是，但有一种外在的意识，以及对在他看来陌生的世界的注视。斯多葛派的泛神论。假的。

在一切关于这位道德主义者的论文的开头，都要写下《斐德若》中这句著名的话，自从作家们开始思考，它就对他们进行了划分："苏格拉底说，啊，让我感兴趣的不是树，而是人……"① 这些人选择了树。其他人呢，选择了人。（参见② ］向梅尔维尔致敬的题铭）

11月10日

"有一些人对存在的感受要比对自身不完美的感受更强烈。愉悦、温柔、对欲望的节制由此而来。还有一些人对自身不完美的感受要比对存在的感受更强烈；焦虑、忧郁由此而来……"沃韦纳格。

---

① 译文根据阿尔都塞抄录的法文译出。另参见本书第42页译者注和第61页正文。——译者注

② 阿尔都塞漏掉了名字。事实上应该是引用了让·焦诺的随笔《向麦尔维尔致敬》，该文作为《白鲸》的前言，1941年于伽利玛出版社出版。——原编者注

"谁没有做大事的本能和力量，谁就不真正适合写作。"莱 214
奥帕尔迪。

"我从未能够（读）完一本书！"歌德。
"如果我能够为你们所有人描绘世界的虚空，人们就会紧紧
抓住彼此再也不松手。"歌德（致施泰因夫人的信），格拉塞摘
录（《写［作］之路》）。

11月11日

初霜。

11月13日

潜入沃韦纳格的水中。一些珍珠（又是一位该死的道德主
义者）：

"我想知道什么？对我来说重要的是认识什么？那些与我
最有必然关系的事情吗？或许。我要去哪儿找这些关系呢，如
果不是在对自我的研究以及对人们的认识中，而他们也是我行
动的唯一目的和我全部生活的对象？我的快乐、我的悲伤、我
的激情、我的事务，全部以他们为中心。假如我孤身一人存在
于大地之上，占有整个大地对我来说并不算什么：我将既不再

有忧虑，也不再有快乐和欲望；财富和荣耀本身于我而言也只是虚名；因为不要误解：<u>我们只享受来自人的愉悦，其余的一文不值</u>。但是，我继续说，被一束新的光线照亮，我们在对人的认识中什么找不到呢？集合成社会的人的职责，就是道德；这些社会的相互利益，就是政治；人们对上帝的义务，就是宗教。"（《开场白》）

"不可战胜的习俗的力量。"

关于激情起源的核心观念：

"激情的根源在对存在的爱里，或在存在的完美里，或在对它的不完美和衰败的感受里面。

"我们从我们存在的经验中得到关于伟大、快乐和力量的观念，我们就总想增加它们：我们在我们存在的不完美中获得关于渺小、臣服、苦难的观念，我们就尽力抑制它们：这就是我们所有的激情。

"有一些人对存在的感受要比对自身不完美的感受更强烈。愉悦、温柔、对欲望的节制由此而来。

"还有一些人对自身不完美的感受要比对存在的感受更强烈；焦虑、忧郁等由此而来。

"从这两个合在一起的感受，也就是说，从对我们的力量和我们的悲惨境遇的感受，产生出最伟大的激情，因为对我们悲惨境遇的感受推动我们走出自身，而对我们潜在能力的感受鼓励着我们，用希望支持着我们。但那些只能感受到自身悲惨而非自身力量的人，永远无法给自己同样的激情，因为他们什么

也不敢期望……"(《论人的精神》，XXII）

"在运动的激情中存在一种感官的快乐和一种灵魂的快乐。 216
感官因行动、骑马、在森林中听见追逐猎物的声音而得到满
足……"（同上，XXXI）

"我们是这样地虚空，只要给我们一点点财产的影子，我们
就立即贴了上去。"（XXXIV）

"红衣主教雷斯的格言，要尽量这样去做计划，让它们哪怕
失败了也能带来些许好处。"

同一作者的《格言集》：

"明晰为深刻的思想增添光彩。"

"总是适中地称赞，是平庸的明显特征。"

"奴役贬低人，直至令他们相爱。"

"无可避免的滥用是自然界的法则。"

"没有谁愿意自己的错误被人同情。"

"习俗成就一切，甚至在爱情中也如此。"

"赞美别人的功绩，又给它划定边界，这是在冒犯别人。很少有人可以谦虚到毫无困难地承受别人对他的欣赏。"

"对一个人的评价很难称他的心意。"

217　　"能干者不拒绝任何人。"

"坏人总是惊讶地发现好人的能干。"

"最好的作者说得太多。"

"理性不认识心灵的兴趣。"

"伟大的思想来自于心灵。"

"我们不能用比死亡更错谬的规则去判断生命。"

"为了实现伟大的事业，必须这样去生活，就像我们永远不会死。"

"没有人会在早上说：一天快过去了，等晚上吧。相反……"（唉，但愿今晚早点睡！）

"激情教人以理性。"

"当一个人感到自己没什么可以让另一个人尊敬时，就会开始恨他。"

"年轻人因自己的错误而受苦，少于老年人因自己的谨慎而受苦。"

"老年人的忠告就像冬天的太阳，虽然明亮，但不温暖。"

"为了逃避强力，人们不得不臣服于正义。正义或强力，必须在这两个主人里选一个：因为我们几乎生来就不是自由的料。" 218

"在国王、人民和个人之间，最强者为自己赋予了对最弱者的权利，同样的规则也被动物和无生命的存在所遵循：比如在宇宙中一切都是通过暴力去执行的；这个被我们以某种表面的正义去谴责的秩序，是大自然最普遍、最一成不变和最重要的法则。"

"弱者想依靠他物以求获得保护。那些惧怕人们的人喜爱木头。"

"我们鄙视许多事情，是为了不鄙视我们自己。"

"很少有人有足够的底气去忍受真理并把它讲出来。"

"有时我们跟随那些从外部强迫我们的人，就像年轻人满怀爱意地追逐一个戴面具的人，把她看作世界上最美的女人，骚扰她直到她不得已揭露自己的真面目，让他们看到自己只是一个胡子拉碴、脸色黝黑的矮男人。"

"我们都太粗心，或者太专注于自己，以致我们无法深入彼此。在舞会上彼此不认识却手牵手一起友好跳舞的面具人，舞会一结束就相互离开，之后再也不相见或彼此怀念——谁见过这样的场景，谁就能对这个世界形成一种观念。"

"想知道一种思想是否新颖，只要简单地把它表达出来。"

"饭后一点咖啡，更好认识自己。"

"人们要求年轻人这样使用自己的财产，就像他确定这些年轻人必定会老去。"

"如果一个经常生病的人吃完樱桃后第二天就感冒，人们不会忘记安慰他，说这是他自己的错。"

"可靠的人的恨意不比他们的友情更危险。"

"人们最了解的事情是他们还没学过的那些。"

"当我们呼唤思考时，它们逃离我们；而当我们想要赶跑它们时，它们又纠缠着我们，让我们不由自主地在黑夜里睁着双眼。"

"能受一切苦，就敢做任何事。"

11 月 18 日

拉罗什寄来的卡片。

11 月 20 日

　　在与语言的搏斗中，精神被扭曲（尽管为了到达终点，我需要这种搏斗）。但确实如此，因为在这种情况下，精神是它的对象的牺牲品！挡住了视野的肉搏战。

12 月 13 日

　　"有些时候人们的轻蔑只能节省着用，因为有大量的穷人。"（夏多布里昂，《墓畔回忆录》，1.3）①

———————

　　① 译文根据阿尔都塞抄录的法文译出。另参见夏多布里昂《墓畔回忆录》，程依荣等译，东方出版社，2005 年，第 839 页："有些时候，人们只能节俭地'花费'轻蔑，因为有大量的'穷人'：眼下我还是舍不得给他们，因为他们在百日王朝期间和以后仍然需要轻蔑。"——译者注

1945年

1月16日 223

一些面孔从黑夜中升起。夜幕张开，影子突然变浓，成了一张脸，有火焰在上面与影子搏斗；在这场激烈的决斗过程中，眼睛、额头、鼻子、嘴唇无声无息地出现；然后逐渐消失，黑夜重归平静。另一张脸在左边闪现；又另一张脸在右边闪现。在它内部燃烧着回忆。这种出生和这种死亡，这些寂静无声的涌现，这个张开的黑夜，没有声音、没有被重新封闭的声音……

1月23日

让·保罗①说："世间的人只有两分半钟：一分钟用来微笑，一分钟用来叹息，只有半分钟用来爱：因为在这最后一分钟的中间，他死了。"

魏玛的卡尔·奥古斯特亲王说（由歌德转述）："糟糕的时 224

---

① 德国浪漫派作家。——原编者注

光也比全无时光要好。"

1月24日

……回忆在灵魂中暗暗移动，就像儿童在沉睡中暗暗移动。

2月7日

我梦到一片牧场，还有一些女孩，她们把伞忘在了草地上。"漂亮的姑娘们，你们忘记拿雨伞了。"没有结果。R[1]把降价处理的商品带给她们，收到了一波又一波微笑。我感到懊恼。

2月14日

小神父斯坦尼米尔斯基[2]的美妙故事。列队行进。他先伸了右脚，而所有人都是先动左脚。M喊道："斯坦！你步伐错了！"他说："不是我错了，是队伍的步伐错了！"当全世界都和他不一致时，他会说：不是我有问题，是世界有问题！他把这当成光荣！！！

---

① 罗贝尔·达埃尔。——原编者注
② 弗兰西泽克·斯坦尼米尔斯基，波兰战俘，路易·阿尔都塞与他建立了友谊，并在战后仍维持着联系。——原编者注

昨天与 P.G.①交谈后：世界被颠覆了，世界被颠覆了！下了

雪。当我想到他对自己的故事十分骄傲（参见车站的故事：在   225

我们那里，车站永远是在右边的！）

2月15日

在波茨坦，当人们晚膳吃相太放肆时，腓特烈二世说："先

生们，我听见国王驾临了。"

路易〔十四〕与布瓦洛谈论一首诗。布瓦洛顶撞他。"他说

的对，"国王说，"如果他在这方面懂得比我多的话。"

他（路易十四）不再出现在舞会上，自打他在《不列颠人》

里听到下面的话：

"他②的竞速马车驾驶技术炉火纯青……

可以亲自为罗马人表演……"

紧跟国王（将来）尸体的圣西蒙。在每一个动作后："这是

最后一次……"，"这是他人生的最后一次"，等等。

---

① 战俘（Prisonnier de guerre）。——原编者注

② 指尼禄。——原编者注

对正在哭泣的曼特农夫人及其他亲友说："你们为什么哭？你们以为我是不死的吗？"

垂死之际，对曼特农夫人说："夫人，请不要再留在这里，这一幕太悲伤了，我希望它能早点结束。"

226　　论葬礼队伍：

伏尔泰说，"我看到圣德尼的小路上搭起了一些小帐篷。人们在那里狂饮、高歌、说笑"。

德芳夫人的话。波利尼亚克的红衣主教谈圣德尼的殉道："人们想象，夫人，他对曼恩公爵夫人说，这位圣人用手托着自己的头走了两里路，两里路！……"——"噢，主教大人"，德［芳］夫人回答道，"只有第一步费劲"。

拿破仑说：

"上等人不挡任何人的路。"

"人就像数字。他们的价值只来自他们所处的位置。"

"领导世界的秘诀只有一个，就是变得强大，因为在力量里既没有错误也没有幻象：这是赤裸裸的真话。"

"政治家的心应该长在脑袋里。"

"给抖落了自己驮鞍的人民再套上马具，再没有什么比这更困难。"

"人若不知道自己的方向，就绝不能攀上那么高的地方。"

"穿什么制服就会变成什么人。"

"走在自己时代观念的前列，这些观念就会跟随和支持你。走在它们后面，它们就会拖着你。与它们背道而驰，它们就会把你扔回去。"

227

"智慧的权利优先于力量的权利。没有智慧，力量本身什么都不是。在英雄的时代，将军是最强大的人；在文明的时代，将军是勇敢的人中最有智慧的那一个。"

"信守诺言的最好办法就是绝不许诺。"

"拯救自己祖国的人不会触犯任何法律。"

"大国死于消化不良。"

"野心是人们的主要动力。只要人们希望上升，就会发挥自己的长处；但当人们到达顶层，就只想休息了。"

"哲学家毫无可用之处。"

"在行政事务上，经验就是一切。"

"最大的不道德就是去从事一门自己不了解的职业。"

"世界上只有两种力量：刀剑与精神。我说的精神是指世俗和宗教的机构制度。长远来看，刀剑总是被精神打败。"

"战争是一种自然状态。"

228　　"不可避免的战争总是正确的/正义的①。"

"有两种作战计划。好的和坏的。"

"有人说要知道指挥就必须先知道服从。我却认为四十年间只知道服从的人，再也没有指挥的能力。"

"思前想后、犹豫不决的人最不适宜（打仗）；这是一条与其负载不匹配的船，最好是少谋而多断。"

"除了少数例外，总是人数多的军队更容易克敌制胜。所以战争的艺术在于在准备战斗的地点实现人数优势。"

---

① 在法文中，"juste"既意为"正确的"，又意为"正义的"。——译者注

"为什么法国军队如今变成了世界上最令人生畏的军队？因为军官都流亡国外，士官顶替了他们并随后成为了法兰西的将军和元帅。正是通过士官，我才领导这个世界；正是通过士官，我才撼动这个世界，因为他们就属于这个世界。"

"最大的危险出现在胜利时刻。"

"和平应该是一个深思熟虑的方案的结果。"

（想到奥布河畔阿尔西的战斗，他在那里找死）"我是一个被判活下去的人。"　229

"未来会知道，若是卢梭和我没来过这世界，是不是更不利于大地的休息。"

"无论如何，我的人生是怎样一部传奇啊！"

"我是环境的产物，我总是和环境共进退。"

"一个被人们称作好人的国王，是一个失败的国王。"

"战争是严肃的游戏。"

"等到事情做成了，人们才会承认想到过它。"

（在德累斯顿，与梅特涅谈话）"或许这会让我失去王座，但我要把世界埋葬在它的废墟之下！"

（他登陆胡安的时候，一位市长，他遇见的第一个人，对他说："我们刚开始享有幸福和安宁，你就要来制造麻烦。"）"我不知道如何表达这句话对我的震撼，或是它对我造成的伤害。"

230   3月12日

和B①谈话，他向我展示了他的诗。出人意料地意识到演变。纯粹形式价值的演变，纯粹线形的演变，超脱于世界，因为我离它很远。我还会写（假设我还有写作的闲暇与兴趣）瓦雷里风格的诗吗？

与形式主义完全相反，甚至是音乐性的，这就是我的简单要求。种种画面。我想要一段深邃的文字，就像一棵树，它的树叶彼此重叠、沙沙作响，昏暗又深邃，有些暗淡；但人们在其中感觉到空间和空气，还有可能的风和世界，这个生气勃勃的群体的遥远的深处。在这堆暗哑颤动着的东西之上，处处都有水果火红色的爆炸。滚圆的果肉里充满阳光，在自身周围放射出一道热浪，火星喷溅在树叶，直烧到树的心脏。

[第三本笔记本结束]

---

① 身份不明。——原编者注

"匆匆几句话……"

从营地发出的最后一封信①

1945年5月12日，施莱斯维希

匆匆几句话，为了告诉你们：

1.战争突然结束，出乎我们意料。

2.我们等待着在最好的条件下被遣送回国。

3.我各方面都很好。

4.希望能经过邦迪，至少希望他们直接遣送我回到我家人居住的地方。终于能拥抱你们了，多开心呀!

5.如果可能的话，请您拍电报去卡萨给我的父亲，电报地址

阿尔及利亚公司

卡萨布兰卡

---

① 手写的信，寄给邦迪的朱丽叶和安德烈·布洛涅。——原编者注

告诉他一切都很顺利，我很好，我很快就会回到卡萨，我爱他们。

我请教母自由斟酌用词。或许我的父亲正在法国（我不知道）。如果他在卡萨，如果他留在了那里，我会到那里去和他相聚。

谢谢，全心地拥抱你们。

路易

通信

Correspondances

致友人信笺①　　　　235

（1）

1941年9月10日

　　这封信还是在战俘营写的。我总是要时刻准备出发，去为新的工作队做翻译。我等待着。8月16日收到你们的信，关于拉卢维兹②和吉东父子的消息。不要担心我的健康。你们可能还会通过复员回法国的战友收到我的信，了解新情况。我在这里见到许多人，来自各个国家，在一座我本来不认识的小城里，只不过我每天都要穿过这座小城去外面做工，这是一个封闭的世界，但还是很大啊！请相信，我很准确地估量过自己在这里的表现为可悲又异常的生活意味着什么，还有我可以从这次流放中学到些什么，如果……不会被流放太长时间的话。

　　兴致勃勃地读了元帅7月11日的讲话，"法国人，我要告　　236诉你们一些严重的事"，为了知道这篇讲话透露了什么，关于

---

　　① 关于这些"信笺"的撰写和传播，见我们的前言。只是要提醒一下，有些信笺包含了几份路易·阿尔都塞的卡片和书信的摘录。——原编者注

　　② 阿尔代什的避静地，由修女经营，对天主教青年开放。——原编者注

法国，关于贝当施政的状况，还有关于贝当本人。感谢朋友们
的来信。我的相机在瓦讷被德国警卫队"保管"起来了。拥抱
你们。

　　路易

　　1941年10月4日在里昂收到的信。

（2）

1941年9月17日

　　昨天收到我妹妹的长信。今晚收到第9号包裹。非常感谢。
我还是在战俘营，等着出发去做翻译①。我很好，身体和精神都
不错。这里的位置特别好，可以看到一些从这里经过的战友。

　　战俘营组织了起来，戏剧—音乐—讲座。或许某天我会允
许自己尝试就那些会让我想起自己还是一名大学生的主题中的
一个搞一次"座谈"。

　　拥抱你们。

　　路易

　　1941年10月15日在里昂收到的信。

237　（3）

［1942年4月］

　　"可敬的家人们！从你们最后一封信里，我发现家族的文

---

　　①　翻译要陪施莱斯维希中心营的负责人到工作队集合的营地去"巡视"。——原编者注

字游戏还没有死。今早很高兴，因为收到你们的信，也因为终于出太阳了！树上还是没有一片树叶、一朵花。我们在歌德赞美神奇的五月时所谈到的国家，这里花蕾绽放；文学可以这样帮助人们学习地理。讲到这儿，趁着这股精神，我要公开认罪：从前我嘲笑十八世纪一些风格庄重的作家谈论气候以及它对生活、风俗和制度影响的论文；如今我不再轻易嘲笑他们了，因为我被迫做了一次他们自愿做的旅行。我最近读了阿纳托尔·德·蒙齐的《往昔》，很有意思的书，有些地方很勇敢。末尾关于雇用不再是军人的军人的论述，颇能代表我的担心。尽管如此，很难用单独几页纸去谈论一本书。一点都不想用德文给雅克①写信；我希望，虽然他还年轻，也要懂得区分，什么是能在和平时代享受的消遣，什么是我不愿同我所爱的人一起进行的练习……饶有兴致地读了《画报》上一篇关于摩洛哥的长文，已经是一个月前了；你们信里的口气与写这篇文章的经济学家的意见一致。我很容易理解你们面对这片土地时的惊叹，它富于资［本］②的第一要素：水。我妹妹现在认识河流的名字了吗？……我的信被打断了，我继续写，在这个省略号和对准一个圆球踢了几脚之后。因为我们有一小块场地，尽管又黏又滑，也够模仿一场足球赛了。那些体育评论员们会这样说我："他发胖了，还掉了一些头发"。这有些夸张。戛纳体育俱

238

---

① 雅克·德里永，路易·阿尔都塞父亲同事的儿子。阿尔都塞家在战时帮助过德里永家。——原编者注

② 原文"K［apital］"（中括号及其中的内容为原编者所补），德文，意为"资本"。——译者注

乐部的克莱尔①和我们一起，还有一位红星队的球员。

路易

1942年5月18日到达卡萨布兰卡的信。

（4）

1942年4月18日

兴致勃勃地读了父亲对经济问题的思考；战争强加的亟待解决的难题，迫使经济学——出于短缺的原因——采取它留到将来——出于极大丰富的原因——才用到的解决办法，我指的是总体的解决办法，也就是由国家直接控制生产。如今作为紧急问题的消费管制，将在种种条件重归正常之后失去其重要性；在一段过渡期和重建期之后，我们将回到1929年的状态：生产过剩的危机，然后出于一些相对立的动机，在更长的时间里，我们要采取与现今采取的措施相类似的措施。战俘营是一所令人失望的学校：乌尔先生曾——并非不带一点嘲讽地——提到的他在我身上看到的从经常与马打交道中获得的"后天"生活经验，我现在不得不在与人的交往中获得。很遗憾，我要承认，我更喜爱马、花、河流、山川和平原，总之，一切不用严肃对待的事物；我可以说，与《斐德若》相反，"苏格拉底说，啊，让我感兴趣的不是树，而是人……"②再说你们知道我喜欢开玩

① 让-皮埃尔·克莱尔，戛纳体育俱乐部的球员。——原编者注
② 译文根据阿尔都塞抄录的法文译出。另参见本书第42页译者注和第61页正文。——译者注

笑，知道新生的春天在邀请我……

　　路易

　　1942年5月20日在卡萨布兰卡收到的信。

（5）

1942年6月6日

　　5月20日前后收到你们的信，信里有气象预报表，对这个国家的绿色蔬菜而言将是一整个季节的灾难，很难看见它们破土而出了；应该通过法国的菜园重新栽植这些菜豆，它们子叶上和它们新生嫩叶上的双法兰克战斧①；我一直在工作，通过额外的实践尽可能地自学了医学和保健技术。有了保罗的消息。拥抱你们。

　　路易

　　1942年7月4日在卡萨布兰卡收到的信。

1942年6月4日
　　　　　　　　　　　　　　　　　　　　　　　　240

　　真正的六月之春！收到你们的包裹，里面有一些三月的照片，照片里的鲜花比我们这里六月的鲜花还多。山楂树上还有

---

　　① "法兰克战斧"原文"francisque"，也是1940—1944年法国维希傀儡政府的标志。这里指菜豆上成双长出的豆荚。——译者注

叶子。我恐怕在这个国家，蓝色的小花永远不会在有着温柔灵魂的邮递员的脚趾间发芽。向阿尔及尔寄了签条。在我们这里收到的《巴黎报》①上读到一篇关于摩洛哥经济的文章。你们有我的朋友们和吉东先生的消息吗？

　　路易

　　1942年7月8日在卡萨布兰卡收到的信。

（6）

1942年6月11日

　　收到你们5月21日的信，信里讲了来自伊苏瓦尔的许诺，我劝你们不要抱太大希望②。在这里经济问题特别受重视：我们有一个经济学圈子，激烈地讨论……但没有进展。显然我们缺少未来的经验。我还对触手可及的医学问题感兴趣，也会对克拉韦尔博士的书感兴趣（再来一遍）——等它到了以后。你们的包裹花了一些时间才寄到，但完好无损；你们可不可以在每一件包裹里都塞一点大蒜，我们这里大蒜是罕见的宝贝，特别受欢迎。营地里有一排山楂树，但专家说它不会开花。

241

---

　　① 　1941—1944年德国占领期间在巴黎出版的德语报刊，也有部分法文版面。——译者注

　　② 　指夏尔·阿尔都塞在其子要求下，通过路易·阿尔都塞的一位朋友乔治·拉斯找伊苏瓦尔军官预备学生队（E.O.R.）的医生莱斯屈尔博士帮忙，要求承认路易·阿尔都塞1939年12月的第一阶段护士实习，希望由此以"卫生人员"的身份复员。这些奔走并没有取得成功。——原编者注

气候……

路易

1942年6月18日

　　没有太阳的六月，这片无收益的土地的悖论。七月中旬我可能会办一场关于法国殖民地的讲座，作为对一些人的告别，对另一些人则是信仰告白。你们在那里的生活有助于我讲摩洛哥。这里的事情越来越多，还有一些保罗①的消息，但不知道他的会考进展到底如何。收到一封德·克里斯滕②的信，信里表现得和他很像，越来越像我对他的想象了。拥抱你们。

　　路易

　　1942年7月11日在卡萨布兰卡收到的卡片。

（7）

1942年6月20日

　　这里的六月又潮又冷，山楂树只长叶子不开花；无视大地有云、雨、植物和鲜花的真实习惯，也无视战俘的今天和他们的过去、他们的人生和他们的记忆之间的联系。我比以往更想

242

---

　　①　保罗·德·戈德马尔。——原编者注
　　②　格扎维埃·德·克里斯滕，路易·阿尔都塞在里昂预备班的朋友，与让·吉东关系很密切。——原编者注

你的在场了，我的妹妹啊，因为它给我带来的坚固性，是沙子、过于脆弱的树枝、过于苍白的天空和人们过于复杂的目光所缺乏的；它给人们手中的一切赋予某种程度的成熟与重力，也就是赋予现实性。我想到从前，有一段时间，尽管和你分开了，我还是在同样的背景下，在同样的一整套习惯下，为你写了一份关于幻觉的对话。那时我要向白昼、群山以及树木、城市和友情的经济学给人强加的一切进行报复，因为人受到限制，被阳光，五层楼的房屋，与朋友的谈话，已获得的知识包围着。今后我不会写这些了，因为我不必再向现实进行报复……

路易①

1942年7月21日在卡萨布兰卡收到的信。

（8）

1942年6月25日

　　天气令人失望。设想接下来也不会有阳光。我对妹妹指出了一次文字游戏尝试；最近读了一本没什么价值的书，看到书里有一个人"套上了involture（s）"；在做了一番调查和思考，并与一个战友交流之后，我们终于得出结论：involture应该是某种绑腿，是很早以前某些地方的用语，因为词源指出了这一点，involvere，involutus，被包裹，接近牵牛花（volubilis）和其他蔓生植物。

路易

---

① 信笺摘自一封写给妹妹的信，全文刊登于第268页。——原编者注

1942年6月29日

　　几乎是定期收到你们的信和卡片。我想我的妹妹在离开里昂很久以后又重新发现了它，并且有些怀念了[①]。她说卡萨的生活"比其他任何地方都肤浅"，这是什么意思？我缺乏细节，并且，如果根据布兰布尔的定义，我也缺乏想象。保罗通过了会考笔试，他考的那些试题我从前可能会觉得很妙，如今却觉得索然无味。两个月前给高师的校长布吕阿先生写了信，他在回信卡上给我写了回复，说我不需要比那些1914—1918年参战的人（他本人就是）做更多的事情，他们在四年后重拾学业！总之，我可以查看高师的年鉴，会看到1914—1918级学生为高师提供了很多"学科教授和学区督学"。面对这种未来的前程，我不知不觉笑出了声。最后布吕阿先生对我说："亲爱的同学。"这让我在这方面受到很大安慰！在这里的报纸上读到你们肯定在广播里听到过的讲话。关于奥贝维利耶这位前市长的话，有许多可谈的！[②] 在卡萨布兰卡的人怎么样了？商船上还是没有煤吗？摩洛哥是不是实际上还是处于阿尔赫西拉斯政权的控制下？这里有一本1923年的书，讲沙维雅的鸵鸟养殖。我相信鸵鸟政策也一如既往地失败了……

　　路易

244

---

① 1942年初，他的父母和妹妹离开里昂前往卡萨布兰卡。——原编者注

② 涉及皮埃尔·赖伐尔，1923—1940年任奥贝维利耶市长。——原编者注

1942年7月2日

读了你们1942年6月16日的信，得知家族精神"还没有死"，非常感动。7月2日，也就是今天，这个地方出现了今年的第九次晴天。我读了一些书，在准备关于帝国的演说；惊讶地发现其实自己知道的如此有限。忧伤地读了一篇关于印度支那的非常优秀的研究，还有一篇关于突尼斯的。你们觉得那里的殖民地未来会怎么样？

路易

1942年7月25日在卡萨布兰卡收到的卡片和信。

（9）

1942年7月8日

很高兴收到你们的信和包裹；《与爱克曼的谈话》[1]，经济学论文，关于摩洛哥的艺术书籍，《42年诗选》。这些惊喜是一个没有故事的生活里最重要的事件。自从他在二月给我寄了书以后，我从巴迪[2]先生那里什么也没收到。很开心在营地里重新见到之前在伊苏瓦尔认识的迪塞讷[3]。我现在对摩洛哥及其王朝的历史了解得很透彻。我重新获得了一些罕见的历史情感，和

245

---

[1] "Entretiens avec Eckermann"，即爱克曼著《歌德谈话录》。——译者注

[2] 让·巴迪，里昂预科班的前教师，战争开始后在巴塞尔（瑞士）服役。——原编者注

[3] 弗朗西斯·迪塞讷。——原编者注

之前1939年6月我学习希腊地理时候的感受一样。

　　路易

　　1942年8月7日在卡萨布兰卡收到的卡片。

（10）

1942年7月15日

　　很高兴收到你们的包裹（里面有四罐沙丁鱼和摩洛哥烟草）。有些惊讶：摩洛哥不生产巧克力吗？你们一直给我寄里昂和图卢兹的品牌，我在想它们是存货还是新出口的。你们见到马拉喀什了吗？在你们寄来的书让我预尝了它们的滋味以后，它和非斯①一起，成了最令我好奇最吸引我的城市，在穆拉比特王朝时代，它曾是黑土地的前哨。

　　路易

　　1942年8月12日在卡萨布兰卡收到的卡片。

（11）

246

1942年7月29日

　　收到你们告知吉东先生父子消息的卡片。让·吉东先生能在营地里获得如此大的道德影响力，对此我是毫不惊讶的。战

---

　　①　马拉喀什（Marrakech）和非斯（Fez）均为摩洛哥著名城市。——译者注

俘营里所缺少的，正是一个有他那种生活，有这种引人注目的天赋和这种信仰的人。这让我带着感动想起了过去，1937年夏天，在圣艾蒂安和巴黎，他用福音主义者的莱比锡版《圣经》教我初学德语的时候。拥抱你们。

路易

1942年8月27日在卡萨布兰卡收到的卡片。

（12）

[1942年8月初]

……然而，对在非常严峻的时代里浅薄的或不敬虔的娱乐活动的指责，不应该总是扩大到那些玩乐的人；恐怕不是每个人都有幸或有机会摆脱自己的环境，摆脱容易满足的欲望和被亲友规定的日程表；一个人必须有罕见的意志，才能忘记自己的习惯，从未来中寻找人生的理由，而不是懒洋洋地把它建立在过去[①]。真理的滋味只有那些已经亲身体验过真理的人，或那些被厄运和恩典所震撼的人，才能尝到，正如任何一片土地的滋味只有那些生于斯长于斯的人才知道。我想到了摩洛哥，它用自己的山脉和海关抵挡了那么多次潮汐和风暴的入侵，几乎一如既往，依然是个其中发生的事件不会使人过于心酸的地方。世界的这块地方拥有无知和遗忘的特权，它的庄严性是它与众不同的标记，甚至就是它与众不同的地方。在这里时间不

---

① "过去"原文"assé"，应为"passé"之误。——原编者注

顾一切地流逝；人们可以根据没完没了的雨，知道北方的秋天已经来临。我找到了一个故事，等我们重聚的时候，讲给你们听：一名战俘向一座重要城市的大厂商订购了一台大提琴，用火车发运，但他没有收到，因为人们没办法把大提琴送出车站：柜台窗口太小了。大提琴家就在我身边打呼噜呢[1]；大提琴想必在南方某个地方：人们要在那里找一个柜台窗口足够大的车站[2]。

路易

1942年8月31日在卡萨布兰卡收到的信。

（13）

1942年8月2日

我的母亲啊，今晚这封信是写给你的。今天是今年的第十五个晴天，夜幕缓缓降临，哨声中断，这些哨声是这座没有街道的城市的点火者；此刻每个人都回到卧室的私人生活中，我也多少退回了内心；我相信自己一直喜爱孤独；你还记得1938年的时候我在拉罗什吗，独自和外婆、几本书以及花园里无数的草莓在一起？我还是喜欢拉罗什，甚至可能更喜欢了，在这个地方没有人可以回避他人，但却很开心可以回避一些我

248

---

[1] 可能是指埃克托尔·西菲尔，法学大学生，他在尼古拉·凯德洛夫指挥的营地乐团拉大提琴，同时也是罗贝尔·达埃尔的直接合作者之一。——原编者注

[2] 这个故事也见1942年7月27日日记，参见本书第101页。——译者注

们知道属于人为的生活需要。当我孤身一人，当宁静和疲惫的夜晚用咒语在所有人之间建立起无法逾越的距离时，我会想起你们。我的母亲啊，你在那张"我二十岁时留给你的照片"前给我写信，我每天祝福你，喉咙里带着悔恨，因为这种坚持，因为这种对最重要的东西的准确辨识，因为你在我二十岁的时候是那么爱我，那时你在我身边，目光里的关怀就好像眼前人要远行。而如今我是远行了，在我的过去与我之间隔了许多平原、海洋和高山，我把这一切都看得更明白，对那些细节我也看得更清楚；我现在没有书，但却能更好地阅读手边写下的文字，阅读一切构成边缘和沉默的东西。我很快就会回来的：你会认不出我身上的许多变化，我掉了的头发，一切我遗忘的、似乎构成文化或记忆的东西，以及一些幻想；但在我身边的你，会认出让我今晚给你写信的这种温柔，这是不需要解释的。

路易[1]

1942年9月2日在卡萨布兰卡收到的信。

249　（14）

1942年8月9日

这周没有收到你们的信。云很低，天气柔和，天地之间很

----

[1]　这封信的选段也发表在让·吉东自己的《战俘日记》里，首先是登在维希的周报《明天》上，然后被收入该书中（蒙田出版社，1943年），路易·阿尔都塞在得知这个举措时表示了反对，见第307页注释。——原编者注

近，雨水打在带刺的铁丝网和血红色的金鱼草——它们种在木屋周围——上，这就是八月的面孔。收到法国红十字会送的一个篮球和一些篮筐，这让我们可以有一些额外的消遣，也让我想起瑞士的夏天。这里的气氛和"贝城上的平地"①不一样，当我想到它时，觉得它简单、不复杂。瑞士对我而言绝对还是这样的国家：在那里留着金色短须的职员会在到站100公里前就向你索要火车票，那里的年轻人和老太太懂得如何成功地安排他们狭窄的土地和生活，不会慌张，不会折磨自己。你们从巴迪先生那里听到一些瑞士当前的消息吗？我还是一直没有收到他的任何信息。我倾向于相信之前能收到他的信只是一个幸运的错误。我还能向你们再要几本书吗？阿拉贡的《心碎》，焦诺的《奥德赛的诞生》，还有克洛岱尔的书:《缎面鞋》和《五大颂歌》，营地里完全没有，我觉得这是一种阴谋。我最近读了许多佩吉的作品，这里的一名狱友有"七星文库"版。妹妹怎么看他？我只知道人们对佩吉这个名字议论纷纷；比往常更熟悉他的作品。还是没有保罗会考的消息。我从克里斯滕那里了解到马蒂亚斯②在巴黎失败了。

路易

1942年9月5日在卡萨布兰卡收到的信。

---

① 关于贝城平地，见第151页注释。——原编者注

② 保罗·马蒂亚斯，路易·阿尔都塞在里昂预备班的同学。——原编者注

（15）

1942年8月16日

我收到从卡萨寄来的全部两张卡片和两封信。审查员请父亲写字更清楚一点。在你们一封信里有莫雷的文件；我不知道它会有什么结果，但我很惊讶你们竟然会被这样简单的一件事困扰了这么久，"勇敢，还是勇敢，永远要勇敢……等等"。就像某位生活在乱世的人所说，如果我没记错的话是丹东。很高兴有了伊苏瓦尔的消息。请替我感谢法瓦龙小姐[1]，她的奉献精神和她的忠诚令我感动。最近在战俘营有一些法国艺术家来访：他们向我们证实了补给的困难。收到保罗[2]寄来的他的全部期刊，他在《41年社会周》的一期上写了一篇关于热忱的精彩文章。一个月前还收到帕斯卡利[3]寄来的包裹（我给你们讲得完全杂乱无章），十五天前收到德里永[4]的包裹。我给他们每人都寄去了一张签条。请替我向他们致谢。前几天也给教父亨利寄了一张签条：关于米利亚纳[5]的记忆离我很远了，真可怕，但它们是童年的一部分。你们收到我寄去的有关莱斯屈尔医院[6]的资料吗？上面有抬头和戳印；抄了一些简单的食谱，比如杏仁塔；趁热吃。我要以此拥抱你们，希望你们也要有勇气

---

① 法瓦龙小姐，阿尔都塞在卡萨布兰卡的朋友。——原编者注

② 保罗·德·戈德马尔。——原编者注

③ 帕斯卡利夫妇，阿尔都塞一家在阿尔及尔的同事。若尔热特和路易·阿尔都塞是他们的独子雅克·热拉尔·帕斯卡利的教母和教父，后者在1937年夏天曾来到拉罗什。——原编者注

④ 德里永夫妇，见第237页注释。——原编者注

⑤ 位于阿尔及利亚东北的市镇，阿尔都塞童年曾在此度过。——译者注

⑥ 暗指伊苏瓦尔的莱斯屈尔博士，见第240页注释。——原编者注

和耐心。

　　路易

　　1942年9月22日在卡萨布兰卡收到的信。

（16）

1942年8月23日

　　［这封信笺几乎全文出现在1942年8月23日写给他妹妹的信中，见第269页。］

（17）

1942年8月27日

　　［同上，出现在1942年8月27日写给他妹妹的信中，见第271页。］

1942年8月29日　　　　　　　　　　　　　　　　252

　　我在战俘营已经有一年了，几乎是一年整。同样的树，同样不多的几条路，我已司空见惯；只要一点时间就可以养成一种习惯……也只要一点时间就可以摆脱它……即便有一天我出发去另一个地方，离开这里去一个新的战俘营，从使用针筒变成使用铁锹或其他农具，那个地方也不会有什么让我惊奇太久的；只需要时间去再养成一个新习惯，然后一切就顺其自然了。

这种习惯的力量可以解释许多事情，如果我以前尝过它的滋味，我会试着解释它：在这里我只满足于感受它。实际上我们最难抛弃的习惯，就是那些我们惯于见到的人，这是最人性的部分，其余的都不重要。因为几本图书馆新进的书，我开始深入关注当前殖民地政治的某些方面；也关注一些医学问题，还有就是这段时间读了很久《蒂博一家》，我还不知道它让我停留了那么久；真是一本杰作，像是以所有人的死亡为结局的三部曲，一切都发生在出生与死亡之间。要写这样的书是需要灵感的，我们可以想象，为了让这么多人出生和死亡，需要这个人付出整整一生。你们收到我的日程表了吗？每一次我换日程表，都会给你们寄去一张新的；这样你们就知道我每时每刻在做什么了。八天以来的第一个好天气，实属例外，甚至还有点暖和。想你们。

　　路易

　　1942年9月30日在卡萨布兰卡收到的信。

253　（18）

1942年9月6日

　　我在九月的第一个周日给你们写信，阳光、雨水和云都很多，刚结束了一场六队足球联赛，它在24小时内免去了战俘营里的一切痛苦和忧虑。六支球队在昨天下午和今天参赛；我们赢下了第一场比赛（8：1），对手是戛纳体育俱乐部克莱尔领导的球队，我们在半决赛上遭遇了比利时队（2：0），然后在决赛遭遇了一支强大的法国—比利时球队（2：1）。我踢中前场，第一场进了四球；第二场一球没进；最后一场进了一球。最后一场比赛的气氛非常动人，相对而言，让我想到世界杯的氛围。我们上半场1：0领先，之后错失了一个点球（不是我），两次射偏，打到门柱上（我）；下半场我们咬紧牙关，在中场展开漫长的拉锯，左翼被突破了几次，很长时间都不占上风；角球；结束前三分钟，在右边角球的助攻下，我射进了一记头球，那个跳跃让我自己都很惊讶，最后一次射门打在了门柱的左上角。我们有一名出色的比利时后卫，能赢下比赛主要靠了他。我会长久记住这场比赛的。在这样的状况和这么严峻的时局下，我给你们写这些，你们可能会感到惊讶，但我这么做，不只是因为这是我们今天的一次消遣，也是因为身体上的信心于我而言有宝贵的帮助，感到自己的大腿变得坚实我才不会不开心；生活从来没有像肉体上的紧张感消失时这样轻松。这种由身体本身对身体的解放，实际上是一种宝贵的财富，也是对精神自由的初次邀请。但你们不会因为我把一件简单的事写得这么复杂而发笑吧？拥抱你们。

254

　　路易

　　1942年10月6日在卡萨布兰卡收到的信。

（19）

1942年9月8日

　　通过日内瓦收到卡萨寄来的明信片，这些"家族照片"让我非常高兴。卡片上还有一条瑞士人写的评论，既感人又有趣，他说事关你们"远处的近人"①。还收到吉东先生的包裹，里面有两本小刊物。感谢这一切。这一次秋天终于到来，这个国家最长的季节。人们在谈论要为北非的战俘换一个战俘营，因为天气的缘故。有可能我也被包括在里面。等着瞧吧。看到谢尼埃街②原始森林花园的植被，很震惊。拥抱你们。从卡萨写的信不用走里昂。

　　路易

　　1942年10月22日在卡萨布兰卡收到的卡片。

255　1942年9月14日

　　收到你们两张卡片让我很激动，它们让我可以更详尽地了解你们的生活，了解这些前所未有的改变，这些改变让我可敬的母亲开始骑自行车出行，让我父亲不再自己打网球，而是看着别人打。你们的另一张卡片让我意识到我的狱友们在集体逃向你们的天空。秋天的生活，北方这些地区的秋天，在我看来实际上是最美的季节；太阳、风和云，带着一丝凉爽，这已经是临近霜雪天的预兆。要前往另一个为北非人准备的战俘营的风声已经得到证实。我不觉得有机会换换空气，改变一

---

　　①　原文为"proches lointains"，其中"proche"意为"邻近的""亲属或血缘关系近的""近亲"，"lointain"意为"远（处）的""远方"。——译者注
　　②　卡萨布兰卡的谢尼埃街2号曾是阿尔都塞一家的住所。——原编者注

下生活有什么不好。读了吉东先生的文章；我觉得，正如他父亲所说，比以往更有学理性了；我也觉得在战俘营里长居让我变得更有学理性了：实际上这是唯一可能让人接受在狭小的空间里过封闭生活的办法；我至今能与这种生活拉开距离，是因为我经常能接触到病人，接触到那些在工作队里生活的人，还因为我有自己在工作队度过的那段时间的记忆。最近读了范德尔·梅尔施的《神的印记》；很精彩的一本书，结实有力，写得很好。它得了龚古尔奖；我不想因为它得奖了才读它。拥抱你们。

路易

1942年10月22日在卡萨布兰卡收到的信。

1942年9月20日

父亲啊，我今天给你写信，就像之前给你们轮流写信一样，是为了更好地保留我对你们单独谈话时的感觉。我想象你正舒适地生活在这个古老又崭新的国家，富有水源和树木，回忆和希望。三天前我做了一小时三刻钟关于殖民帝国的讲座；我讲摩洛哥地区的时候很轻松，因为你们，我好像也在那里生活过一阵子；你知道摩洛哥当年养殖鸵鸟的尝试吗，当时许多欧洲国家都在使用鸵鸟的羽毛？我讲这个是为了记录它的失败：鸵鸟政治养不活人。我对过去大加发挥，超过现在；但也不能对最近的事件保持沉默。你能理解我的忧虑吗？我担心我们的非洲殖民地过于美好了，不得不脆弱地面对现在和将来的垂涎。

总之，无论发生了什么，现在做得还是［不错的］。殖民活动伴随1870—1871年而来，它也伴随40年战争而来，它是一种避难所；是一种在欧洲大陆以外找到活着的理由的办法。你怎么想？我只担心这种活动——它在自己为自己辩护——会被战争及其后果在某种意义上强加的严重事件打断。我收到了你们的包裹，让我非常开心。摩洛哥的补给情况怎么样？有没有变好一点？你完全可以放心地告诉我真相。征用劳力的法律①具有重大意义；那边的人怎么看它？它会在你们地区实行吗？正值秋季，每天下雨，下雨……拥抱你。

路易

1942年10月24日在卡萨布兰卡收到的信。

257　（20）

1943年11月25日

迟迟收不到你们的消息，但我没有感到焦虑，而且照样非常想你们，无论发生了什么。冬天来了，对我们来说，不一样的冬天：透过窗户我可以看到这里下雨又刮风。我最近读了拉米的《亚当和夏娃》，无比愉悦。除了一些明显的人为感——刻意地、过于刻意地拆解时代和风尚——这本书真是单纯又深刻！很长时间以来都担心这种单纯会变成简单化。拉米的简单的一页就给我提供了相反的证据。要慢慢读。它是慢慢写成的，

---

①　指"义务劳动服务法"，参见本书第310、316页正文和译者注。——译者注

这个人有的是时间。他把自己整本书放在面前。读，就像写，在灵魂的最大休息中。这种和平在书里比在世界上保持得更完整。你们读一读《疾病的治愈》——也是拉米的——吧，它的第一部分永远会让我惊讶（结尾稍差一点），由此你们可以想见我的状态了，尽管我们之间隔着这片该死的空间……有好多事好多事要说。

还是要全心全意祝你们圣诞快乐。

路易

1944年2月14日在卡萨布兰卡收到的信。

[1943年] 12月11日

最近收到你们10月29日令人愉快的信。多亏你们对我讲了那么多细节，我才可以想象你们的生活。可惜卡萨布兰卡没有圣尼济耶一样的图书馆。一些书的价格，一些送到营地的书的价格很贵。（我们很快就把有趣的书传阅了一遍。）一本书在这里有点像一道瀑布。尤其是在已经到来的冬天，昼短夜长。跟我讲讲卡萨的冬天是什么样子的，让我也遐想一下。我这里的一个朋友在蜗牛冬眠的洞穴深处和洋葱的表皮上提前测量了温度，如果相信他的话，这个冬天应该是暖和的。当我有了难得的闲暇，我会搞一点哲学（对它的兴趣终于在我身上复活了），读一点书（值得一读的书很少）。不再学习语言了，这是我的精神更自由的信号，因为它不再是语言学机制的俘虏，这种语言学机制，以前我是为了让自己散心才强迫自己学的。总之，

258

身体和精神都很好，可以迎接新时光了。全心全意地拥抱你们。

路易

1944年2月18日在卡萨布兰卡收到的信。

1944年1月1日

新年首先想到的就是你们，或者说我只想你们，因为今天没有什么重要的事情结束，也没有什么重要的事情开始。它只不过是人们为了方便而在时间中做出的一种划分，不过这次它将为我们的期待画上一个句号。刮风下雨，泥泞，这里就是这样欢迎今年的第一天的。简单的一天，对于北方的高地而言，这个冬天温和得令人奇怪，或许是因为周边的两片海它才这么柔和。两个非常寒冷的冬天，两个温和的冬天。所以一切都可能是弥补和交换的问题。我应该对你们说过，保罗①通过了哲学会考，正在公园高中教书，被转运到了克鲁瓦-鲁斯②边上又简陋又阴暗的房间。乌尔一直在岗位上。吉东③还在战俘营里，因为想得过多而生了病。高师几乎没有生命的迹象。它还存在着，但四分五裂，显然经受着严酷时代的破坏。我毫不担心以后要做什么。万物有时，等我回去后顺其自然就行了。我能挺

---

① 保罗·德·戈德马尔。——原编者注
② Croix-Rousse，也直译为"红十字（山）"，里昂的一座山丘，也是位于该山丘的一个区的名字。——译者注
③ 让·吉东。——原编者注

过各方面的打击，对未来并不感到害怕。

路易

1944年3月1日在卡萨布兰卡收到的信。

1944年1月18日

亲爱的各位。收到的信断断续续，可能有些寄丢了，已经有些时日没有你们的消息。希望至少我的信能寄到你们那里，你们不用像我一样抱怨邮递的延误。我不担心你们的生活，很久以前就学会凭着信心生活了。即便有一天传递方面的困难使我们的通信延误得更严重，我也不会更惶惑不安，更丧失信心。这更是因为我确定你们都有坚定的耐心和信仰。

今天有点冷，明天会下雨，操场又变得泥泞起来，风刮在平原上，这就是这个冬天的面孔。但我们已不再关心天气。真的，以致我们最终习惯了一切。如果只是天空的颜色，或风，或早早光秃的树，对我们来说全都无妨。 260

在这里交到了好朋友，这是这里生活中最好的一面。我精神很好，也有一部分是出于这个原因。这是对四年来这些事件强加于我的该死的共同生活的补偿。晚上会围绕一座庞大的建筑散步很久，它是营地里最主要的设施。可以猜测到，在这些漫步的军大衣之间，人们建立起了精神联系，彼此交谈，每个人都拿出友谊做简单的交换，尽管是在夜里，大家几乎看不清彼此，也不太认识对方。有时天空万里无云，几百双眼睛望向潮湿的星星：因为营地图书馆到了一本关于星座的书（那一周的重要事件之一），每个人都在天空下因为这一年轻的科学而感到惊奇。当时有些人比其他人更早地读了这本书；他们被人群围在当中，谈论着。他们在举目望天的时候也把手指举了起来。其他人只是抬起双眼（因为冷）。但他们张大着嘴巴（因为下巴的重量）。谁要是从他们身边经过，肯定会感到胆战心惊，就像从动物园经过，驯兽师喊着野兽的名字，五分钟后就被这些野兽生吞了。

这是我们生活中的最后一起事件。不过还是留下了一个问题，至今没有解答。那颗在人们睡下的时候在F号木棚上升起的星星，到底是毕宿五、公牛的眼睛还是一颗行星？我们忙着解开这个谜题，我希望在下一封信里会有答案⋯⋯

我还是停笔吧。我状态很好。全心地拥抱你们。

路易

1944年2月25日在卡萨布兰卡收到的信。

261 （21）

1944年2月4日

终于收到了期待已久的信，1月10日寄出的，给我带来了你们的消息，真高兴。在这简单的一页纸上，我全心地感受到了你们要向我传达的三重祝愿。像是在俯视大地、统治着线条的坚定笔迹是父亲的。纸上字如其人一般活泼的斜体笔迹是母亲的。妹妹的则是充斥行间密密麻麻的字母，就好像年轻［ ］上的青草，每一片叶子上都散发出春日的思绪。谢谢你们对我有信心，还有你们的思念、你们的感情，谢谢你们在想念我的时候享有的平静，这些对我来说比一切都珍贵。一直想知道雅克①的消息，我没给他写信，因为没有信纸了，也是因为害怕从这么远的地方对他讲一些他可能什么也不懂的事情——因为我很难想象十四岁的孩子会是什么样子（我已经有一段时间没有见到过孩子了！）。我将来总有机会再见到他，再对他讲讲这些他恐怕以后永远也不需要了解的小事情。他能在学业上获得引人注目的成功，真为他父母——也为他自己——感到高兴。

　　乌尔不无激动地再一次向你们传达他最衷心的问候（很高兴看到你们能这样彼此理解和熟识）。感谢一切关于里昂那边的细节。我有多少朋友啊！马蒂亚斯在哪里呢？从他儿子的名字我就能完全认出他：他肯定是咬紧了烟斗狠狠地吹了一口气来给他命名的：吉勒！

　　拥抱你们。

　　路易

1944年4月27日在卡萨布兰卡收到的信。

1944年2月20日

　　昔日的文字游戏今何在（不是关于雪的，我正在用……）？我不无感伤地想着家里讲的黑话，它们总能刺激我们的大脑。有一天我想写一本小说，题目是：一个寻找文字游戏的人的故事。

---

① 雅克·德里永。——原编者注

我决定回家后就动笔。我突然想起来，季洛杜死了。就是死了，你们可能已经知道；很简单，死于一个普通人可能为之丧命的疾病。不是在书的结尾作为主角死去。他曾小心翼翼地在他的作品和自己之间拉开一定的距离，这样他就可以躲起来——躲在他的身体里——哪怕其他的东西都要暴露给大家看。也很难想象他已经那么老。我很惊讶地得知他在死前几天已经六十二岁了。我曾想他的年纪和埃尔佩诺尔一样呢。青春是他分享他的书的命运的方式。而且当我认为他很年轻时，我没注意到在记忆深处有这样一幅画面，某位年迈的高师职工在讲"季洛杜先生的时代"，就好像在讲创世的时代。我突然想到季洛杜死了，这不是没有理由的，因为从今往后再没有新的文字游戏可以带上他的名字了，尽管在他之后也会有许多人去寻找如果他活着也一定会造出来的文字游戏，为的是替他去把它造出来。名气是这样一种财富，一个人不需要把它记入自己的遗产。现在我的时间稍微多了一点。我读遍了营地里的哲学书。在这方面还没忘光。无论如何，我还是一如既往地坚决相信，一切会好起来的。拥抱你们。

　　路易

　　1944年4月27日在卡萨布兰卡收到的信。

1944年3月5日

　　亲爱的各位。尽管通信时有时无，我还是平静地等待着你们的来信。外婆的好消息，她住在拉罗什，忙着在那里看管她的蜂箱（在香瑟琳和韦勒森林里有一处）。布洛涅一家在巴黎，过得不错。玛德莱娜在继续学业，攻读学士学位（我想）。凯斯唐贝尔的帕布瓦小姐[①]，也总是那么可爱，尽管病了有段时日，还是给我写了许多迷人的卡片，并且坚持要给我寄包裹，我没法一直拒绝——它们棒极了！巴迪先生从弗里堡给我写了信，不是重复他的教学内容，而是一些暖心的话，而且肯定把我的名字给了当地一家为大学生设的互助慈善机构，后者会每个季度都给我寄一捆书：《瘸腿恶魔年鉴》《墨水瓶回忆录》《山上的风暴》《滑雪指南》《死前一刻钟他还活着》（侦探小说）。"我知道什么"[②]：装在一个栗色的方形纸箱子里，在一些标题下，是对整个智慧的总结，对我而言每一次都是快乐和新的惊喜。

264

　　保罗给我寄了拉丁文的书，一些哲学书，还有一些朋友也给我寄了书。闲暇时我可以很惬意地慢慢读。刚刚读完里尔克的《布里格手记》，稀奇的书，很有力，要慢慢探索，就像探索一个没有边界和海关的国家……一个与我们熟悉的世界没有共同边界的世界。重读了季洛杜的《安菲特律翁三十八世》，还是那么开心。在中断了很长时间（两年！）后，我又开始学波兰语，尽管有重重困难，希望还是能有足够的进步。我想到能讲多种语言的家庭，等我回来以后，我们家就是这样的，还想到我们在同一张桌子上用各种语言交谈。全心地拥抱你们。

　　路易

　　1944年4月27日在卡萨布兰卡收到的信。

---

①　路易·阿尔都塞1940年5—6月逗留瓦讷时认识了帕布瓦小姐。——原编者注

②　"Que sais-je"，法国大学出版社自1941年起陆续出版的一套通识丛书。——译者注

265　　　　　　　　　　# 写给妹妹的信①

（1）

1941年12月28日　　　　　　　　　　　［手写的信］

　　我的妹妹。今早我几乎只给你一人——既然家庭圈子在缩小——倾诉这场最后的新雪，散布全球的阿尔都塞一家，凭着共同的记忆、思念和希望，破天荒第一次把几座相隔数千公里、至今不知道彼此存在的城市和村庄联合在了一起。这间战俘营同我去年一月居住的那个战俘营奇怪地相似，只不过这里覆盖着的雪要更脏也更厚，为了在木棚里拥挤嘈杂的人群中，让那架已经六个月没有动静而此刻正在演奏的手风琴知道，我出生在阿尔及利亚，但不是阿拉伯人。这片地区还算舒适，"多山的"，就像这里的居民用他们的语言所说的，我们甚至有时会以为这里是法国，看到那些矮小的房屋，蜷缩在地上，就像躺

266　下睡觉的动物。昨天下午我们出去"散步"——对法国战俘来说，如今它成了合乎规定的；街上人很少，雪已经堆到橱窗一样高，简朴的窗户敞开着，迎接狂风与寒冷赠送的宝物，所有

---

　　① 除第1号和第2号信是寄往里昂的，其他的信都是寄往卡萨布兰卡的。——原编者注

升升降降的街道，都是送给男孩们的活动场地。所有男孩都在户外！你知道，这是我们主要的消遣。一直待在战俘营里，一直在医务室工作。只要我还不知道爸爸①的地址，就会一直给你写信。告诉我他们的新消息，是否真的像我猜的那样：他们已经离开了。我在想象着你，妹妹啊，想象你在做得心应手的工作，想象你的动作，你对小孩子的爱，他们等你很久了。你在一个沉重的时代找到了自己的道路，而这个世界还在为找到自己的道路挣扎，并在黑夜里为此打起来。你一定要演奏《悼念公主的孔雀舞曲》，为了在被爱和养育小孩所必需的耐心等待中劳逸结合，让你的生活真正平衡起来，尽管简单，却像音乐一样丰富。我虔诚地特别在这件事上为你祝愿着，妹妹啊，特别是在这个圣诞日，这一天一切的盼望都是允许的。

　　路易

（2）

1942年3月29日　　　　　　　　　　　[**手写的信**]

　　我的妹妹，这封给你的信是匆匆写成的，尽管我本想慢慢写。但时间紧迫，邮递员就要走了。这个国家的季节与这里的人相反：温和；我很容易说服自己相信这一点，因为春天的阳光并不强劲有力，"冰霜遗憾地交出了它最后的钻石"，艰难到来的冬天，正在艰难地离开。我任由自己为你的惊讶，也为这

267

---

　　① 爸爸，他父亲夏尔·阿尔都塞。实际上，阿尔都塞一家这时候还未离开里昂前往卡萨布兰卡。——原编者注

场突如其来的雨，感到惊讶。这种雨你在书里读到过，但没有在撑开的伞布上感受过。别凭口头上说的话就相信我：自从做战俘以来，我变得非常唯物主义，任由自己被腹部，或小腹以下的部分，也就是柏拉图指定为ἐπιθυμία[①]的居所，引导着。我在医务室要干很多活儿，负责领导法国人和比利时人的勤务；我手下有五名护士，还要负责最棘手的看护，但不幸的是，我没有多少时间专门用于学习生理学和医学。我们这里有一个双重功能的化验室（取样科和分析科）。这个国家的方法比我们那里更注重化验室的工作，尤其注重血液的分析和反应。我们这里经常使用"Blutsenkung"[②]，战前的波兰就已经在使用了，但在法国几乎没有：字面意思就是血液沉降，基于血清和血浆的分解速度。效果显著。我不了解这一方法的理论基础，只会它的常规应用。你能为我查查吗？跟我讲讲你的工作，你的计划。拥抱你。

路易

1942年5月4日在卡萨布兰卡收到的信。

268　（3）

1942年6月20日　　　　　　　　　　　　[手写的信]

我可敬的妹妹在做什么呢？这里的六月又潮又冷，山楂树

---

① 希腊文，意为"欲求"。——译者注
② 德文，意为"红沉降"，指红细胞在一定条件下沉降的速度。——译者注

只长叶子不开花；无视大地有云、雨、植物和鲜花的真实习惯，也无视战俘的今天和他们的过去、他们的人生和他们的记忆之间的联系。我比以往更想你的在场了，我的妹妹啊，因为它给我带来的坚固性，是沙子、过于脆弱的树枝、过于苍白的天空和人们过于复杂的目光所缺乏的；它给人们手中的一切赋予某种程度的成熟与重力，也就是赋予现实性。我想到从前，有一段时间，尽管和你分开了，我还是在同样的背景下，在同样的一整套习惯下，为你写了一份关于幻觉的对话。那时我要向白昼、群山以及树木、城市和友情的经济学给人强加的一切进行报复，因为人受到限制，被阳光，五层楼的房屋，与朋友的谈话，已获得的知识包围着。今后我不会再写这些了，因为我不必再向现实进行报复。正是出于这个原因，安娜[①]抛弃了我，或者我抛弃了她。我们打破了这种双向的、挽救了我们的谈话的平衡。过去，在我们的关系中，我的存在理由，就是做真实的；你的存在理由，就是不做真实的。因为如今我已经跨过了国家的边境——在这里普鲁斯特本人也会失去知觉，因为在山楂树上找不着花——在一片未知土地的关口前，她只不过多走了一步，就消失在我的视线里。这是她独特的死亡方式。拥抱你。

路易[②]

269

1942年7月21日在卡萨布兰卡收到的信。

---

①　关于安娜，见第42页的注释和我们的前言。——原编者注
②　这封信部分重新收录在《致友人信笺》第7号，第241页。——原编者注

（4）

1942年8月23日　　　　　　　　　　　　　　　　［**手写的信**］

　　特别可敬的妹妹，忙于俗务的妹妹，你在摩洛哥的岸边等
到了这封从德国北部寄来的日程表，它是以滴管的精确性或会
计的灵魂写成的。六点半起床，周日可以等到八点。七点至七
点半在营地的广场上"点名"（大集合）：确认人员。七点半至
八点，你的哥哥起床，吃饭，整理床铺；八点到十二点，在医
务室工作（我忘了说：晨间早餐永远是红十字会的饼干，蘸着
厨房送来的名字各异的汤剂，加上包裹里寄来的糖和巧克力）。
我是"护士长"，管理六间房的十六到二十四名病人，六名护
士；早上除了一些卧床的病人，医生还要检查从营地或工作队
来问诊的人，一般有五十多个。问诊过程中，我要帮助医生
（八点半到十点或十一点，看情况）给非常多的人量血压（很
多心脏病），测身高体重，等等；医务室最有特点的景象就是
早上的这间问诊室：它同时是接待室、门诊室、档案室、包扎
室、药房、注射厅、通讯站、咨询处、到达室和出发室；这一
切都局限在十二平米内!! 剩下的时间我一直充当德国和法国护
士、医生以及其他人员的翻译。我陪医生去查房。十二点，原
则上（事实上从未在十二点半以前，经常是一点至一点半）我
回到木棚吃饭；营地的汤加上土豆；多亏红十字会寄来的东西
和大家的包裹，我们把一切都调制成法国风味。两点到六点的
安排和早上一样；我首先要在医务室和营地给人打针（每天
30、40、50针，看情况），有时这份工作我会让我教过的其他
人代劳。六点，还是原则上! 常常是六点以后，更常见的是要
在工作时间以外被打扰，晚上也一样。六点至六点半，第二次

点名；吃完有待烹饪或调味的餐饭（营地的奶汤加面包加一些油脂或果酱）（至八点）后，八点到九点半运动或阅读，然后上床!

下一次继续!

路易①

1942年9月28日在卡萨布兰卡收到的信。

（5）

1942年8月27日　　　　　　　[手写的卡片]　271

（接着上一封日程表的信）……周日下午在战俘营搞体育活动，足球、篮球、排球，场地很窄，但总比没有好。法国对比利时、法国对塞尔维亚、法国对波兰的比赛；打了几场"非常精彩的……"比赛（这是写给父亲的），尤其是进球了……"这个赛季最美的进球"，从左边路飞射到克莱尔的中场。戏剧和音乐同样也是营地里消遣的一部分。乌尔先生调侃了我的"医学志向"（没有早和他说）。晚上根据时间，多少读一点书。最近读了《蒂博一家》，我向你强烈推荐。这些大河小说里都有好多医生啊！参见《帕基耶一家》②。拥抱你们。

路易③

---

① 这封信重新收录在《致友人信笺》第16号，第251页。——原编者注
② 参见本书第105页正文和注释。——译者注
③ 这封信重新收录在《致友人信笺》第17号，第251页。——原编者注

（6）

1943年5月21日　　　　　　　　　　　　[**手写的卡片**]

　　我的妹妹，我有规律地收到你们的信。到我手上要一个
月。你不继续做护士了①？希望你有什么计划能随时让我知道。
我还知道你在上裁缝课，妹妹啊，你有没有见到我们以前谈到
过的那个巧克力商？保罗②来了消息，他正在参加会考。外婆，

272　叔叔，玛德［莱娜］③和教母都很好。没有高师的消息，没有什
么改变。不要跟我讲安娜。但我会很高兴再见到这个小姑娘的。
想到她的时候无法不心痛。所以，妹妹啊，不要对我讲她。我
的心和你们在一起。

　　路易

　　1943年7月17日在卡萨布兰卡收到的卡片。

（7）

1943年8月28日　　　　　　　　　　　　[**用打字机写的信**]

　　你7月9日的信，也让我等了三个月。此后又收到你们其他
的信。构成我们当前生活的这条如此脆弱的小小纽带，现在终
于又拉紧了。感动地看到你这样活跃、这样紧张，在这样艰难

----

　　①　若尔热特·阿尔都塞在看护被严重烧伤的人时受到长久的惊吓，以致中断了护士职
业。（参见《阿尔都塞传》，第一卷，第223—224页）。——原编者注

　　②　保罗·德·戈德马尔。——原编者注

　　③　玛德莱娜，路易·阿尔都塞姨妈朱丽叶（"教母"）和姨父安德烈·布洛涅的女
儿。——原编者注

的时局下，练习着这首《悼念公主［的孔雀舞曲］》，每一次听到它我都特别开心。我又想到了马蒂亚斯，我完全没有他的消息了，有一天我会去看看他的，去他家，就在吉约蒂埃桥[①]的另一边。他能很好地演奏这支曲子；我耳朵里还隐约留着那些华丽反复的曲线，那些王室的天鹅绒，还有那些影子。还有德彪西。还有其他。你选择了最好的一部分。我衷心希望你——哪怕这么远，我也不知道我是否回应了你当下的思绪——坚持自己的选择，从音乐中找到所有它能给予你的，描画出所有它永远为自己保留的。然后变得比它更自由。

　　你知道拉米吗？读一读他吧，如果你愿意的话，读《疾病的治愈》，读一切你能找到的他的书。不仅是为了恢复活力，为了被黎明的重量压平的湖泊与湖堤，而是为了有关一切的内心教诲。这本书在一个醉酒的人身上打开和延续，这个人的攀爬，这个像世界一样旋转的阶梯，这个转向内心的人，就像在自身之中转动着……

　　接着读——如果你还有时间和闲暇的话——读一种完全不同的类型，既然刚讲过了拉米，我有些犹豫要不要讲下面这位，但还是要读保罗-路易·库里耶在法国和意大利写的信。稀奇的人，他的生命是一场悲剧，结束的时候比出生的时候更贫穷。猎场的看守人开一枪，诡计和温柔就都倒地了。这个人的人生是一堂奇怪的课，他懂得希腊语，以至于忘了身处帝国；可他还是士兵；战争及其一切后果都发生在他身上，但没有留下一丝痕迹。甚至没有妨碍他写出这些精致的信留给我们。

---

　　① 位于里昂。——原编者注

273

　　至于日常生活，我要对你们说，我过得很好，很忙，就像你们不费力就能猜到的那样。我没有收到你们所说的包裹，而且我没听说其他跟我情况相仿的人收到了家里的包裹。所以大家都这样。另外我在这里别无所需，因为有许多新老朋友要从法国四面八方给我寄包裹，有些已经寄来了。包括外婆，她这会儿应该在拉罗什和布洛涅一家在一起。包括保罗[1]，他应该又参加了一次会考（还不知道他有没有通过）。目前没有他的任何消息。转达我对博埃里[2]的友情，我想再见到他，就像其他许多人一样。还有对奥利芙夫人[3]的友情，我想听她笑，因为她很会笑，在从前我刚认识她的时候……"在桥下"，还有奥利芙特，希望她还留着她那只漂亮的小提琴。

　　告诉妈妈，像她一样，我的打字技术进步很快。这样我甚至能写得更好……

　　拥抱你们。

　　路易

　　1943 年 10 月 26 日在卡萨布兰卡收到的信。

（8）

[1944 年 3 月 12 日]　　　　　　　　　　[用打字机写的信]

　　一封给你的信，我可敬的妹妹，在三月十二日的两场阵雨

---

[1]　保罗·德·戈德马尔。——原编者注
[2]　J.博埃里，路易·阿尔都塞在里昂预备班的同学，当时在摩洛哥教书。——原编者注
[3]　阿尔都塞家 1932 年至 1936 年住在马赛时的朋友。——原编者注

之间。天空义无反顾地从浅灰变成了深灰，把平日的天空和主日的天空区分开来。那些树木将它们坚韧的爪子放在天空，就像放在一页空白的纸上，那些房屋和在一小片土地上移动的影子，处心积虑地不彼此抵触，也不彼此混淆，深灰经过一天时间又变成了浅灰。周日，每一件东西都多少是颠倒的。太阳出来的时候，让人几乎难以看见东西。人们打手势告诉它，它扰乱了人们的视线，让布告牌上的字迹变得苍白。它有这个习惯，并且知道应该做什么：它尽可能地让自己不被人注意到。我的妹妹啊，你被关在我的思念里，就好像那里是一座岛，我知道它在地图上，被阳光浸没，周边都是海，大西洋保护着它、浸洗着它，还有全部这些静止在一圈水面上的小船，装载着思想和生活，然而还是前进着，从它旁边经过却对它视而不见，把这封信带到你那里，从许多的雨水和霜雪中救出它，让它静静地躺在了你的指间，在南方的温暖中。

　　还有另一座岛，你在那里直立着，双脚站在环谢尼埃的街道的两边，就像站在一首诗的两边，诗里充满了沙沙声，来自爱琴海小船船身下的不同的海浪，也来自风。伫立在岛上的少女，以及，在目光所及的远方，咄咄逼人的海水，就像一首诗无数平行的诗行，前来死在海滩上。

　　从前，安娜在细沙上奔跑，沿着海岸前进，她经过每一处新港口都要在我的信上加一张邮票。因此我收到这些信时，就好像这些信封在药剂师那里待过一阵子，沾满了铜、赭石、碘色、朱砂、靛蓝和赤红。她难以区分地理书和水彩画，我从未能说服她相信地图和一张用铅笔和色彩棒在绘画纸上作的画不一样。唉，她不再给我写信了，或者邮递员变得比从前更没责

275

276 任心了，不再把遮住我名字的邮票揭开。我不知道。但我会在战后找到她的，去世界上一切有海岸、港口和邮票的地方找她。

你呢，你一直给我写信。我也一直知道你在哪里，妹妹啊，在属于你的静止的岛上，在此生的思绪中。你不会因为任何事惊讶，甚至不会为了你可笑的哥哥的有点可笑的想法而惊讶。因为你知道他过得很好，而像他今天这样偶尔发作的这种温柔的疯狂，只是一颗不在天上却在他心里的太阳。

可敬的妹妹，替我拥抱我的父母，因为我爱他们；你多爱他们，我就有多爱他们。Vale et me ama①.

路易

1944年5月7日在卡萨布兰卡收到的信。

（9）

1944年4月8日　　　　　　　　　[用打字机写的信]

给你，我的妹妹，这四月的第二张信纸，洁白得如同这片大地上的初阳，还有这些分散的爪迹，是我的思考的影子。你啊，我想把你囚禁在我的记忆中，而且是对来自你那远方小岛的少数画面的记忆中，你变成什么样子了呢？"那时我才发觉，关于一个女人，人们什么都不能说；我注意到，当人们谈论她时，在多大程度上是在围绕着她留下空白，他们命名着、描述

---

① "照顾好自己，要爱我"。——原编者注

拉丁文，意思如原编者注。——译者注

着其他东西，环境、地点、物品，直到某个地方，一切都停住，轻轻地、因此也可以说是小心翼翼地停在围绕她的那条从未被画下的淡淡轮廓上。"①当我读到里尔克的这些话时，我想到的是你，我的妹妹。而如果说我还能看见那些远离我们的土地，那些你在成长而我却不知道的新的春天，还有这整个未知之物，在这个世界上，它就像一条黑夜里的航船，意识到模糊晦暗的距离，我却很难画出理想的线条……在熟知的你的身上，现在添加了一些新的画面，它们只对我是画面，对你或许是些简单的记忆……布里夫②就是这样，我知道，你在那里发现了三层的屋顶、许多蔬菜和一些瘸腿的哲学家，我想象着，在那里，你发现了主人给醉取名为酒，你给柏拉图取名为词的暧昧；你的朋友们就这样，一个接一个地脱离了你们青春的合唱团，出发经过青草地，走向那个在榆树下等待的年轻男人。（而你的哥哥因这些还算过得去的女孩感到如释重负，你看到他，他又站了起来，就像一根每颗果实都砸向他的轻盈的树枝！）这段旅途就是这样，它没有故事，城市的名字，这条街道的名字。而现在，在被墙保存得更加清新的阴影里，在静物和饱含思想却默不作声的书的沉默中，一位少女，把手指放在光彩夺目的异色格子上，于是一位已逝的公主又降生了，穿着鲜红的裙子，天鹅绒的，沉重的裙子，像孔雀一样神气活现③……我就像个面

277

---

① 译文根据阿尔都塞抄录的法文译出。另参见《注疏版布里格手记》，陈早译，前引，第181页。——译者注

② 布里夫拉加亚尔德，"怪战"期间，若尔热特·阿尔都塞曾在这里过了一年寄宿生活，并经历了第一次抑郁。——原编者注

③ 参见本书第158页译者注。——译者注

对一堆旧纸的人，裁剪、拼接，几滴墨水染在几张纸上，这就是过去给他留下的全部。然而，在字里行间，就像在页白的注释间，他听到失落的音乐从深处升起。音乐来自阴影，阴影中很难分辨房屋、树木以及由一些动作引起的小旋涡——它一晃而过，提示着有人存在。然而音乐升起，装满了他的心，他心中的世界①回应着——把幽深的森林托付给了风！那时土地的细节还是真细节，晦暗的天空中的符号，孩童的愉悦与恐惧。我的妹妹啊，那时我还能够在那些画面前闭上双眼，为的是不听你的声音，而只听这个音乐，从今以后它是我唯一的沉默②！

拥抱我们的父母，因为我们爱他们。

Vale et me ama③.

路易

（10）

1944年7月23日　　　　　　　　　　**[用打字机写的信]**

我可敬的妹妹，很高兴你的信总是按时到来，从不让我白等。最后两封信是6月6日的（来自父亲和你）。我想象你在那座水边的漂亮别墅里一定很忙，就像一个希腊的女英雄，被一

---

① "世界"原文为"monde"，但在第159页该信摘录版中，此处为"nombre（数）"。——译者注

② 这封信中有很大一部分被路易·阿尔都塞抄在了1944年4月10日的《战俘日记》上，见第156页。——原编者注

③ 拉丁文，意为"照顾好自己，要爱我"。——译者注

支泪汪汪的吵闹着的娃娃合唱团围住[1]。在这个炎热的时节，花园里能长些什么呢？我想知道细节。无论如何，我预先就知道合唱团的成员对他们可爱的领唱没有什么可抱怨，并且他们在任何情况下都会用这样一种语言歌唱，让你很快就知道如何去安抚他们的悲伤。缺少一个漂亮的小娃娃，哪怕对于像我这样一个还没有自己小孩的第三者而言，也必定是这种该死的生活的痛苦之一。不为了别的什么，只是因为观看和欣赏这种发出尖叫的、摇来摆去的、缠人的活物，是最令人舒心的事情之一。最后这一切都会回来的，只要等待它的回归，而不是它的回合。然而时光流逝，我有时会自问，可敬的妹妹，如果你愿意我对你说句知心话，我们俩中谁会先怀抱我们这个显赫血脉的第一位后裔？哪怕你不是我妹妹，而是完全自由的、无须作答的人，我当然也愿意对你提出同样的问题。我知道，当"巧克力商"向你走来，就像未知的海上的一艘帆船，你的哥哥不会是最后一个知道，而是第一位以手足之情为你开心的人。至今你从未对我说起过这一类事，这就像人们在海军或政府部门里说"没有什么要报告的"。好吧！但如果（尽管我确切知道你从未想过在25岁前结婚），如果你作了决定，我准备好了从你那里收到第一份庄重的通报……这是兄妹之间应有的信任，并且我确信，如果有一天你做出了选择，你的选择一定是与你相配的。我在离你遥远的地方，对你就像在身边一样完全信任。是的，如果情况允许我在你身边，我会高兴的，但如果你不得不在我

---

　　[1]　若尔热特·阿尔都塞自1939年起就想做一名保幼员，并且为取得文凭学习了护理学。在停止护士工作后，她开始照看孩子。——原编者注

不在场的时候做决定，请不要有丝毫的犹豫。还有就是，如果我确实了解你的感受，你是会等待上帝为你预备的那位，会有耐心的。所以一切都是为了最好的，你的哥哥呢，很遗憾没办法当面跟你讲，只能给你写信，并且全心全意地祈求上帝看顾你。这几天收到外婆一封极好的信，信里也有对你们的温情。她对我讲了青草和蜜蜂。她的笔迹还是一如既往的坚定。我钦佩她的镇静和勇气。邦迪①没有消息。保罗②的好消息，他住在里昂，还有马尼③的好消息，她和女儿住在吕内④，他们全家都有好消息。乌尔"老爹"对我总是关怀备至。我对他也是同样。他每天要骑车十五公里去公园⑤。他对我说待会儿见。我对自己的自由时间重新做了一点安排。每个方面都状态良好，精神极佳。全心地拥抱你们三个⑥。

路易

---

① 教母朱丽叶和她的"嵌甲"（路易·阿尔都塞是这么称呼他的）安德烈·布洛涅的住所。——原编者注

② 保罗·德·戈德马尔。——原编者注

③ 马尼·德·戈德马尔。——原编者注

④ 住在乡下一座名叫"朴树林"的宅子，宅子属于保罗·德·戈德马尔的父母，位于普罗旺斯地区艾克斯的马卢埃斯区。——原编者注

⑤ 约瑟夫·乌尔执教的里昂公园高中。——原编者注

⑥ 在路易·阿尔都塞提到并在第三本笔记本中重新发现的仅有的六张通信卡中，有一封她妹妹的信，日期为1944年12月7日，回复了7月23日的这封信："亲爱的哥哥，这些天只收到你7月23日的信，满是知心话。感谢上帝，还没有'巧克力商'的影子。总是对男性有强烈的排斥感（除了父亲和你），况且这里也没有男性：所有男人都在前线。让我们靠工作和希望生活吧。极好的长信，外婆，教母，帕斯卡利。我们缺少你的消息。但首要的是希望。待会儿见；尽我们所能地拥抱你。若尔热。"——原编者注

（12）①

1944年8月12日　　　　　　　　　[用打字机写的信]

　　我可敬的妹妹，长长的两周没有你的消息。这两周很长，因为一直在等待事件和信件，但是并不焦虑，因为我不为你们感到害怕，在到达终点以前我们必须穿过这片沉默的沙漠。没有邦迪和拉罗什的消息，根据最近的信息，那里一切都很平静。我只能想象你，用纯粹的句子，我的妹妹啊，想象你有时被无数吵闹的娃娃们包围着，有时你脱离了他们，几乎静止地站在沉默的涨潮中，在那里气息上升，就像熟睡的大海的幽深的沉默，在海滩上发出微弱的呼吸。大海！啊！如果我懂得它，我就只对你讲大海，它把我们分离又将我们联合，你的大海的水滴直达我纷乱的思绪，我的大海——暂时是我的大海——的水潮在沉默中发出轻轻的声响，就像是哥哥在门槛前敲着你的门。但时局太艰难了，最后的几步太费力了，太多的人生被上帝的手悬置了，声音无法在新的大颂歌中颂扬精神和水的绝望之爱。这一点点声音消失在战争的声音里，而且几句话能说什么呢，那么多人都死去了，纸片上这些小小的尸体又能说什么呢？我的妹妹，不要说话，直到枪声过去，直到和平，直到雨静静地落在牧场、道路、树叶和人们的背上。我在闲暇时间会学一点语言；不再是波兰语，我目前放弃了它。我希望还可以保持和安娜的交谈。收到了比代通过高师寄来的几篇柏拉图的杰出文本（附有译文）。寄晚了一点，去它的见鬼的高师！至少我知道一件事：等到这个时代结束，出于对希腊语的爱，我要拥抱

---

　　①　原文缺第11号信。——译者注

你！我因做哥哥而受苦，因为我爱最可敬的那位妹妹。

282

请为我全心全意地拥抱我们的父母。

路易

1944年12月22日在卡萨布兰卡收到的信。

（13）

1944年10月30日 ［用打字机写的信］

我可敬的妹妹啊，你变成什么样了？这里的天气开始变冷。我想，在你那里，娃娃们已经回到凉爽的乡间，你的双手和思想也重获自由了（相对的自由，因为我知道你很活跃，在这个国家每个人都很活跃）。尽快告诉你的老哥关于你的生活。我知道你会这么做的，并且很快就会，不会让我等，下一封信里你就会告诉我所有的细节。消息擦肩而过：提一个问题，答案就已经在路上了，因为，就像棋手在大西洋上对决，我们不会等知道了对手的落子，才开始拱我们的卒。我为你，为你们担忧，因为我的生活里哪有什么重要的事要对你们讲呢？它还是老样子。工作不繁重，但是很无聊，因为我们做的一切都没意思。休息时间我会读书，讨论，记录一些思想。夜色降临得很早，我们重新开始顶着风绕营地漫步。有什么事找不到要说的！自打我们的谈话开始，它们就像是每晚都会终结，但在第

283

二天又会重生。可天知道营地的生活是多没意思！但自从世界被夺走之后，我们就在自己脑子里拥有了它，尽管它在时间之外，但我们在心中还有过去，在希望中还有未来。这一切不过

是废话，如果我们算不定不久的一天能回家，而且是永远回家。但你是知道人们的，没有斑鸠①……拥抱你，我可敬的妹妹。拥抱我们的父母，因为我们爱他们。

　　路易

1944年12月24日在卡萨布兰卡收到的信。

（14）

1944年12月7日　　　　　　　　　　　　　[**手写的信**]

　　我可敬的妹妹变成什么样了？我知道你是活跃的，在忙许多事情，甚至都没有时间想到你自己。你在10月10日的信结尾用短短一句话对我说"我在读帕斯卡尔"，这就是到那个日期为止，我对你的思想所知的全部。不再练习音乐了吗？我多么希望，在这段难以置信的冒险之后，我能坐在屋子里阴暗的一角（顺便提一句，在这个灿烂的国家有阴暗的地方？），那时，在你的手指和思绪间，德彪西和拉威尔在搏斗，对我而言他们是让我们冲出黑夜的面孔。你会宽慰我的，对吧，我已经四年多没有拉过小提琴（可惜人不能什么都做，尤其是在这里），只能把我灵魂中关于音乐所能拥有的一切都转移到你身上。但我想，或许生活也在急切地催促你，有那么多要安慰的痛苦，与之相比，两首《阿拉伯风格曲》也不算难了。这是正常的，我的妹妹，我永远不会因此责备你，这你知道。恰恰相反，如

284

---

　　①　法国谚语，"没有斑鸠，吃乌鸫也行"，意为"退而求其次"。——译者注

果我发现你不再是现在的样子，慷慨大方、不知疲倦，我会惊讶的，你是我们父母的慰藉，他们太值得有你在他们身边了。因此，选择你的人生吧，尽可能地选择一个最美丽的人生，我相信你已经有了一个最美丽的人生。我只希望你保留一小块地方，一个用于休息的小圈子，一座沉默的小岛，一座沉默的微型岛，在那里世界的喧嚣停止，为你的哥哥奏响一曲遗失的音乐。哪怕是无用的，只为了那些他被迫做出的一切有用的动作。遗失的，因为这音乐对它（遗失的一切）而言是遗失的，如果你没有来拯救它的话。如果是这样，一切都好。在我给你写信的时候，全国的灰色统治了这个国家。三个星期没太阳了。在不变的云层下，雨、融化的雪、温和的风，交替出现。身体可以习惯一切，如果人不能坚定地引导它，它就变成了动物。"身子骨！"蒂雷纳说，他是另一位大旅行家，骑士。让我们前进，我的妹妹，有上帝的帮助，我们将把它带回阳光下。

我要拥抱你。

路易

1945年3月在卡萨布兰卡收到的信。

附录

我们下面刊录的文本是路易·阿尔都塞寄给他父母唯一一封手写的信，存留于他的文档中，与给他妹妹的信整理在一起。

1943年4月10日　　　　　　　　　　　[手写的信]

已经很久没有你们的消息了——不知道是不是因为邮递网络太长，难以建立起来。无论如何，同样的，我不担心，并信任你们也能保有耐心。有了保罗和马尼①、外婆和布洛涅一家的消息。没有克里斯滕和布唐②的消息，无论是直接的还是间接的。在战俘营里的协调人③身边，我有许多事情，但这是工作。许多事情，但工作是有趣的，因为有用。如果我有时间的话，我模糊又确定地感到，对哲学的兴趣又回来了，不再和从前一样，而是对一切的兴趣，对知识的好奇，无所谓是这样还是那样的知识，但确实是多了一个具体的兴趣，一个与其说是我选择了它，不如说是它抓住了我的兴趣。总之，有许多的反思但没有多少时间付诸实施。在我的办公桌上，一个大相框里，鲜花配饰着我妹妹的照片。她变成什么样子了？我很难想象，在

---

①　保罗和马尼·德·戈德马尔。——原编者注
②　皮埃尔·布唐。——原编者注
③　罗贝尔·达埃尔。——原编者注

这么远的地方，还有新的一岁，还有她的活动，还有构成她的思想基础的东西；我有时想，在我又见到她的时候她会不会已经结婚了？如果有一天你们告诉我这个消息，我会为之雀跃的；我不希望我这样或那样的想念成为妹妹的负担，也不希望我被俘这件事对她而言变成了一段要等待的时间，只有在这段时间过去后被放下的生活才能重新开始。愿她把生活握在自己手里，去过她想要的生活。当情况允许的时候，我们会再见的，但无论如何，没什么会妨碍我们变成别的样子。全心地想念你们，拥抱你们。

路易

写给保罗和马尼·德·戈德马尔的信[①]

287

（1）

1942年7月5日

[手写的信]

　　我的朋友们，在今年的第十个酷暑天，我收到你们1942年6月17日的信，讲了许多关于教师资格会考的题目、编辑计划和新生牙齿的事情。我想到他们为高师的入学会考作文提供的精彩主题；我没有想更远，因为我只能记得这么多；我甚至还想不到那么远，因为我已经没有能力就他们出的题目写上哪怕一页纸。说起来，我记得的历史概念比哲学概念更多。比如说，我最近饶有兴致地读了几本关于殖民历史的小书；几个月以来，288我也试图同样读一些哲学课本，但都失败了。这是一件值得注意的事：在日常生活中，无论人们对自己的职业相信或怀疑到

---

　　① 所有这些信和卡片都寄给了在里昂（塞尔维亚街10号）的保罗和马尼·德·戈德马尔，除了第1、2、3、4、5、25、26、27、28、29号信被寄往"朴树林"，也就是保罗·德·戈德马尔父母乡下的宅子。后者位于普罗旺斯地区艾克斯，离信里经常提到的吕内很近，保罗·德·戈德马尔的父亲——他同时也管理着马赛的法国南方农业产业发展匿名公司（SADIAM）——在吕内建了一座果酱厂。我们只（在寄出日期下面）对那些单独寄给保罗·德·戈德马尔的信作了提示。——原编者注

何种程度，他们还是会对它感兴趣。在一群不信者中，总要留位置或例外给某一类认真对待自己工作的信者。战俘们或多或少被剥夺了这个属于喜欢自己成果的劳动者的特殊恩典：失去了自己的习惯后，他们不再觉得需要它们，也不再对它们保留必要敬意。在这里就像在别处，超脱总是一种抛弃。你们或许可以寄一些有关暧昧的书①；按我尚存的记忆，我不觉得我对于这个过去的报告有什么可删减的。保罗啊，你可以请求格扎维埃·德·克里斯滕的合作；他要更暧昧，尤其暧昧。所有的温柔都留给我的教女，我从卡萨收到了她的照片。全心想你们。

　　路易

（2）

1942年8月20日　　　　　　　　　　　　　[手写的卡片]

289　　收到你们寄的期刊包裹，《全奥尔》②和《社会编年史》③。读到

---

　　①　暗指《全奥尔》（见下条注释）一期（第22期）中关于"暧昧的价值"的夭折计划。其中可能有一篇路易·阿尔都塞的文章，是他某篇报告或某份作业的一部分。但关于这篇文章，在他文档中没再发现任何痕迹。——原编者注

　　②　《全奥尔》：一份创办于1940年末的期刊，是小报《缪斯》的后续，隶属于设在马诺斯克的名为"文学青年和戏剧"的俱乐部。《全奥尔》由其主编保罗·德·戈德马尔管理，在普罗旺斯地区艾克斯先后以两种版式发行，1940年11月—12月（13期）至1942年5月—6月（21期）共出九期。根据其宗旨和内容，《全奥尔》属于《诗歌》《汇流》《泉》这类"抵抗"文学期刊流派。参见1993年出版的《期刊的回顾》中关于《全奥尔》的历史。——原编者注

　　③　即《法国社会编年史》：创办于1891年，在里昂出版。这份期刊每年会组织一些"社会周"，随后会出版一些"会刊"，让"社会天主教"各流派借以表达自己的观点。——原编者注

现在（我还没全部读完）特别欣赏保罗关于热忱的那篇文章。在我们生活的时代，一定要让反思重新获得自己的位置，并且提醒那些遗忘的人，在躁动和行动、狂热和热忱、嗓子的声音和说话的声音之间有着怎样的距离。在那些诗中，我毫无保留地偏爱《风的玫瑰》。在这里认识了一位年轻神父（他和1937年被录取的"芳福哀"戈利埃[①]很熟），他的历史知识丰富，是个很好的人。想你们。

　　路易

（3）

1942年9月14日　　　　　　　　[**手写的信**]

　　几天前收到你们的信，得知保罗的第二次失败。有言道，有些事会长久辜负我们的期待。我也在别的事情上有过挥之不去的挫败感，尽管做了仔细的准备，还是被一个充满敌意又顽固的机构拒绝了。但我也知道你们还是有办法的，并且你们知道用综合性的眼光去看待这次考验，把事情放回到它的背景中。我不知道你们生活的确切状况，但在我看来保罗不应该放弃尝试，哪怕他已经失败了两次[②]。带着无比激动的心情收到你

290

---

　　①　皮埃尔·戈利埃，里昂预备班的"塔拉王子"，1937年夏被高师录取。——原编者注

　　"塔拉（tala）"指天主教学生。"芳福哀（Fanfouet）"是里昂预备班同学给戈利埃取的外号，阿尔都塞曾在《事实》中对他有所描述。参见阿尔都塞《来日方长》，蔡鸿滨译，陈越校，上海人民出版社，2013年，第316页。——译者注

　　②　两次准予参加复试之后，保罗·德·戈德马尔将在1943年夏通过会考。——原编者注

们和我的教女的几张照片。我觉得马尼变了，也许是照片和阳
光的效果，她比从前更瘦了；保罗还是像从前一样，只是用香
烟替代了烟斗，他的站姿总是很稳重。我很遗憾你们不得不放
弃《全奥尔》，它的格调之高让我印象深刻。尤其喜欢保罗的
一篇关于克洛岱尔作品中的女性的文章。我在营地里传阅《全
奥尔》。戈德马尔老爹在做什么呢？我料想SADIAM①发生了转
变，它现在要靠本地和北非的产品生存。请告诉我关于你们的
实际生活的消息，姐妹们和兄弟们都变成什么样了。我在这里
苦于某种程度的非肉身化。某些说起来简单的事情常常比那些
最重要的思想给我带来更多的好处。全心地爱你们。

　　路易

291　（4）

　[1942]10月5日　　　　　　　　　　　　　[手写的信]

　　保罗，马尼，你们变成什么样子了？还有你们的小女儿，你
们的父母，你们的兄弟姐妹？我等你们的消息等得心急！我最
近给你们寄去了两张卡片，它们可能在战争的变动中丢失了。我
真心希望这封信能寄到你们那里。我不停地想到你们，徒劳地试
图想象事情会是什么样子，你们的生活会变成什么样子。突然发
生了那么多事！我写信给你们，是为了让你们能回答我。关于我
自己，我要对你们说什么呢？在这里，生活继续着，总是老样

---

　　① "法国南方农业产业发展匿名公司"的首字母缩写，参见本书第295页注释。——译
者注

子，尽管是暂时的。没有什么你们不知道的事情。还有就是，我没办法在休息的时间做重要的事情；精神太紧张了。9月4日的时候收到一封父母的信，所以邮递很快。他们也在等待，你们完全可以想象得到。这封信问我关于你们的消息，你们直接给他们回信，或许可以更快些：卡萨，谢尼埃街2号。没有拉罗什的任何消息，也没有任何还在法国的人的消息。这个地区的秋天很美。已经度过了几个寒冷的夜晚，只是为了提醒我还是冬天？？[原文如此]等待，等待，这就是战俘的全部命运；然而我们会习惯一切，就是不习惯等待。这种漫长的忍耐可能会代替我们的天赋，如果从一开始它就只不过是不耐烦的别名。但如果我知道你们是安全的，那么等待也就变得简单了！全心地拥抱你们。

路易

（5）

［1942年10月］　　　　　　　　　　　　　　［**手写的信**］

从卡萨得知了你们的消息；我希望你们已经到达里昂，那里肯定会让保罗想起很多事。请告诉我关于你们生活的实际细节。所有里昂人的消息：在一本宣传于里亚支学校的刊物上偶然读到，乌尔在那里教课。拉谢兹［·雷］①在做什么？我在这里认识了他以前的一位学生，罗尼翁，做了牧师。还有拉克鲁瓦呢？还有帕兰和拉斯呢？冬天逼近这片泥泞的土地，天空中

---

① 皮埃尔·拉谢兹·雷（Pierre Lachieze Rey），里昂哲学家，1939年高师入学会考的主考人。——译者注

飘着风和破衣服。寒冷还没有阻止所有的活动和全部的精神自由。医务室工作繁重：在闲暇时间又有兴趣读一点书了，甚至是打开一些有点技术难度的书。我尤其对政治经济学问题感兴趣；开始上一些关于经济史的小课，有趣的经历，因为它是给那些完全没有入门的人或对在这些问题上使用历史知识抱有偏见的人开设的。已经学了关于古代地中海经济的第一章，让我觉得大多数的心灵都更桀骜不驯而非盲从。很高兴能够打发这些懒散的时光。九月初开了一场关于殖民史的讲座，兴致勃勃。总之我试图给自己一个存在的理由。你们接触到的是最本真的生活，你们在与它搏斗，所以你们肯定会觉得奇怪，人们还可以这样与自己搏斗。请原谅我总是用同样的语言跟你们说话，可是这片没有海关的土地的限制一点都没变，并且战俘是极度缺乏想象力的。给我讲讲那个小姑娘，我的教女，要保护好这个世界和她身上最脆弱也最珍贵的部分。

293

　　路易

（6）

1942年11月14日 　　　　　　　　　　　　[手写的信]

　　从今往后你们就是我最亲近的家人了，也是我唯一可以联系上的，从今往后我就把以前留给父母的话对你们讲了。焦虑了几天，自从我可以自己通过某种方式确定他们住在哪里以来，现在已经平静了一些；我的妹妹在做护士，我的父亲和他家里的其他人，应该都还在他们的岗位上；但是谁又确定会发生什么呢？总之，现在我又一次离他们从未有过的遥远，落到了这种我在很久以前就预见了其可能性的境地：没有什么比看到自己的预言成真更令人不快的了。对我来说最重要的——你们可以想象我有多么迫不及待——就是收到消息，确定他们的健康和其他一切都没问题。至于其他的，我们不再是分离得更远或更近，而是在远离或接近我们重逢的那一天。何况一切都难以捉摸。你们呢？恕我讲讲自己，我在这里很安心，在这种被限制的生活中，没有正式的欲望，没有别的麻烦，除非是自找的麻烦；我想象你们在里昂过着平静又充满麻烦的生活，正在与这种生活搏斗，你们如今已经看到它的另一张面孔，而我还没见过它呢。请保罗给我讲讲公园①、乌尔和拉克鲁瓦吧，还有所有我们记忆中的共同部分，讲讲你的计划和学习。想知道你对什么主题感兴趣，如果我们还能在这个闲暇几乎是大不敬的时期谈论主题的话。请马尼给我讲讲这个小孩②，也要对她讲讲我，我还不认识她呢。<u>我比以往任何时候，都更需要活着的理由。</u>想你们。

294

路易

（7）

1942年11月25日 ［**手写的卡片**］

［给保罗·德·戈德马尔］

我没有卡萨的消息。已经给日内瓦和维希（"法兰西之声"组织）写了信。你们知道具体发生了什么事吗，能不能打听一

---

① 里昂公园高中。——原编者注

② 玛丽–弗朗索瓦丝·德·戈德马尔，见第65页注释。——原编者注

下？想知道是否还存在直接的或别的通信方式。你能想象我想知道的心有多焦虑。或许你可以去银色大楼街5号的阿尔及利亚公司①问问，看看它是否还和卡萨的公司有联系。这就是大分离的时代。坚持是容易的，但消息是不可或缺的。你们变成什么样了？全心地想你们。

　　路易

295　（8）

1942年12月10日　　　　　　　　　　　　　　　［手写的卡片］

　　一直没有消息。里昂怎么样了？乌尔呢？想知道他的感受。这里的生活很乏味，我将要负责营地的报纸②，可以期待有一点消遣。结束了我的经济学课。在医务室永远有做不完的工作。我读一点书，确实对什么都有一点兴趣。或许会重新学一些德语，但在拥挤吵闹的木棚里学习，实际上不可能。多么渴望孤独呀！想你们。

　　路易

（9）

1942年12月14日　　　　　　　　　　　　　　　［手写的信］

　　收到保罗的信，无比开心。为你的活动、为知道你如此坚

---

① 阿尔及利亚银行公司，夏尔·阿尔都塞曾在此工作。——原编者注
② 《链》。参见我们的前言。——原编者注

信自己可以这样勇敢地承担一切而感到高兴。里昂是不是完全没有供暖？我在字里行间猜想着你们没有说出口的一切痛苦，我能感觉到你们的勇气的具体代价。你们说的年轻夫妇团体是什么意思？你们是不是在圣阿尔邦①那里构筑了这种团体？我在这里的一些小册子中读到佩鲁和马多勒的《法国团体》②，上面有一篇关于圣阿尔邦的文章让我想起了一些事。你见到弗拉瑟利埃③了吗？还有比奥医生④？你知道我妹妹是雅克利娜·比奥特别好的朋友，保罗应该记得在我们家见过她，戴着眼镜的胖姑娘，总是忍不住大笑，"总之"是个极好的人。她变成什么样了？很高兴你说里昂越来越团结；在这座灰色的城里的确有许多成员，在这些雾霭中有许多温度。祝你们圣诞快乐，等你们收到信的时候，你们应该已经度过圣诞了。我一直没有父母的消息。好像无线电广播里提供了一些人的消息，一些战友收到了法国的消息，来自维希的无线电广播通信。到目前为止我什么也没收到。大概等你们收到这封信时，我会以某种方式放下顾虑的。不过保罗可不可以问一下银色大楼街5号的公司，问他们有没有什么消息：如有必要，你们可以通过日内瓦给我拍电报。全心地想你们。

　　路易

------

① 圣–阿尔邦·莱塞，非常活跃的多明我会中心。——原编者注

② 见第122页注释。——原编者注

③ 罗贝尔·弗拉瑟利埃，天主教徒希腊学家，阿尔都塞1937年在里昂参加过他的讲座。他在1964年至1971年任高师校长。——原编者注

④ 比奥医生，里昂《法国社会编年史》的中心人物，见第289页注释。——原编者注

297 （10）

[1942年] 12月18日 　　　　　　　　　　[**手写的信**]

　　马尼，我今天收到你的信。从今往后你就是那个掌管登记簿，分担家务和行政琐事，写家庭日记账的人了。我知道你的心愿是摆脱俗务，回到家庭，做妻子和母亲做的事情，为小孩子和晚上回家的人准备好一切，完成这种最重要的等候工作。这就是你的生活，时间和空间意义上的日常生活，但还有风尘仆仆的日间辛劳，还有所有那些作为你的尊严的照料工作，这些正是我要特别向你学习的地方；感谢你给我这封写得密密麻麻的信，满是你的友谊；有一天我一定要把这个希望、这个小孩抱在我的膝盖上。如果你能知道你的感情有多珍贵！想象一下，我孤身一人，最后一位可以讲心里话的朋友已经离开三个月，复员了，我也没有父母的消息，我在自己以外很难找到感兴趣的题目，没有真正的兴致是不可能学习的。你们记得我1940年3—4月的时候从尼斯给你们写的信吗？我还记得的只是我在信里对你们吐露了对我而言你们的想法意味着什么。我的朋友们，你们于我而言，比以往任何时候都更是活着的理由，在这个词的最庄严的意义上。我现在没有对你们拐弯抹角，而是开诚布公地这么说。现在我被迫沉默，我如此懊悔以前没能

298 说出一切，所以抱歉在你们的生活中对你们这样说，把我的记忆强加给你们。在这个令人不安的冬天里，我们犹豫并自问：这个受苦的旧世界还有什么未来呢？在这种焦虑本身中，一切都变得更庄重了。给我写信，给我讲讲你们，讲讲法国。全心地想你们。

　　路易

（11）

1942年12月30日　　　　　　　　　　[**手写的卡片**]

　　我的朋友们，你们很快就会收到我寄来的一个包裹！我把一件我很珍重的东西寄放到你们那里，等我回来拿。是囚徒们的大头照，德迈松拍的，是我有幸在战俘营里认识的人；我只请你们长时间地注视；只有一种特别缓慢的认识才能领略这种注视的深刻意义。我呢，自从我身边有了这些照片，我就不知疲倦地不停地注视他们沉默的面孔。我这样要求，还因为你们从这些干裂的嘴唇和沉默中收到的，就是我们的一小部分。我一直没有卡萨的消息。刚读了《老头格罗梅戴尔》①，有点意思。准备读《斯巴肯布洛克》。全心地想你们。

　　路易

（12）　　　　　　　　　　　　　　　　　　　　　　　　299

1943年1月10日　　　　　　　　　　[**手写的信**]

　　寒冷。营地在下雪和结冰。但不是去年刮大风的冬天。至少到今天为止。一直没有卡萨的消息。我没有过分焦虑，因为大家都这样，但是；尤其对那些没有其他办法、只能想象的人，他们已经想象了快三年了，天知道父母是否也在想象他们！如果保罗见到拉谢兹·雷先生，请对他说我在这里和罗尼翁②有了深交，后者是一名新教牧师，五六年前做过他的学生。我们

---

　　①　朱尔·罗曼的五幕剧，1920年第一次上演，1926年出版。——原编者注
　　②　勒内·罗尼翁。——原编者注

有时一起回忆塔利特莱斯①以及摆在正在摆出的意识上的意识，还有他受不了的拉克鲁瓦，还有他讨厌的马迪尼耶②，还有其他许多事，这些记忆是我们之间的唯一联系。跟你们说过，我正在和一名古钱币学家合作，负责营地的报纸。有趣的任务，找印版，和印刷厂联系，各种保罗在办《全奥尔》时肯定都遇到过的技术问题，我们很容易理解为什么这些问题会让佩吉开心。谈到佩吉，我越来越感到他如今是能几乎不顾我的意愿慢慢进入我内心的少数几个人之一，并且这不会让我担心，正当我把他们忘了时，有一天我却发觉他们一言不发地就进入了我家。比从前更理解佩吉的散文的意义，这些速度上的变化，这种管风琴的沉默，这种被人们推动的踏板，这种新的音调的圆满完成。全心地想你们。

路易

（13）

1943年1月18日　　　　　　　　　　　[**手写的卡片**]

没有你们的消息。发生什么了？温和的冬天，几乎没有下雪，我的信的主题，像是在不停地提及这些典型的元素：水、风、土和云。你们觉得我看得透彻，不要惊讶，在我们眼里，哪有比冬天更贫乏、更能穿透的季节？难道还有别人比我们更，

---

① 塔利特莱斯（Tallitlès）代替的是卡利克莱（Calliclès）：里昂的预备班学生和大学生给皮埃尔·拉谢兹·雷取的外号，因为他把康德念成了唐德。——原编者注

② 加布里埃尔·马迪尼耶，里昂的哲学家。——原编者注

难道在我们的注视下，它们不是比以往更赤裸裸？我在快睡着的时候给你们写信，这就是我越写越糊涂的原因⋯⋯

　　路易

（14）

［1943］1月25日　　　　　　　　　　　**［手写的信］**

　　手上拿着你们的信，马尼；"就像对你母亲一样简单⋯⋯"谢谢你这么写。当下，你们的存在就是对我的祝福，是我想要的；你们看到，战俘经历是一段失去的时光，在所有被我们遗忘的、所有我们本可以学习的意义上（就像我在扎卡尔①认识的马尔贝叔叔，他没有能把酒卖得更贵，就觉得自己好像是把本该赚的钱亏了！），但是，在一些极端的地方，则是找回了一点时间。我想到这种简化，这种贫乏，也就是最主要的东西——一无所有或有一点东西，常常是两者一起——如今有权存在于光天化日之下了。实际上赤裸是如此困难：一是他的土地会给他穿衣，它的树木、它的耕种，田野里的草就像是额外的一层皮，只踏在自己家里的脚的骄傲，另外则是他的钱财，另外最后还有他的职务。动员，战争，至少这些许多像我这样的人所经历的，这不是变得赤裸的方式。但在这里如今都是没有农场的农夫，没有钱的有钱人，没有职务的公务员。对这些人来说，需要人生中的时间才能让自己与这些分离！然后还有很多

301

————————————

　　① 阿尔及利亚的高原，最高点是米利亚纳山，1909年路易·阿尔都塞的外公曾去那里救援了一支被困在风暴中的测量考察队，并因此被授勋。——原编者注

要剥去的东西。"苏格拉底说，啊，让我感兴趣的不是树，而是人。"① 我的朋友们，你们走在了我前面，我总是这么感觉的，但在你们身边的时候我很难说出口。但现在离得这么远，我就好心向你们承认了，因为我现在不可自抑地觉得，无论远近，我们选择的总是同一条路。

路易

302　（15）

1943年2月17日　　　　　　　　　　　　　[**手写的卡片**]

终于有了直接来自卡萨的消息！你们可以想象我有多高兴。大家都很健康。感谢你们为了促进通信和打探消息所做的一切。手上拿着保罗在一月底寄来的信。营地里没有《明天》②。你们怎么看教育问题？我不知道吉东当下在写什么和想什么。明天要办一个面向普通大众的讲座，《什么是历史？》：讲一些简单易懂的：我们无权选择自己的听众。想你们，想你们的生活，沉重又丰富的生活。

路易

---

　　① 译文根据阿尔都塞抄录的法文译出。另参见本书第42页译者注和第61页正文。——译者注

　　② 非常倾向贝当的政治周刊，1942年创刊，由让·德·法布雷格主编。——原编者注
　　另参见本书第258页和第313页注释。——译者注

（16）

1943年3月3日　　　　　　　　　　　　［**手写的卡片**］

　　收到你们的回信。很高兴感觉到你们那么活跃，那么斗志昂扬，充满希望。收到普罗旺斯来的包裹。谢谢！我寄了一些便笺到卡萨，这样的通信更容易些。马尼，谢谢你对我的好意，还有你的友爱，给我的感觉真是太好了，你们就好像我的"第二个家"一样关心我。祝贺沉默的安德烈，我总是想到她1940年3月的样子，一言不发但知道自己想要什么的大姐姐①。不能那么经常给你们写信了，因为信纸没那么多。请告诉乌尔我会给他写信。全心地想你们。

　　路易

303

（17）

［1943年3月］　　　　　　　　　　　　［**手写的信**］

　　突然就春天了。夜晚很安静，很温和。很高兴收到这封信，信里把家人们的生活都讲明白了。然而没有再收到卡萨的消息，但这应该和我不写信的那段时间有关，肯定是联络不畅。现在我在营地协调人②的办公室工作。要干很多活儿，很有意思。我还负责剧场、讲座，等等，还有营地里的互助项目。你们知道吗，我们从营地给需要帮助的战友家庭寄去了1000法郎救

---

　　①　安德烈·德·戈德马尔，保罗的姐姐，嫁给了法布尔。这里指路易·阿尔都塞1940年3月利用几天假期去做保罗和马尼·德·戈德马尔1940年3月25日婚礼的见证人。——原编者注

　　②　罗贝尔·达埃尔。——原编者注

济金。我们目前已经寄出了超过1200000法郎。我想知道人们是怎么看待战俘的，我不是说那些理解我们的人，我是说那些不理解我们或从没想到过我们的人。战俘真是被看作累赘吗？没有德·克里斯滕的消息（没有信），我很想知道他怎么样了。你们知道佩鲁和马多勒的《法国团体：团体研究手册》[1]吗？《精神》[2]怎么样了？我在准备几场关于历史的讲座，一些综合性的概括介绍。同时有一名战友要谈文学。剧场要演布瓦西的《朱庇特》，然后是《没有行李的旅客》。组织了几场音乐厅歌舞表演，很好玩。有了在巴黎的外婆和做小学老师的姨父的消息。全心地想你们。

304

路易

（18）

[1943年] 3月25日　　　　　　　　　　　　[手写的信]

我的朋友们，我身体很好，不用担心，在这方面我不会对你们隐瞒什么的。但是你们的口气，这种过于严肃的声音，是想说什么，好像在对我隐瞒什么："我们的生活就是塑造许多离别，唉，现在我们可能很快就不用梦想它们了。"我不敢想这是什么意思。收到乌尔的消息，他说他儿子将要去服劳役[3]。这

---

① 见第122页注释。——原编者注

② 埃马纽埃尔·穆尼耶的《精神》杂志，实际上在1941年7月被封禁，直到1944年12月才重新发行。——原编者注

③ 二战时期维希政府为驱使法国人民给纳粹德国服役，颁发了义务劳动服务法（Service du Travail Obligatoire），这里涉及的就是这个法令的执行后果。——译者注

个政策也影响到保罗了吗？我也不知道要怎么理解这句话："是不是太不顺利了，有时会让我们感觉到被人们称作命运的那个东西的重量？"我在等你们告诉我是什么让你们这么为难，还有我在这些话里感受到的重量是什么意思。在这个被你们的来信困扰的生活里，除了我没有再收到卡萨的消息以外没什么可说的。感谢你们通过红十字会联系了我父母，也感谢你们在这种情况下所做的一切努力。收到从法国寄来的《圣女贞德的慈善之谜》。佩吉的内心成熟过程很奇特，在这段被俘的时间里，他就像克洛岱尔一样，真是"进入了我家"，并且为此我什么都没做，因为可能是时候到了，时机成熟了，也因为我保留的关于他们的少数记忆，让我获得了足够的热情，一下子就认出了他们。许多事情就这样在我们不知不觉中悄悄改变！用我全部的力量、全部的情感，超出我所能地想你们。

305

　　路易

（19）

[1943年4月]　　　　　　　　　　[手写的信]

　　[给保罗·德·戈德马尔]

　　满是树和新叶（树不多，但每棵树上的叶子不可胜数）。营地。没有你的消息，在那封让我仍在担忧的信以后，我不知道该如何想。最近收到卡萨的两张卡片：身体健康，我妹妹在工作，当护士。你见到贝尔图了吗？和上一个春天如此不同，因为没有冬天，所以几乎没有过渡；我们这里又到了复活节，我想到去年的复活节对我而言意味着什么，感到难以置信。某

306　种意义上我觉得自己更强了，在另一种意义上又觉得自己更弱了，感觉自己在可怕地衰老。这样的话让我身边许多更老的人吃惊，可是这种生活里有什么可专注去做的呢，而且我们又确定知道什么是青春什么是衰老呢？收到里尔克的诗歌译本，一个伟大的好人。刚读了蒙泰朗的《死去的王后》和他的《夏至》。还有许多好东西被放在了一边，这种阅读方式变得让人难以忍受。头两本书读了很久，可以说把每一秒都用上了。你们有吉东的消息吗，他怎么样了？感觉我有时又想重拾对哲学反思的兴趣。我极想研究莱布尼兹，我相信我的思想所围绕的主题也是他所熟悉的。这样一来我才知道我已经对哲学史一窍不通了。另外我总是着迷于特别老旧的东西，在你们眼里我就是个小孩吧，想知道保罗在研究哪位作家，还有他的思想的总方向是什么。加［布里埃尔］·马塞尔怎么样了？布隆代尔[①]还活着吗？拉克鲁瓦[②]呢？没有乌尔的消息。拥抱你们。

　　路易

（20）

1943年5月18日　　　　　　　　　　　　［**手写的卡片**］

　　会考这几天，特别想到保罗。热切地希望他最终能考上。收到约瑟夫·乌尔的一张卡片，像往常一样，非常深情。至于保罗对我说的，吉东在《明天》上发表了那封信的事，让我深

---

　　①　莫里斯·布隆代尔。——原编者注
　　②　让·拉克鲁瓦。——原编者注

感受伤。之前我没有任何办法见到吉东。我也不会有任何机会
授权他发表任何信件。也不知道是在说哪封信。为这件事感到
很痛心①。不过这也没什么。有了卡萨的消息。身体健康。你们
有贝尔图的地址吗②？

拥抱你们。

路易

---

①　"这件事"是这样的：让·吉东自己也是IV D号军官营的战俘，并在那里待到1945
年。他授权自己父母发表了自己1942—1943年间的《战俘日记》，从1943年3月第58期
开始，以"连载"形式刊登在让·德·法布雷格的《明天》周刊上。因此在1943年4月
11日第63期《明天》上出现了让·吉东的一段日记，抄录了路易·阿尔都塞1942年8月
2日的一封信（我的母亲啊，今晚这封信是写给你的……）。让·吉东是从他父亲那里得
到这封信的，因为他父亲从阿尔都塞夫人那里收到了《致友人信笺》（这封信确实收录在
第13号信笺中，见第247页）。由此才有了保罗·德·戈德马尔替路易·阿尔都塞提出
的抗议，后者对这封信未经授权就发表在一份众所周知立场极度亲贝当的报纸上无能为
力。随后，在1943年的最后三个月，这本《战俘日记》以单行本形式由蒙田出版社出版。
1946年，让·吉东因其作品——尤其是这里提到的作品——在宣扬维希政权的观点方面
积极合作，被禁止从事高等教育。在这种情况下，解放后人们经常提到这本书。不管怎
样，战后让·吉东给路易·阿尔都塞寄去了从该书第一版中撕出来的两页纸，也就是出
现路易给他母亲的那封信的两页——它们是此前吉东在自己一本战俘笔记本中偷偷地塞
进去的。他还在其中一页上手写补充了下面的话："我亲爱的路易，我在这本给我招致这
么多不幸的有名的《战俘日记》里发现了一页，我曾在这里刊印我父亲寄给我的一封信，
是你写给你母亲的，但我改动了几个字（！……）我不知道你是否还认得它。"1984年，
让·吉东以《被焚的篇章》为题重新出版了自己的战俘日记（阿尔班·米歇尔出版社），
并附上了一篇序言。我们就此事件问询让·吉东，他在得知路易·阿尔都塞当时对这封
信发表在《明天》上的意见，也就是在这张1943年5月18日写给保罗·德·戈德马尔的
卡片上表达的意见时，向我们承认（1992年8月18日谈话）自己刊登路易·阿尔都塞写
给母亲的这封信是错的，并为此深感懊悔。——原编者注

②　贝尔图神父当时已从战俘营回到家中。——原编者注

308　（21）

[1943年]5月20日　　　　　　　　[手写的信]

　　马尼，谢谢你这张写得密密麻麻的卡片，读到它让我很开心——还有这个包裹，自从收到你们的卡片我就一直在等待，为了在你们给我的所有宝贝东西里发现玛丽–弗朗索瓦丝分给我的蛋！在你们怀中替我轻轻地抱起她，告诉她这颗蛋特别好，特别美特别好，是我自童年以来吃过的最好的复活节蛋，我留下了饰带，把它用力地贴在两边脸颊上。还要请你们替我拥抱她，因为我太远啦；但我很快就会回来的，如果她很乖的话，我就自己来拥抱她！还要感谢这块你们很贴心地夹在其中的出色的香皂；它闻起来像是法国和南方，每块香皂真的是保留了产地的气味。这里生活正常；不时收到卡萨的消息，都很好。若尔热①同时做很多事，托儿所、急救、刺绣，这些我都知道；已经23岁了！在我离开的时候，她还没满18岁！幸运的是有我父母在她身边，等待着这个可怕的故事的结局。一方面我为此很高兴，非常高兴，但这并不妨碍她还是会长大，她的未来或许会在她面前退后，因为她不希望强迫自己前进，因为我父母

309　在她身边，因为我不在她身边。至今我认识了多少战友，他们的姐妹要等他们回家才能让生活重回正轨！最后，总的来说，这比起别人的苦难还不算什么。请向瓦里永神［父］转达我最好的思念，我没给他写信，因为缺少信纸②。我还有一些闲暇，

---

　　①　若尔热［特］，他妹妹。——原编者注

　　②　事实上，路易·阿尔都塞当时停止给瓦里永神父写信，更大的可能是因为他刚经历了一次深刻的信仰危机。(参见《阿尔都塞传》，第一卷，第218—221页。)——原编者注

我在利用这些时间学点历史。请不要犹豫，像从前一样，把你们身上发生的事都一五一十对我讲讲。这是我的乐趣。全心地拥抱你们三个。

路易

（22）

［1943年］6月25日 ［**手写的信**］

又是一封需要历尽艰辛才能与你们相聚的信，它是我从这个再次更新的风暴中寄出的。这封信会不会在里昂、吕内或是别的什么地方找到你们？我不知道。如果它到达你们手中，它会告诉你们我在全心地想你们，在试着想象发生了什么事情，并且在事件的进展中牵挂着你们。得知里昂被炸，我浑身颤抖，不过听他们说是郊区，放心了一半。收到乌尔一封信，他从罗纳河畔塞雷津写来的，让我彻底放心了，尽管他的新地址向我暗示他已经离开了这座大城市。总之面对这一切，无数的可能情况你追我赶着，在心中一闪而过，我又能作何想法呢？我姨妈在巴黎，外婆在拉罗什，你们在里昂，你们父母在吕内。哪里会安宁呢？在一切之中，只愿上帝的旨意实现。唯愿内心和平，真正的大和平，大到可以熄灭乱世无尽的喧嚣。其余的都是纷争。没有别的题目，唉，原谅我对你们讲的还是自己。生活一直都是这样单调，没有多样的声音。实际上是安全的。在闲暇时间，根据这个地方的新发现和有限资源，继续左读读右读读。当真想开始阅读蒙田，虽然他掉书袋的样子曾让我失望。毕竟读起来还是很有趣，如果不是要去认识他，而是时不时翻

310

翻，这位老先生应该还是蛮可爱的。作为道德主义者，我偏爱拉布吕耶尔或更爱帕斯卡尔！重读了后者：他的思想是怎样的青春焕发啊，真是一位大作家！为了把这条法国道德主义的传统延长到我们的时代，我读了在这里找到的蒙泰朗：《少女》的第一卷和《独身者》。天，怎样一个人！文笔拯救了他的一切，甚至是他的思想，我毫不费力就能把他视作还活着的最伟大的散文家，甚至不止于此。至于思想家，那就是另一回事了。卡萨来的好消息，让我转告对你们的美好和深情的思念。让我们一起等待重逢的一天。我觉得我们是配得上这一天的。在这种等待中，拥抱你们。

　　路易

311　（23）

[1943年] 6月30日　　　　　　　　　　　　　　　[手写的信]

　　贝尔图最近写信告诉我说，他见到你们了。又到了这个关键时刻，我在想保罗，在想这场他已经知道结果而我还不知道的会考。无论结果如何，无论发生了什么，无论是好是坏，我知道你们两个都足够坚强，可以应对可能来临的一切。由于你们来信的语气，我担心了一阵，如果40届和41届学生被全体动员了，恐怕保罗也会被劳动法波及①。请告诉我他怎么样了，

---

　　①　暗指义务劳动服务法（STO），保罗·德·戈德马尔先是因其教师身份得以合法豁免，后又因实际上参加了基督徒见证和伯里克利组织的抵抗运动而得以逃避。（参见《阿尔都塞传》，前引，第一卷，第278页）。——原编者注
　　另参见本书第310页正文和译者注。——译者注

好让我放心。贝尔图对我说马尼看上去气色很好；我完全相信
他的话，他还说玛丽－弗朗索瓦丝"和你们很像，又是一棵好
苗子"。这一切都帮助我更好地想象你们的生活。这里永远有
许多要求人特别全神贯注的工作。几乎没有时间阅读；我已经
在营地待了两年了，因为兴致的问题，或因为缺少时间，我连
六七本书都没读完！情况是我们只能靠回忆生活。变得贫乏是
<u>肯定的</u>。完全不同意那些在这里或回到家里说战俘会因为反思
或苦修等而变得更丰富的人。总之无论如何，在这个问题上发
牢骚或悔恨实属徒劳，而且你们也不会听到我讲这些。有许多
更基本的东西可以激励或应当能激励人们！有了吉东的消息，
他蓄了胡子，在他的军官战俘营里很有威望，人们尊敬他，同
时又把他当作一个滑头！他还是老样子，你很容易就能想象的。
知道你们和贝尔图谈论了那件事。用不着坚持。父母有好消息，
至少他们是这么讲的。只有以后才能知道他们到底对我隐瞒了
什么。

　　拥抱你们。

　　路易

312

（24）

[1943年] 7月2日　　　　　　　　　　[**手写的卡片**]

　　亲爱的各位，在这一轮新的风暴中，你们都怎么样了？不
知道你们在哪里，里昂？吕内？甚至不知道你们能不能收到我
的卡片。如果你们还在里昂的话，有可能的话，我想烦请保罗
去问问让·马斯的健康状况，他是<u>卫生学校</u>的学生，自二月以

来就没有了音信。请把打探到的情况告诉我，我好转告他亲人。我父母和妹妹有许多话要对你们讲，他们快忙不过来了。我对马尼的持家天才佩服得五体投地：她送的香皂我用啊用啊用啊，永远也用不完，而且还滑腻又能起泡泡，真是称人心意。不用怀疑，我还能把最后一小块给你们带回去！拥抱你们三个。

　　路易

（25）

[1943年] 7月25日　　　　　　　　[用打字机写的信]

　　还是没有你们的消息，不知道保罗和他的会考怎么样了。可能我会在你们读到这封信以前收到你们的信。不过我也不焦虑，也不为我父母焦虑，尽管三个月来我没有他们一丝消息。有点习惯了对正在发生的事情一无所知。但是除了简单的消息，证明大家还活着以外，还需要知道更多。我们离得太远了，以至于任何解释都可以做很多种解读，我们的关系又太近了，以至于不需要解释。

　　最近开始读佩吉的《联合笔记》①。以前没读过。你们可以想象一下我浪费了多少时间，你们自己肯定也会惊讶于类似的发现。佩吉啊，人们每次都会发现他同被谈论和被分析的那个佩吉不一样。他永远不会从人们对他的解释、评论和翻译中获得什么。他自己为自己辩护，独自为自己辩护。或许我认为他强大——双脚立地，生气勃勃，连丑闻也是生气勃勃的——只

_____

　　①　佩吉关于格柏森和格柏森哲学与笛卡尔和笛卡尔哲学的笔记。——译者注

是因为在这段长长的对话中有几个段落，其中天使回答了我心中的一些问题。这让我回顾，并告诉我一切或许这样就好，即便迟了那么久也应该等他，这样我就能在今天与他相遇。

告诉我你们的小女儿怎么样了。她对你们来说可能是个小孩子，你们的小孩子，正在长高的小孩子。在这段不再是时间的时间里，或在这段如它所是的时间里，请用一些经久不变的人名来让我多少想起一点往事。不要对我强调大家的容颜已经变了。讲讲妹妹们和弟弟们怎么样了，讲讲泰蕾兹①，讲讲在橄榄闪耀的吕内和窗框中与空船共舞的旧桥之间发生的、这个1940年春天的事情。

请原谅我跟你们讲这些。你们知道战俘的话并不多。不要怕我把这些事告诉别人。每三年就对我讲一遍吧，我不是夸张，尽管我发誓要变得铁石心肠，并承诺要变得不再满腹酸水。就像一首诗里说的那样，此后便是沉默。

请为我祈祷。我需要很多祈祷。从这方面看，在我心里不是一切都很明亮，但或许只要挨几天就过去了。

用全部的爱拥抱你们。

路易

（26）

[1943年] 9月12日　　　　　　　　　　[手写的信]

终于有你的信了！你八月份的两封信，让我有了双份的快

314

---

① 泰蕾兹·迪洛朗斯，马尼·德·戈德马尔最好的朋友和婚礼见证人。——原编者注

乐：一份快乐是终于收到你们的信，另一份快乐是知道你<u>被录取了</u>。这是我现有的为数不多的快乐，但也是持久的快乐。我要说，有点像你一样，它不只是拥有教师学衔的人的快乐，也是拥有教师学衔的人的朋友的快乐，反过来说也有效。减轻了多少负担！好在你终于到达了港口，在经历了这么多的远洋风暴之后。

一整天之后的回报啊！祝贺将是滑稽的；我向你、向你们简单地献上我的快乐，即得知你们从这个目的中解放了出来，今后可以自由地选择别的更纯粹的目的了。然而这一切也夹杂着些许忧虑。请明白地告诉我，别兜圈子，尽管如今一切都可能在某一刻发生变化：你说"离去的威胁压在我身上，越来越紧迫"。这是在说什么事？义务劳动服务法？你的班级"被动员"了？另外，保罗，你还说"住在巴黎，属于我们两人的最后一座长久存在的小岛"。我要怎么理解这句话？关于沙特尔，关于你们的祈祷，以及关于其他一切，你们对我讲的令我感动。关于战俘有许多可说的，但是——如果以后不再有战俘了，谈论他们还有意义吗？这是一群人们很快就会忘记的人——他们中大部分人所求的也无非是被忘记。终于。我觉得自己重新提起了对生活的兴趣，是的，但在<u>生活和我之间</u>，有那么多的秘诀、方式，太多了……它和从前将不再相同，不再是年轻又没心没肺的。在这个意义上，我将是个老人。你们或许也会以别的方式成为老人。至于心灵的青春，你们相信人能够很好地评判他自己吗？全心地想你们。

　　路易

（27）

1943年9月16日 　　　　　　　　[用打字机写的信]

在时间上退后一点，我就能把你们看得更清楚。也从这种等待中解放了出来。我对你们的感觉就像我对自己的感觉一样，这项义务终于得到履行，规则得到遵守。还有这种快乐：尽管时间流逝，仍有广阔的未来。保罗终于被录取了，在永恒的秩序里，这算不上什么，但在时间的秩序里，这就像有了一个新的青春。我又想到了1939年7月之后，也就是会考之后的两个月，想到我"青春"中最自由的日子……终于从自我中解脱出来。一种从此只由未来构成的生活……

然而我缺少很多细节，去更好地想象你们变成了什么样子，以及你们身上什么东西没有太变。保罗对我讲了他的考试。唉，我有点像是个门外汉，我还没有读过这本书。我的知识还是来自吉东、伯尔①、拉谢兹②、乌尔的课堂，我亲近乌尔，远比亲近其他过去的人——这是毫无疑问的——甚至未来的人更多。想知道在你整个阅读期间，你有或有过哪些发现和研究。如果保罗选择了哲学史，或是选择别的什么专业，他肯定不会没有对它培养一种特别的兴趣。因为时候已经到了——我们已经老了……——甚至是在思想中老了，就像其他人在生活中老了，都是一样的。希望保罗给我讲讲他的学习、老师、记忆深刻的事情，如果这不会花费他太多精力的话。这一切对我来说都有

316

---

① 伯尔，里昂预科班学生给接替让·吉东而成为他们哲学老师的让·拉克鲁瓦取的外号。（参见《阿尔都塞传》，第一卷，第155—159页。）——原编者注

② 皮埃尔·拉谢兹·雷，里昂哲学家，1939年高等师范学校入学考试的主考人。——原编者注

特殊的价值，因为无论在哪个领域，他如今对我而言都像是大哥一样。

曾经有一段时间，就在不太久之前，我在自己的学习本身和自我之间设置了这种精神的距离，我在自己的学习和世界之间设置了一个大学生：某种轻蔑，加上目光下的某种虚荣。或许生存已经没有那么急迫，或许我不再拥有曾经的苦涩的力量，又或许我重新为世界找到了一种更人类的意义……再也没有了这种距离。或者不如说，事物彼此分开，变得清晰了。（我觉得这一刻的到来是完全无理由的，我有两三次承认，平静有时会自动降临，因为它同意这样。）我终于又准备好重新拿起一本书并打开它。

帮我个忙吧，保罗。如果你想让我幻想一切都会像从前一样继续，而且我会和你一起重拾学业的话，你大概是最能帮到我的那个。

千万不要在这件事里看到牢骚。牢骚不是解决办法。我相信自己是清醒的，至少在给你写信，在非常简单地向你解释这件事——就像在一天结束作汇报一样——的时候是清醒的。全心地拥抱你们。

［路易］

（28）

［1943年］10月17日　　　　　　　　［用打字机写的信］

我们的信大概又一次要擦肩而过。可我已经一整个月没有你们的消息了。上次的信还是关于你那么期待的，也给我带来了那么多快乐的成功。我只能想象你们已经给我回了信，不需要再去回想不远的过去，想象我们之间的对话还在继续……

　　通过弗里堡的慈善机构收到一箱瑞士寄来的书，肯定是巴迪仔细包装好的。第三次。（前两次里面有些园艺论文和德育小说。）说真的是第一次。在光彩夺目的纸上的《伊恩》，在华丽精制犊皮纸上的《安提戈涅》的杰出译本（这些瑞士人真幸运，现在还可以拥有这么漂亮的版本……），［雅克·］里维埃和阿兰－富尼耶之间通信的第一卷，歌德和首相米勒之间的谈话，等等。重读《安提戈涅》时，重新发现那些在我们过去的版本中需要借助穿透力带到光线下才能看清的模糊句子，被清楚地写在柔软又光洁的纸上，印象深刻。光线啊，穿过树干之间……诗句的光辉，当合唱团独自上场，不再与应答的颂诗连在一起，不再受对话里作为向导和边界的那另一个人的支配，而是独自地，在光线的热忱中，在心灵的休憩中，念诵深沉的咒语。而这份我在预备班的时候读过，现在又重读的通信，有点像别人为我们的青春写下的回忆，因为现在我又感受到它，哪怕年龄和优雅的状态已经被我们甩在身后……保罗，你是全部对话的唯一知情人——马尼，你呢，小马尼，你是他的清醒意识，是知己。昨天二十五岁了，二十五岁，唉，是的，我二十岁的时候进入战争。二十五岁了，马尼，这肯定对你意味着什么，这对我们意味着什么，我相信，我们多少算是同时代人（保罗可能二十四了……）。二十五岁，指间握着的是［雅克·］里维埃和阿兰－富尼耶的通信，二十五岁，它在指间，在这些书页之间死去，也因其他写出的文字而死去，被写出来就

318

死过一次了，被再次发现就又死了一次，这就是我们古老又自由的青春啊。

我知道，等到二十年后，如果我们还活着，会对这几行文字发笑。我知道，等到二十年后，如果我们还活着，在我们身后还会有别的青春。但是阅读和发现十九岁在预备班读的书，那时，比起相信人更相信话语，根据话语来相信人，唉，没办法两次失去同样的青春……

话虽如此，并无懊悔，我坚定地站在地上，像你们熟悉的那样充满信心，和以前一样又不一样。

全心地拥抱你们。

路易

（29）

1943 年 11 月 4 日　　　　　　　　［**手写的卡片**］

焦急地等待你们的消息。这段时间很少收到信，肯定不是出于什么特别的原因。卡萨的消息告诉我说家人都很健康。他们还能跟我说什么别的呢？这里总是事情很多。闲暇时间很少，读完了凡德尔·梅尔施的《肉体与灵魂》，匆忙写成的书，写得像是月底的总结，但并非没有分量。然而离"完善"还太远。我的父亲，我的母亲和若尔热特都想念你们。把我最热忱的思念转告给你们的父母。拥抱你们。

路易

（30）

[1943年] 11月7日 　　　　　　　　　　[手写的信]

还是没有你的消息，保罗，尽管这几天从法国来了几封信。也没有外婆的消息，她在莫尔旺，也没有邦迪的教母的消息，也没有乌尔的消息，我给他也写了信。为了联络你，我试过给吕内、里昂写信。我需要等待。要知道，尽管我必须对所有事情都充满信心，我还是很难作出决定。也许你既不在吕内也不在里昂。离得这么远我要怎么想呢？最重要的是，现在，你回来了，和马尼以及你们的小女儿一起，人们可以联系到你，定位你，发现你们在休息和回信……你重新开始上课了吗？你在忙些什么？（乌[尔]给我的信里说，"不要责怪他的沉默，他有太多的活动，没法跟你们一一描述……"）有什么你不可以讲、我不可以听的！总之，比以前更需要耐心（在强调的意义上，因为我们最后的阶段可能是粗暴的）。冬天来了，这些光秃秃的树枝、这些汗毛和这些野兽都过早地竖立或愤怒起来，我能感受到。我们还要再过一个冬天吗？听天由命，不管要多少时间，我们都能坚持。只关乎我们自己，就没有那么严重。我在休息时间会读点这个那个。你不要惊讶，如今我没有多少读书的兴致了！心里装了太多其他的思绪，人们翻动着的这一沓沓纸，滑稽可笑……甚至历史，当我们读它的时候，也索然无味，因为在你们身边另一种历史正在形成，就是当前的那个。你生活在其中，我父母生活在其中。被从自己的时代里活生生地拽出去，并且对此心知肚明，这是怎样的历史啊！幸运的是，我还有你们的友爱，直到我最终可以真正拥抱你们的那一天！

　　路易

320

（31）

［1943年］11月30日 ［用打字机写的信］

321

终于收到你们的信和卡片，11月的，保罗写给我的。我不能不带着某种感动去读你的信，你给我讲了分散在这么多地方的生活，这些即兴的课堂，所有这些混在一起的东西，它们让生活比以往任何时候都更是暂时的。对某本书的研究——你知道的，在这个杂物堆里，在几乎无光的黑暗中，没有惯用的学习器具——让我在心里回想起了一些非常久远的阅读。总之，时代的标记。我以环境的名义等待着这份临时的道歉，你不会忘记写下它并寄给我的。

你跟我谈到佩吉的发现，谈到一篇关于缓慢的报告。就好像十年前我对你谈到这些。有一瞬间我怀疑你是不是没收到我很久以前的一封信。时间在流逝。但要认识到这一点，同样需要一些外在标记，至少在这里。你唤醒了我，就像那个国家——它让火车站站长喊出它的名字——唤醒了行进中列车上睡着的旅客。关于这一切，显然还有许多可说的，但是，除了有些人已经不得不说之外，说它们还有什么益处呢？我勉强写下的这唯一的东西，是因为必须拒绝什么都不说。它叫《战俘的耻感》，登在了我们的报纸上①。

一封关于法国对我而言意味着什么的信？你给我的这个提议是一个更严重的悖论，我很难写一篇《法国人的耻感》。

有时甚至会从内心深处问自己，讲这些有什么用。想到了

---

① 文本见本书第343页。——原编者注

欧仁尼奥·多尔斯[1]，他每年都会烧掉写得最好的文章，然后把灰撒向大海。或更确切地说，是想到了和他相同的，但这样做了却没有这样说的人。或更确切地说，想到了拒绝在这样做之前就这样说的人。还是话语。但"此后便是沉默……"。

很高兴得知你被派到布尔格去了。通过这个地名想到了贝沙尔[2]，你可能知道，战争期间我长时间能见到他，因为在前英雄时期，我们俩都生活在伊苏瓦尔。我不记得是我这里的哪封信，也可能是你寄给我的，告诉我说贝沙尔失去了妻子。如果你自己还有那封信的话，能告诉我一些细节吗？在阿利耶，我们第一次感受到孤独的时候，他对我讲了许多关于他妻子的事，以至于我虽然从没有见过她，却已经有些认识她了。她是樊尚[3]妻子或至少是未婚妻的朋友。你有樊尚的消息吗？

请给我讲讲我的教女，讲讲她在你们生活中做的事。我又看见1940年马尼爬上吕内的一个斜坡，在我再也没有见过的温和阳光下，我听到她还在对我说："她只能重复：可他是我的，可他是我的，是我的……"拥抱你们。

路易

----

① 欧仁尼奥·多尔斯（Eugénio d'Ors, 1882—1954），西班牙作家、哲学家、艺术评论家，"新百年主义"运动（Novecentismo）发起人。——译者注

② 菲利普·贝沙尔，路易·阿尔都塞在预备班的同学，"怪战"期间他们在伊苏瓦尔重逢。——原编者注

③ 参见第64页注释。——原编者注

（32）

1944年1月5日　　　　　　　　　　[手写的信]

这几天开始变冷了。一个迟迟不到的冬天，终于到来了。我想到你们，但没有你们的消息。当前一切都不明朗。心里只有这段被保存和被叫作回忆的友谊。等着你们跟我讲讲你们的生活，我很难去想象了；你们的物质生活，还有另一种生活。但是你们想想吧，我现在已经很难想象其中一种而不想象另一种了。你们住在哪里？我一直往塞尔维亚街写信，也不知道你们是不是还住在那里。你们的父母怎么样了？在吕内的人生活怎么样了？皮伊卢比耶①的人呢？兄弟姐妹们都怎么样了？要在那个我曾经熟悉的世界中重新确定你们的位置，我再努力也徒劳，在这方面我强烈依靠你们。你们在读什么书？你们有时会听一些优美的音乐吗？看几场戏剧？在这艰难时期人们谈到那么多的演出，或许里昂也有一点机会能给你们提供一些美妙的表演。不要害怕对我讲述这一切。我不会因为听你们对我讲了自己的些许娱乐就觉得自己的生活更贫乏。也不要忘了跟我讲讲别的一切：保罗在做的事，他在写的东西，他在想的事情，他想写的东西。读了圣十字若 [望] 的两本小书，惊讶胜于欣喜。如果可以的话，请设法帮我搞到这几篇<u>文本</u>，尤其是《心灵的黑夜》的文本。有那么多、那么多、那么多的事想和你们说！如果不算过分的话，我还想向你们要克洛岱尔的《三重唱歌词》②。你们见到乌尔了吗？你们怎么看他？有了卡萨的

① 圣维克多山上的一座村庄，马尼·德·戈德马尔家族的发源地。——原编者注

② 原文"Cantate"，为"La Cantate à trois voix"的简化。——译者注

323

好消息，似乎一切都很好（当然，我也不会知道那些不太好的事情）。我妹妹做了许多事，做护士，等等。我父母都在老去，我能感觉到这一点，这是到目前为止最糟糕的事情。拥抱你们。

　　路易

（33）

1944年1月26日　　　　　　　　　[用打字机写的信]

　　[给保罗·德·戈德马尔]

　　刮风下雨的冬天，希望你们的冬天和我们的冬天一样温暖。下不完的雨——它让人想起一些简单的、会翻来覆去地讲的事——直到世界的尽头，就好像它会一直平行地落在屋顶上，直到时间的尽头。在那里我常常等不到你们的信，丢了，还是太慢了，我不知道，但我需要这些信。

　　我换了工作，已经有十五天了。我不再和协调人一起工作，我和他有太多的友谊，在一起做了太多的事，有太多的回忆把我捆住，以至于我不能不和他一起离职①。一年就这样以一场离职结束，这对我而言有一种无与伦比的美学味道。我们和帕兰在他满是旧物的住宅前，谈论过这种缩减，一个闭合的小圈子，自我封闭起来，分割了阴影与光明。有点像欧[仁尼奥]·多尔斯撕掉的关于城市的一页，他最美的一页。与这张被揉成一团

──────────

　　①　1943年12月31日，罗贝尔·达埃尔递交了辞呈，其职位由亨利·鲁塞接任。很可能是路易·阿尔都塞劝他朋友离职，以避免在思想上与维希政权完全妥协（参见《阿尔都塞传》，第一卷，第203页）。——原编者注

324

又再次掉落的纸，可能有同样的声音……

要告诉你的是，不再做那么多积极的、我之前无权拖到第二天的思考，不再被未来那么催促着，得益于一份不那么消耗精力的工作，我现在可以在自己身上恢复这种原初的休息，它会在观念之间进行分配。我慢慢地又有了读书的兴趣。我幸运地在图书馆里找到一本笛卡尔，正在对他做一点研究。还有几本莱布尼兹的选集，《伦理学》，这些就构成了我现在的哲学全景图。我忘记了［尼古拉·］别尔嘉耶夫的《对存在的五个沉思》和勒内·勒塞内的《哲学导论》①。没多少东西，我不无遗憾地想到斯宾诺莎和他的同时代人，想到《数学思想的诸阶段》②，想到《［道德和宗教的］两个来源》③，还有《论表象的基本要素》④；我对这么多书几乎都有读一遍和再读一遍的兴趣，如果我手上有它们的话。你能不能替我问一下高师，问他们能不能设法为我搞来这些书？或者无论其他什么古典或现代的哲学著作，或者哲学期刊也行，我总能从中找到自己的精神食粮。

又要你帮这些忙，就好像在这该死的生活延续的岁月里，我注定总是坐享其成……

还要告诉我你们在读什么，在写什么。对我来说，这仍然是分享你们生活的唯一方式。

带着全部的友爱，拥抱你们。

路易

---

① 1925年。——原编者注

② 实际上是莱昂·布伦士维格的《数学哲学的诸阶段》，1913年。——原编者注

③ 柏格森著，1932年。——原编者注

④ 实际上是奥克塔夫·阿默兰的《论表象的一般要素》，1907年。——原编者注

（34）

326

1944年2月20日　　　　　　　　　[用打字机写的卡片]

　　在这变得名副其实的冬天里（唉，我想到肯定在受冻的你们，想到所有在法国的肯定在受冻的人），这张匆忙写成的卡片是为了对你们说，自从我得知马尼身体不适以后，就迫不及待想知道她好一点了没有。是的，马尼，我收到你那封漂亮的长信，充满细节，比细节更多的，是你对你们两个人的想法。是的，我收到你们去年夏天寄出的两个包裹，居然完好无损（你们没有收到我向你们确认并表示感谢的信吗？）不要为我担心。我有自己需要的东西。就这么定了，我会时不时给你们寄一张便笺。我真觉得你们快成了我母亲，如果我不听话，你们就要训斥我了。你还让保罗对我瞪眼。我父母很好。他们要我转告对你们的思念。拥抱你们。

　　路易

（35）

1944年3月19日　　　　　　　　　[用打字机写的卡片]

　　为你们的沉默感到不安。你们没有收到我的信吗？马尼怎么样了，她的最后一封信告诉我说她身体不适，还有保罗呢，被这么多的工作和忧虑消耗着。贝尔图［神父］跟我说他最近给你们写了信，但没有得到你们的消息。行行好，告诉我 327 发生了什么，要知道最简单的几句话就对我有巨大的价值，只要能告诉我你们的健康和生活怎么样就行。我还能怎么对你们讲呢？对你们的思念是支撑着我的理由之一，我痛苦于不能分享——哪怕我们天各一方——你们本可以自己对我讲的事。在这里，永远是同样的等待，同样的陌生的生活，但岁月不饶人。又一年的3月25日①接近了，我有那么多的回忆，要是能够和你们在一起谈谈它们该有多好。全心的。

　　路易

（36）

1944年4月23日　　　　　　　[用打字机写的信]

　　你们收到我的最后一张卡片了吗，4月初写的？从那以后就没有你们的音信，我也不知道该如何咒骂这些在我最需要知道你们消息的时候丢失的信。马尼身体怎么样了？那个小女孩现在应该会说话了吧？我真想有一天能当着你们的面把她抱在怀里，高高兴兴的，哪怕因为返乡而陷入令人难以忍受的沉默。而我现在却什么也不能做，只能翻着从前的相片和信件，跟你们讲讲我自己，唉，我因为这个自己而疲惫不堪……我还没有从两年前就开始如此折磨我的厌倦中恢复过来②。不是这种对自我的永恒关注妨碍我对你们讲其他事情，只讲我自己的生活，而是这种既无事件也无想象力的生活，禁止我去跨越无形的边界。也不要怪我最近几个月给你们写信少了。分离的时间越长，我就觉得自己亏欠父母越多。我试着让他们想象我还年轻，并且他们在我眼里也还年轻。我可以毫无困难地对他们讲述我的

328

---

①　保罗和马尼·戈德马尔的结婚纪念日。——原编者注
②　见1942年圣周六的日记，第88页。——原编者注

想法，但我不能毫无困难地忘记他们在老去，并且失去了人生中最精彩的岁月——自己还年轻，长大的孩子们还在家里……其余的一切都无足轻重！我愿意付出自己的生命所需，只要能抹去我母亲脸上的几道皱纹！但不要认为我充满悲伤、不抱希望。当我和你们讲这个那个的时候，只是在记录当前的生活对我讲的话。我有空的时候会读某本书，会与某位好朋友讨论，晚上我会去营地里一成不变的广场上转转。这很好。我可以告诉你们这些，这样你们就知道，我最近重读了《一个乡村教士的日记》和《帕尔马修道院》；我的波兰语水平见长；我确定了一个写作计划，是关于笛卡尔的广延理论的，但我可能永远也写不出来；我还看到春天终于在满鼓鼓的树枝间绽放。我对你们讲的这些就是我在空闲时所做的。我还可以对你们讲讲我在工作时所做的，我怎么睡觉，我睡得很好……唉，这些差不多就是我可以就自己谈论的仅有的一些事了。它们成就了我的信，装满了我的信，这些信息是用大小相同、从头到尾排列整齐的小字——它们就像我时间里的分分秒秒——写成。但你们知道，反复讲些同样的工作和鸡毛蒜皮的小事是一种痛苦。我闭上眼睛。世界对我来说从此只是正在老去的一个男人和一个女人，他们在思念自己的儿子。给了我深沉友爱的你们。还有其他几张被黑暗吞没的熟悉的面孔。但在遥远的地方，那个男人和那个女人，也就是我的父亲母亲，在他们年岁的沉默中，正等待着我，因为我迟迟不归……

329

全心地拥抱你们。

路易

（37）

1944年5月1日

［给保罗·德·戈德马尔］　　　　　　　　　　［**用打字机写的卡片**］

　　保罗，很高兴终于收到一封你的信；但为什么你要这么悲伤呢？我希望你能赶快再给我寄一张卡片，告诉我一切都好。你对我说"我飘零着"。我想，在你们深深的信仰中，你和马尼还有你的小女儿一起的生活，应该是一体的。并且无论这些努力在表面上如何徒劳无益，也无论你是否总是能在工作中找到应有的乐趣。当世上的一切都在动荡和崩溃时，最重要的难道不是你们怀着的这个光明与喜悦的中心吗？不过我为什么要对你讲这些话呢？你是富足的，保罗，你身边有那么多的事物，与它们相比，我的这些话不过是徒劳的噪音。原谅我；我强烈地想你们，为你们祈祷，我能做的只是全心全意地向你们献上我的友爱。

　　路易

（38）

330　1944年7月22日

［给保罗·德·戈德马尔］　　　　　　　　　　［**手写的卡片**］

　　保罗，你还是一个人在里昂吗？泽特①领圣餐那天的卡片

---

　　①　泽特，戈德马尔的妻子马丽·卡尔塞的妹妹。——原编者注
　　根据原编者注释，"马丽·卡尔塞"就是"马尼·卡尔塞"，即保罗·德·戈德马尔的妻子马尼·德·戈德马尔。——译者注

让我这么认为的。马尼克服了通信困难，和你团聚了吗？她在吕内？带着碰运气看的心理，我也给那里寄了张卡片。你们怎么样了？马尼春天的时候生了病，现在好了吗？我很想再见到你们！尽管一切都变了样，尽管我们都老了，但生活在我们中间。我只想拥抱你们，哪怕就一次也行！想到吉内特[①]转告我的，你的父母和兄弟姐妹的问候，我就深深感动。告诉他们，告诉她，我想他们。你们真是我的家人。从卡萨来了好消息，还有各种对你们的想念。

　　拥抱你。

　　路易

（39）

[1944年] 8月28日　　　　　　　　　　　　[手写的信]

　　保罗，马尼，你们怎么样了，你们的父母呢，兄弟姐妹呢？我等待着，请你们用这个通信困难的时代里最快的速度答复我。我带着碰运气看的心理通过日内瓦寄信，想着这样信就更有可能寄到你们手里。两个星期以来，在那些漫长的沉默时刻，我带着我们都已经熟悉的那种焦虑，不停地想你们。我希望再次见到那些朴树，得到最放松的休息。但你们会在那里吗？至少马尼和她的小女儿？在皮伊卢比耶？在里昂？还是彼此分开，马尼在这里，保罗在别处？原谅我提这些问题，但目前我也没别的什么可以写给你们。已经很长时间没有收到卡萨

331

---

　　① 吉内特或热纳维耶芙·卡尔塞，马尼·德·戈德马尔的小妹。——原编者注

的任何消息，但这很正常，我不担心。也没有在邦迪的姨妈的消息；也没有拉罗什的消息，我希望那里的人平安。我们都在上帝的掌握中，在一无所知的情况下，只能祈祷。这里的精神都紧张地期盼着一些事件。除了未来自然会发生的事情以外，很难去想别的事。即便是那些难得的闲暇时刻也被这种精神的紧张"吞噬"了。就好像同其余的事情相比，这些时刻没什么重要的。这些都发生在对于这个地区来说算是炎热的八月，在我给你们写信的时候好不容易下了一场暴雨。不要怪我这封信太仓促杂乱。我只是想知道你们的消息，并告诉你们，我在精神和心灵上离你们从未有过这么近，迫不及待地想再见到你们。向你们的父母致以尊敬的问候，向你们的兄弟姐妹致以友情。拥抱你们三个。

　　路易

332　（40）

1944年9月19日　　　　　　　　　　　　　［手写的卡片］

［给保罗·德·戈德马尔］

　　保罗，这是最近发生的事件以后给你寄去的第二张卡片，为了告诉你我过得很好（这是次要的一点），我在无比焦急地等待你们的消息（这是重要的一点）：如果你收到这张卡片后，还可能并可以给我答复的话。至于其余的，哪怕我无法说清自己的状况，你也可以想象——我一直在想什么人和什么事。这段时间没有卡萨的任何消息。拥抱你们。

　　路易

（41）

1945年1月24日　　　　　　　　　　　　　[**手写的卡片**]

[给保罗·德·戈德马尔]

　　保罗，自夏天以来就一直没有你任何消息。收到乌尔一封
11月写的信，告诉我说：在里昂，除了桥那边，都没受太多苦。
但是你们呢，你们在哪里？我料想由于过去重要的几个月的变
动，你们没收到我的信和卡片。我不焦虑，但我越来越迫不及
待地想读你的信。卡萨的消息，非常好，已经是三个半月以前
的旧消息了。在莫尔旺的外婆和在邦迪的姨妈及其全家，都让
人放心。另外还有那么多的话题、信心和深深的喜悦。我这里
表面上还是不好不坏，会在休息时读点这个那个的；不受我们
控制的大事件正在发生。全心地拥抱你们。

　　路易

（42）　　　　　　　　　　　　　　　　　　　　　　333

1945年2月13日　　　　　　　　　　　　　[**手写的卡片**]

　　吉内特的那张短短的卡片之后，毫无消息，还是毫无你们
的消息，从夏天以来只有那张卡片打破了沉默。我知道你们在
里昂。这已经是知道很多了。可是总体上知道的并不多！但是
你们的父母呢？你们的姐妹兄弟呢？马尼的哥哥①呢？在这段
战斗的日子里，我尤其想到的就是他。还有你们……我咒诅所
有让我们的信不能按时到达的障碍和困难。我要耐心一点，告

---

　　①　保罗·卡尔塞，上世纪五十年代死于印度支那。——原编者注

诉自己时候会到的，沉默有其时，和你们的重逢也有其时……

　　全心全意地想你们。

　　路易

在XA号战俘营报纸
《链》上发表的文本

Textes publiés dans *Le Lien*,
le journal du Stalag XA

报纸《链》的报头

未来生活的遗嘱

337

这些为了精神中的一小部分而说的话依然是自由的，这种小小的精神自由在我们身上依然是自由的[①]。

大概是笛卡尔写的："我当时在德国，战争偶然把我带到了那里。"三个世纪前的一句老话。可我们也是这样，只是没那么光荣："我当时做了战俘……"

我不谈这些天的这些劳动（身体疲劳、得不到休息），不谈任何我们身上被俘的东西，它们不仅被俘于那些看守我们的人，也被俘于这个时代的法律，这个多灾多难的时代的法律。（我认识一名大学生，刚摸到一所大学校[②]的门，眼看着就要开始三年的学习，"三年长假"，然而他度过的是没有任何假期的漫长的三年。还有许多和他一样的人！）我不谈所有这些苦难，这些无法挽回的日子，而是要谈这种小小的精神自由，它在我

---

① 斜体（中文为黑体。——译者注）部分是根据原始版本标出的。——原编者注

② 大学校（Grand Ecole）是法国高等教育机构的一种，通常设有入学考试并择优录取，如巴黎高等师范学校。这里所说的"大学生"，应该就是阿尔都塞本人。——译者注

们内心深处依然是自由的，在面对我们的命运、面对我们的罪恶、面对我们自己时，它依然是自由的。

这种小小的精神自由让我们比我们的苦难更强大。

338　　　好奇。是它最初的名字之一。"一位朋友对我讲，好奇，是我的第一道防卫。紧绷的心弦啊，在八月夜晚的炎热中穿越边境，盲目的火车驶进德国的第一个黑夜！……焦虑闷在心里，就像要纵身跃入虚空。焦虑，然而比焦虑更强烈的，是即将来临的事物的滋味，是这种等待，好奇……"

"对事物和人的好奇。对我们身边的人、对同伴的好奇。失去一切并和一群同样失去一切的人生活在一起，这是非同寻常的。好奇，它持续了六个月。自从……"

自从……我们放下一切，甚至是兴趣。为什么不随波逐流呢？追随别人显然更轻松啊……开始出现严寒的迹象，在冰霜的威逼下，第一批树开始变秃，枝丫抓向天空，站直了身子戳进冬天：在尽头，一条路消失在阴影里。站直身子，用毛衣和孤独把自己裹起来，像在梦里一样走上这条没有尽头的路，这很简单。就这样经历了多少个冬天——只有身体经历了。

不再去思考。血液在血管里流动，取代了时间。夜晚的，疲惫。身体的无意识，终于与自己独处了，在黑夜里。"但愿晚上早点睡！！"这句话是多么深刻，无法对它付之一笑：在两次睡眠之间，一种生活在疲倦中维持着。甚至可能是这样一种睡眠：一旦睡去，一切都得到总结；一旦睡去，一切都消逝。睡着的人，他还知道自己曾生活过吗？睡着的人，他还知道自己会继续生活吗？在这个既无过去也无未来的黑夜，只有直起①的身子在呼吸。

但这种依然是自由的小小的精神自由［在］哪里呢？

还有一些人，比疲劳更强大，他们战胜了疲劳，重新熟悉了一切。太阳为他们升起，每一件事物都在阳光下重归原位。俘虏？生活继续着，前方的道路是笔直的。他们耐心地走下去，除了些许不适和束缚，生活对他们来说还在继续。他们习惯了。他们以此为代价忍受着被俘。某种摆放物品的方式，把它们摆放在它们永恒的位置上、今后也是它们习惯的位置上的方式，这是生存中一项伟大的工作。忙着去做一些事吧。拜托，我不能一直什么都不做！忙于自我是神圣的习惯，就好像这种生活必定会持续下去。

但这种在我们身上依然是自由的小小的精神自由在哪里呢？

我的朋友继续说道："坚持的人和抗拒的人。想进行领导的人和随波逐流的人。贡献自己的才能并坚持的人和拒绝这样做的人。甚至是他的献身。都同样有罪。'我在这里，只是为了让

---

①　"直起"原文"se soulèvent"（原形为 se soulever），除了"直起身子"外，还有"造反"的意思。——译者注

你们追随我……'谁会说出这个时代的虚假使命？唉，这里的错误在于，当说'我在这里是因为我是俘虏'是如此简单时，或更好些，当什么也不说是如此简单时，自以为一种制度是自然的，会像河流山川一样对世界秩序有用。"

这种在我们身上依然是自由的小小的精神自由。

只要让我们按照事物的本来面貌看清它们。看清它们的开始与终结。把它们放回它们真正的位置。最重要的事物放回最重要的位置，次要的事物放回次要的位置，最末的事物放回最末的位置。还有这种暂时的生活本身，放回暂时的位置。这个句子中的括号，也放回它的位置（在括号中）。不要忘记写上前括号，也不要忘记（提前）写上后括号。在括号的两条弧线中，有我们现在的全部情况，痛苦、伤残、损害；有那些我们拒绝做的事，因为知道它们是暂时的；有那些我们毕竟还是做过的事，因为知道它们是暂时的。

在这个括号里，是我们的日常生活，是令人心碎的苏醒，是将人吹弯的风，是让人湿透的雨；是直到尽头的日子。在这个括号里，是写过的信和收到的信，是箱盖上植物杆头瘦弱的花，是所有那些需要耐心的工作。在这个括号里，是一个夜晚在一座舞台上的不同游戏，包括这份意料之外的报纸本身。我们终于说话了，只是为了让人们将我们忘记。

然而，在这个括号之外（就像在它里面），因为它属于所有的句子，因为它是所有句子——过去的和将来的语句——的生命，因为它是我们过去的和将来的生命的生命，甚至是我们当前的生命的生命。

这种在我们内心深处依然是自由的小小的精神自由。

（《链》,［第12期］,［1943年3—4月］）

爱发牢骚的法国人

他从一开始就爱发牢骚。恺撒在他的《历史》中指出了这一点：高卢人喜欢演讲和辩论。他抱怨后果而非原因，抱怨大臣而非君主，抱怨制度而非人们。王权陨落了，他还在高喊："国王万岁。"

他不叱骂下命令的人，而是叱骂执行的人，不叱骂上帝，而是叱骂元素，不叱骂领袖，而是叱骂官吏，不叱骂将军，而是叱骂副官。

他爱讲道理，但不指望胜利。他更喜欢有道理地去对抗胜利者。他天生不是被统治的料。"帝国治下的共和国多美好啊……"，或是我们祖父辈的抱怨。那是在1873年[①]。

他抱怨事物，多于抱怨某个人，甚至多于抱怨某一群人。他因为事物是其所是而抱怨它们。却没有想过要反对自己，尽管他对于自己所是的样子感到愤怒。

抱怨一切的人质疑一切。人们不断说法国人成为了笛卡尔

[①] 1870年，法国再次爆发资产阶级革命，废除了君主制，建立了法兰西第三共和国。——译者注

主义者，就好像能思维的笛卡尔改变了他们的性情一样。为什么不说笛卡尔天生就是法国人？

　　矛盾，要么在我们血液中，要么就不存在。要让他在战前　　342
来参加一场辩论，这辩论就必须是矛盾的。他承认法律正如承
认人行横道：为的是绕过它们。

　　就像帽子有尖角：为的是好把它们塞回去。确实，发明这
种帽子的裁缝是个大政治家。给军帽设计两个驴耳朵真是个绝
妙的主意，它让人们有了仇恨规则的真实动机。

　　此后，那些尖顶帽被留在战场上，他戴着扁平帽，在地平
线上摇摇晃晃，三年来被雨冲洗又被风吹干。但这个不再引起
他的兴趣。他甚至会时不时拿出尖顶军帽，好像在说："我是自
己仇恨的奴隶，不亚于是自己习惯的奴隶……"

　　幸运的是，他找到了别的臣民：有换班[①]！……此外，他
抱怨一切，是因为这是一种如此令人心软的方式，可以让人们
无法抱怨他。实际上要是他什么也不说，那才令人担忧。如果
一切都不好，那一切都会继续坏下去。如果一切都好，那也没
什么会变得更好。

　　理想的情况是一切都好，但他还是要发牢骚。这是为了深
深地记住，人不应该给自己创造习惯。

　　因为习惯有点像刺刀：可以用它做任何事情，就是不能坐
在上面。

（《链》，第 14 期，1943 年 7 月）

---

　　①　影射维希政权 1942 年出台的政策，该政策旨在将战俘的提前释放与自愿前往德国的
人数挂钩。这样就有了"换班"这个表达。——原编者注

战俘的耻感

343

谈谈战俘……

谈起战俘毫不费力的，是那些已经被释放的人。谈起战俘毫无内疚的，是那些自由的人。那些《战俘回忆录》和《铁丝网背后》，还有关于逝去的时间的其他叙事诗，无论这些书籍有多么精美和优质，在书店也不会获得大的成功。所以还是不要打扰这些人和他们的痛苦吧。尤其不要试图趁机发财。

最有资格谈论我们的，是我们的家人。他们最了解我们。虽然对我们的生活一无所知，但比起在我们身边生活了两年之后离去的那些人，他们更亲近。他们受的苦也最多。（这些毫无怨言地等待着的母亲，这些毫无怨言的母亲的来信。）这些最有资格谈论我们的人保持着缄默。这些人凭着只言片语就能理解。

战俘的耻感。只有在开始的时候，当与一切的分离——那还是不久之前——加重那种对比时，才有那些无穷的记忆：人们倒叙着讲述人生，去年夏天，另一年夏天，然后是做自由人时的所有夏天，法国的麦穗，让瓜果和人们变得成熟的阳光。只需要两三个月就能讲完二三十年的人生。人们讲故事的速度比生活的速度更快。等到某天故事和生活重合时：人们就保持

344

缄默。如果我们的记忆是准确的，三年就可以让我们缄默不语。

我们很认识一些有被俘的故事可讲的人。但他们没有成功。当所有人都走过这条路时，就很难找到围观看热闹的人了。"不用说就行的，说出来就更好。"这句话大概对塔列朗而言是对的，对许多人可能也一样。至于我们，奴才。

有些俘虏在写战俘日记。如果他们允许别人读，哪怕是让他们最好的朋友读，都会让我感到非常惊讶。在他们当中，我只认识一位把日记发表在法国的周刊上[①]……全部的问题难道不在于懂得如何选择自己的公众吗？

这种日记，即便我们读，也要小心翼翼：这是我们之间的事。这些有时登台的表演，这些周围的欢笑——证明我们仍然是自己笑声的主人：这是我们之间的事。当笑声消失，证明完成，沉默就降临了。沉默在每一天的深处，周一、周二、周三……这些日子就在那里：它们在每一个黑夜的尽头等待着。就好像一个人在破晓时分，搭着你的肩膀，一言不发地引领着你。

战俘的耻感。保持缄默是为了把自那以后不得不经历的一切留给自己。一份不能分享的彩票。是唯一剩下的财产，为了它，可以把外人都赶走。或许三十年后，最明智的人不再保持缄默也未可知。……孩子们会说："那个老头，有做战俘的故事……"

（《链》，第15期，1943年8月）

---

① 暗指让·吉东在周刊《明天》上发表《战俘日记》。见第307页注释。——原编者注

希望

那是1940年12月。我回到工作队，一座巨大的砖瓦建筑，在一片高地上匆匆生长，四面而来的风肆虐着。我们有三百个人"在平台上"劳动。三百个人分成一些小组，一到夜里就聚集到工作队。三百个人，白天分散在平原和风中，黑夜里又暖洋洋地聚到一起。黑夜。我们出发时天还是黑的（十二月白天很短）。两扇门打开，一扇通往风，一扇通往寒冷。一盏提灯，一些仍然包裹在暖气里的人，隐没在黑夜。

我们回来时天已经黑了。开始刮起大风，开始变得很冷，开始下雪。一直是黑夜。

我们周围的黑夜，遍布世界的黑夜。第一批信件到啦……人们读信，为了在其中找到一些信号，一些生活仍在继续的许诺。时有时无的微弱灯光。黑夜又将自己封闭起来。笼罩法国的黑夜也是笼罩世界的黑夜。笼罩世界的，是黑夜：我们对世界一无所知。但是笼罩法国的，也是黑夜，甚至是更深的黑夜：我们对法国一无所知，除了它被打败、被占领，身体和灵魂都受到前所未有的伤害。我想起这个时代，就像想起一个最令人绝望的时代。不仅是身体，我不知道它能否经受得起这么多的考验，还有灵魂，它被黑暗严实地包裹着，在寻找光明，找到的却只有黑夜。勒南的这句话萦绕在我脑海。"年轻人，年轻人，法兰西要死了，不要在临终时打扰它！……"，就像是绝望的声音本身。

我当时结识了 L.B.[①]……这是一个不起眼的人，年纪很大了（老战士，他六个月后离开了我们）。脑袋方正，一双眼睛在乱糟糟的眉毛下更显得炯炯有神，声音细弱而清脆。他是谁？"现在是战俘，从前是某高中的历史老师。"

他对我说：

"第一件要做的努力：用思想提高自己。不要止步于最后的事件，它经常是障碍。我们做人的使命，是要思考那些事件，要理解它们的连续性。我们在最严格的形式下受限于时代（这一年多以来，时代对我们而言，是战争、苦难、被俘）。我们受限于时代，但不是这个时代的奴隶。只要我们用思想统治这个时代，就不会做它的奴隶。"

347

他还对我说："当我想到法国的时候，我想到的当然是这场战争中的法国。但也会想到全部过去已知的法国。也会想到全部将要到来的法国。

"为什么只想到现在呢？为什么要害怕现在呢？在日常生活

---

①　人物身份不明，但是借用了约瑟夫·乌尔的许多特征，后者也是历史老师。路易·阿尔都塞在1940年12月认识了 L.B.；而他和约瑟夫·乌尔通信最多的时候也是这一时期。（参见当代出版纪念研究所阿尔都塞档案和《阿尔都塞传》第一卷第176—187页。）——原编者注

中，人们也不是只想着当天。生意人要想到十五天以前和十五天以后，想到结算的日子。种庄稼的要想到六个月以前和六个月以后，想到过去，想到将来收获的日子。父亲想到自己的儿子，他会想到三十年以后。父亲想到自己的父亲，他会想到三十年以前。三十年以前，三十年以后。对于一代人足够了。对于一个国家，则必须想到五十年、一百年之久。甚至更远。

"相比于一个国家的延续时间，一场事件的延续时间又算得了什么呢？"

··

我们身处黑夜。唉，如果我们留在黑夜，如果我们与黑夜共谋，那么除了黑夜我们还能在身边找到什么呢？

他还对我说：

"面对历史有两种可能的态度。它对我们来说，或者是一个死物，或者是一个活物。

"如果我看着历史，并把它看作一个死物，我走出了黑夜，但又走进了绝望。

"如果我细察自己国家的历史，它在我面前就像一本打开的书，一种被铭记的东西，一种被写下来的东西。'这已经被写下来了。'伟大与堕落，胜利与失败。法兰西的光芒照耀了世界，它的语言的光芒照耀了中欧，直到俄国的城市，法国在路易十四时期的辉煌。这已经被写下来了。缪拉在那不勒斯，路易在荷兰，约瑟夫在西班牙，大军团的加农炮在结冰的大草原上行驶。这已经被写下来了。但是还有滑铁卢！但是还有1815年的疆界。但是还有1870年，又一次战败。在这些闹哄哄的军

事失败以外，还有其他无声的失败……这些人的失败：他们的
土地上少有煤炭，家中少有孩童，田里少有麦穗，海上少有船
舶……

"这已经被写下来了。这被写下来了。昨天的衰败，就是明
天的堕落，就是对明天的法兰西的抛弃。因为这是事物的斜坡。
因为这个斜坡已经到了底。你会说，这还没有被写下来。但都
一样。谁看不到一些新国家在膨胀，富裕得每天都能发现新的
矿藏？它们击打大地，石油就喷涌而出。城市聚集在平原的腹
地，在河流汇合处，烟囱威胁着迄今空无一物的天空。没能在
古老的土地上找到年轻的财富，这是法国的错吗？谁看不出这
些新国家在膨胀，而法国在萎缩，退入了自己的古老城市，这
些城市保护着它仅剩的财物，一个建立在羊毛袜上的农民的法
国……

"这被写下来了。这就是斜坡。人们已经为它设好了一个坡
底。来吧，当一个人站在斜坡上面的时候，他很清楚自己会滚
下去。一个国家也是如此。当这里有一个斜坡的时候，谁能像
这里没有斜坡一样行事呢？"

"我走出了黑夜，但又走进了绝望。"

他还对我说：

349

"如果反过来，我看着历史，并把它看作一个活物，我就留
在了黑夜，但在它尽头，会有一小束微光，希望……

"这已经被写下来了，你说……

"在1428年12月的时候，这已经被写下来了。谁会说这没

有被写下来呢？法兰西，对自己产生了怀疑，被侵占了四分之三的土地，英格兰的军队出现在卢瓦尔河上，还有一些法国人里通外敌，成为内奸。苦难笼罩了这个国家。人们看见狼群甚至出没于巴黎街头，而孩子们在翻垃圾堆。没骨气的国王和近臣在很久以前就已经放弃了。谁会说这没有被写下来呢？ 1428年12月，在卢瓦尔河的岸边，被围困了四个月后，被国王抛弃的奥尔良想要投降……

"然而，在被完全占领的洛林地区，一个十六岁的普通女孩，既不恐惧，也无恶意，重复着一些奇怪的话。在她面前的，是默兹河，柔软、无声、长存的默兹河。这个女孩，后来被人们称作贞德。

"一个普通女孩想要教整个民族如何登上斜坡，这已经被写下来了吗？一个十六岁的女孩，并没有多大的分量。老人们说，给她两巴掌，她就会安静下来。在一个善战的普通女孩与被写在历史中的这整个必然性之间，在所有那些应该发生的事情与所有那些我们看到、我们感觉到就要到来的事情之间……不，你很清楚这里面没有半点犹豫的可能！

"然而历史选择了什么呢？那个小女孩。"

350

"有必然性：这已经被写下来了。有生活：这还没有被写下来。说已经被写下来的人放弃了。还活着的人不会这么说。如果他的周围天在变黑，那么他当然还停留在黑夜里，但是信心、信心，他有一个小小的希望在幽深的地方闪烁……"

他还对我说："最严重的，是失去信心。是说'这已经被写下来了……'然后等待终结。

"法国人的领导者某天失去了信心，这样的事，是有可能发生的。人们疲倦了。还有习惯。到了某一刻，最优秀的人也会沉湎于自己的过去。

"法国人的领导者某天失去了信心，这样的事，人们已经见过。

"人们在贞德的时代就见过这样的事了。或者说在贞德还未出生的时代。国王（查理七世）、封君和贵族（领导者）垂头丧气，失去了对这个国家的信念。当人们失去对自己国家的信念时，就会呼求无论什么人的帮助……

"但如果没有人站起来为国家重拾信念，这个国家还剩什么呢？如果没有人相信这个国家，那么它还剩下什么呢？

"人们在大革命的时代就见过这样的事了。领导者（我说的不只是那些中央政府的人，也包括所有级别上自然地追求统治的人），这些领导者，这些'名流'，至少大部分是名流，为首的最大的名流是国王，他失去了对这个国家的信心。我死后哪怕洪水滔天，人们说，又或者人们没说过，只是这么想。有时是国王，廷臣，还有大部分的乡村贵族。

"如果乡村贵族就是法兰西的全部，那么法兰西还剩下什么呢？

"贵族的时代已经结束。旧制度有力量的时代已经过去……一个国家的绝望就在于它耗尽了自己的力量，耗尽了它的人民以及人民对它的信心。

"乡村贵族有力量的时代已经过去。但资产阶级来了，年轻的未来，大革命带来的年轻的希望，他们相信这个国家，他们强大又年轻，准备好了领导它……

351

　　"法国的领导者某天失去了对这个国家的信心，人们不断地见到这样的事情发生。我们可能正在目睹它发生。当我谈到法国的领导者时，我并不是特指那些自1914—1918年战争结束后掌握政治权力的一小撮人。而是指这个自大革命以来一直在统治法国的阶级，也就是一般的资产阶级，尤其是上层资产阶级。

　　"听到十五年以来，在和平中，所有这些在外国发出的呼唤，听到十五年以来，在和平中，法兰西在外国表达的所有这些胜利的愿望，谁不会觉得法国的领导者已经失去了对这个国家的信心呢？

　　"而这些，可能比它此后承受的战败更严重，可能比一切军事或政治的失职更严重。它是那些本应做强者但却当弱者的人的失职，是那些本应相信但却怀疑的人的失职。

　　"法兰西经历了三个绝望的时代。贞德之前的时代——国王丧失了信心。大革命的时代，乡村贵族丧失了力量和信心。今天，资产阶级还有一定的力量，却已经没有了信念。

　　"现在轮到资产阶级屈服了，或更确切地说，它已经屈服了。只有奇迹才能让它重新振作起来，这就是拯救——被它自己拯救。如果它不能重新振作起来（我不相信它能重新振作起来），那么拯救将来自其他地方。人们可以期待很多，比如农民的年纪和力量，但尤其是工人阶层的青春和生命。

　　"法兰西的希望，是自我更新。当国王失败的时候，出现了贞德。当乡村贵族怀疑法兰西的时候，资产阶级相信了她。当资产阶级的一部分屈服的时候，还有另一部分，还有年轻和自信的工人阶层……法兰西的青春，就是哪怕在普遍怀疑的时代，仍然有一些法国人（并非总是同一群人）相信她……"

他就是这么对我讲的。那时狂风在黑夜里呼啸，拍打和撞击着老旧的房屋。他讲的时候，我心里感到了黎明的第一束微光。那是1940年12月，我们还在做战俘。

（《链》，［第17期］，1943年圣诞节）

353

他们的希望

你说说，如果没有希望，我们怎么能度过这近四年的人生？你说说，如果没有希望，他们怎么能度过这近四年的人生？

他们开始在信纸上写几行文字。她们也在做同样的事。"要勇敢，大男孩，你很快就能回家……"她们也用这种方式对自己说："要勇敢，他很快就能回家。"

看吧，这就是那些最不会发声的人！我们听到人们谈论我们，其中有些只是［为了］借我们来抬高自己。又或者人们不再谈论我们。这就没那么坏了。但是这些母亲、父亲、姐妹、兄弟，这些女人！但是所有这些家庭，四年以来，蜷缩在地洞或是躲在喧闹的城市深处，等待着，就像在这个圣诞夜，无声地等待着。

所有这些男人和所有这些女人，走在街上，走在人群里；他们和其他人有着同样的面孔，因为这就是生活，生活在继续。但他们心里的这种虚空，这种虚空不会放过他们，就好像心口的剧痛，自从他离开后，这种虚空就出现了，它还要在那里多久呢？

人们看到了奇怪的大转变。那些曾经冷漠的父亲，那些把 354
二十岁的孩子当儿童的父亲。他们变得唠唠叨叨。有些话很
难说出口，当人们整个一生都把它们藏在心里……但是忍不
住，必须要把它们说出来，它们如鲠在喉，这些东西有眼泪的
味道。

我说的尤其是那些老人。因为这对他们而言更艰难。那些
年轻人，那些年轻的女人，她们面前有整个的人生留给温柔；
她们的勇气中有许多来自她们的青春。但是那些老人。衰老不
会给他们带来勇气。当他们年轻的时候，他们曾经似乎很强大，
我们的父辈啊。甚至有一点冷酷。因为他们把温柔留给了以后，
留给了人生的尽头。现在人生的尽头要来了。他们坐在门口，
倚靠着温暖的墙。这股在心里胀开的温柔让他们难受，他们整
个一生的温柔，都积聚起来，被存放在一边，这是他们最宝贵
的财产，要留给一个不在身边的儿子，这个儿子回不了家。他
们面前有一条路。夜幕缓缓落下，像从前一样。但是没有人从
这条路回家。

你说说，如果没有希望，他们怎么能度过这近四年的人
生？如果他们心中没有这种缺席，也就是对缺席者的呼唤，如
果他们心中没有这种等待，也就是对缺席者的等待？如果没有
在这些可怜的信纸上的几行文字，告诉他们一个远方的人还活
着，并且没有忘记他们？

他们不知道我们在哪里。他们只知道我们在东方，迷失在
异国的土地，与他们遥隔着几座高山、几片平原、几条大河。
哪怕只是为了我们中的一个，这些思念也会在夜里寻找我们，
穿越晦暗的树林和道路，到达我们这里。

你说说，如果没有希望，他们怎么能度过这近四年的人生？

（《链》,［第17期］, 1943年圣诞节）

译名对照表

人名①

Abel Bonnard：阿贝尔·博纳尔

Alain–Fournier：阿兰–富尼耶

Alban Michel：阿尔邦·米歇尔

Alfred Latour：阿尔弗雷德·拉图尔

Alphonse de Chateaubriant：阿方斯·德·夏多布里昂

Anatole de Monzie：阿纳托尔·德·蒙齐

André Allard：安德烈·阿拉尔

André Boulogne：安德烈·布洛涅

André de Gaudemar：安德烈·德·戈德马尔

André Robert：安德烈·罗贝尔

Aragon：阿拉贡

---

① 这里的人名，根据原文中出现的具体情况列出，有的有名有姓，有的只有名或姓。——译者注

Claudel：克洛岱尔

Clavel：克拉韦尔

Cœur：克尔

Colombin：科隆班

Corneille：高乃依

Dansette：当塞特

Danton：丹东

Debussy：德彪西

Demaison：德迈松

Descartes：笛卡尔

Desmonts：德蒙

Dürer：丢勒

Eggermann：艾格曼

Elpenor：埃尔佩诺尔

Emmanuel Mounier：埃马纽埃尔·穆尼耶

Enghien：昂吉安

Erwin Guido Kolbenheyer：埃尔温·吉多·科尔本海伊尔

Eugénio d'Ors：欧仁尼奥·多尔斯

Euripide：欧里庇得斯

Fabre：法布尔

Favaron：法瓦龙

Feldwebel：费尔德韦伯

Fichte：费希特

Flaubert：福楼拜

Fontenelle：丰特奈尔

Francis Dussène：弗朗西斯·迪塞讷

Franciszek Stanimirski：弗兰西泽克·斯坦尼米尔斯基

François Boddaert：弗朗索瓦·鲍达埃尔

François Ceyrac：弗朗索瓦·塞拉克

François Grosbois：弗朗索瓦·格罗布瓦

François Perroux：弗朗索瓦·佩鲁

François Varillon：弗朗索瓦·瓦里永

Frédéric II：腓特烈二世

Freedrich Gottlob Wetzel：弗雷德里希·戈特洛布·魏泽尔

Gabriel Madinier：加布里埃尔·马迪尼耶

Gabriel Marcel：加布里埃尔·马塞尔

Geneviève Calcet（Ginette）：热纳维耶芙·卡尔塞（吉内特）

Georges Duhamel：乔治·杜亚美

Georges Parain：乔治·帕兰

Georges Ras：乔治·拉斯

Georges Sorel：乔治·索雷尔

Georgette Althusser：若尔热特·阿尔都塞

Gide：纪德

Gilles Mathias：吉勒

Gilson：吉尔松

Giono：焦诺

Giraudoux：季洛杜

Goethe：歌德

Goudima：古迪玛

Grasset：格拉塞

Gunning：古宁

Gustav Thibon：古斯塔夫·蒂邦

Guy Ourcival：居伊·乌西瓦尔

Haydn：海顿

Hector Cyffers：埃克托尔·西菲尔

Henri de Lubac：亨利·德·吕巴克

Henri Drillon：亨利·德里永

Henri Hours：亨利·乌尔

Henri Rousset：亨利·鲁塞

Holderlin：荷尔德林

Homère：荷马

Honegger：奥涅格

Hubert Courbon de Casteljaloux（Castelbouillon）：于贝尔·库尔邦·德·卡斯泰尔雅卢（卡斯泰尔布永）

Huysman：于斯曼

Isabelle：伊莎贝尔

Jacqueline Biot：雅克利娜·比奥

Jacques Drillon：雅克·德里永

Jacques Gérard Pascalis：雅克·热拉尔·帕斯卡利

Jacques Madaule：雅克·马多勒

Jacques Rivière：雅克·里维埃

Jasru：雅思鲁

Jaurès：饶勒斯

Jean Bady：让·巴迪

Jean de Fabrègues：让·德·法布雷格

Jean Guitton：让·吉东

Jean Lacroix：让·拉克鲁瓦

Jean Malaquais：让·马拉凯

Jean Mas：让·马斯

Jean Paul：让·保罗

Jean Rateau：让·拉托

Jean-Pierre Cler：让-皮埃尔·克莱尔

Jéhovah：耶和华

Joseph Hours：约瑟夫·乌尔

Joseph Poirier：约瑟夫·普瓦里耶

Joseph Vendryes：约瑟夫·旺德里

Josué：约书亚

Jules Romains：朱尔·罗曼

Juliette Boulogne：朱丽叶·布洛涅

Kierkegaard：克尔凯郭尔

Kreisler：克莱斯勒

La Bruyère：拉布吕耶尔

Lacordaire：拉科代尔

Leibniz：莱布尼兹

Léon Brunschvicg：莱昂·布伦士维格

Leopardi：莱奥帕尔迪

Lescure：莱斯屈尔

Louis Jouen：路易·茹昂

Louis XIV：路易十四

Louis-Charles Adelaïde（Adelber von Chamisso de Boncourt）：

路易-夏尔·阿德拉依德（阿德尔贝尔·冯·沙米索·德·邦库尔）

Lucienne Althusser：吕西安娜·阿尔都塞

Madame du Deffand：德芳夫人

Madeleine Berger：玛德莱娜·贝尔热

Maeterlinck：梅特林克

Maillot：马约

Maintenon：曼特农

Malbert：马尔贝

Many Calcet（Mary Calcet）：马尼·卡尔塞（马丽·卡尔塞）

Many de Gaudemar：马尼·德·戈德马尔

Marc Bloch：马克·布洛赫

Marie-Françoise：玛丽-弗朗索瓦丝

Mauriac：莫里亚克

Maurice Blondel：莫里斯·布隆代尔

Maurras：莫拉斯

Maximilien：马克西米利安

Melville：麦尔维尔

Metternich：梅特涅

Milhaud：米约

Mme de Pigalle：德·皮加勒夫人

Mme de Staël：斯塔尔夫人

Montherlant：蒙泰朗

Moret：莫雷

Müller：米勒

Murat：缪拉

Napoléon：拿破仑

Nectoux：内克图

Néron：尼禄

Nicolas Berdiaeff：尼古拉·别尔嘉耶夫

Nicolas Kédroff：尼古拉·凯德洛夫

Nietzsche：尼采

Octave Hamelin：奥克塔夫·阿默兰

Olive：奥利芙

Olivette：奥利芙特

Olivier Corpet：奥利维耶·科尔佩

Pabois：帕布瓦

Parménide：巴门尼德

Pascal：帕斯卡尔

Paul Bessière：保罗·贝西埃

Paul Calcet：保罗·卡尔塞

Paul de Gaudemar：保罗·德·戈德马尔

Paul Louis Courier：保罗－路易·库里耶

Paul Mathias：保罗·马蒂亚斯

Péguy：佩吉

Pétain：贝当

Philippe Béchard：菲利普·贝沙尔

Pierre Boutang：皮埃尔·布唐

Pierre Courvoisier：皮埃尔·库瓦西耶

Pierre Golliet：皮埃尔·戈利埃

Pierre Lachieze Rey：皮埃尔·拉谢兹·雷

Pierre Laval：皮埃尔·赖伐尔

Pierrot：皮埃罗

Pindare de Budé：潘达尔·德·比代

Platon：柏拉图

Plisnier：普利尼耶

Prevost Paradol：普雷沃·帕拉多尔

Proust：普鲁斯特

Rachmaninoff：拉赫玛尼诺夫

Ramuz：拉米

Ranjon：朗容

Ravel：拉威尔

Raymond Pillu：雷蒙·皮尤

Rembrandt：伦勃朗

Renan：勒南

René Labelle：勒内·拉贝勒

René Le Senne：勒内·勒塞内

René Michaud（Adrien Provost）：勒内·米绍（阿德里安·普罗沃）

René Riegel：勒内·里格尔

René Rognon：勒内·罗尼翁

Retz：雷斯

Reynaldo Hahn：雷纳尔多·哈恩

Rilke：里尔克

Robert Costes：罗贝尔·科斯特

Robert Daël：罗贝尔·达埃尔

Robert Flacelière：罗贝尔·弗拉瑟利埃

Robert Verba：罗贝尔·韦尔巴

Rossi：罗西

Rutebeuf：吕特伯夫

Rychner：利时纳

Sacha Simon：萨沙·西蒙

Saint Augustin：圣奥古斯丁

Saint Jean：圣约翰

Saint Jean de la Croix：圣十字若望

Saint-Beuve：圣-伯夫

Saint-Simon：圣西蒙

Sandrine Samson：桑德琳娜·桑松

Schubert：舒伯特

Sénèque：塞涅卡

Serge Chambrillon：塞尔日·尚布里永

Serge Daël：塞尔日·达埃尔

Simiand：西米昂

Simone：西蒙娜

Socrate：苏格拉底

Sophocle：索福克勒斯

Spinoza：斯宾诺莎

St François：圣方济各

St. Denis：圣德尼

St. Paul：圣保罗

St. Thomas：圣托马斯

Ste Claire：圣克莱尔

Ste Thérèse：圣泰雷兹

Stendhal：司汤达

Stravinski：斯特拉文斯基

Suzanne Pascalis：苏珊·帕斯卡利

Swetschine：斯韦琴尼

Tagore：泰戈尔

Talleyrand：塔列朗

Thérèse du Laurens：泰蕾兹·迪洛朗斯

Tristan Bernard：特里斯坦·贝尔纳

Turenne：蒂雷纳

Valéry：瓦莱里

Van der Meersch：范德尔·梅尔施

Van Gogh：梵高

Vauvenargues：沃韦纳格

Verlaine：魏尔伦

Villon：维庸

Vincent：樊尚

Viollet-le-Duc：维奥莱–勒–杜克

Xavier de Christan：格扎维埃·德·克里斯滕

Yann Moulier Boutang：扬·穆利耶·布唐

Yvonne Rateau：伊冯娜·拉托

Zette：泽特

地名

Aix-en-Provence：普罗旺斯地区艾克斯

Alger：阿尔及尔

Algésiras：阿尔赫西拉斯

Allemagne：德国

Allier：阿利耶

Arcis-sur-Aube：奥布河畔阿尔西

Athènes：雅典

Belgique：比利时

Bois de Velles：韦勒森林

Bondy：邦迪

Bordeaux：波尔多

Bourg：布尔格

Brême：不莱梅

Brive-la-Gaillarde（Brives）：布里夫拉加亚尔德（布里夫）

Büchen：布亨

Calabre：卡拉布里亚

Capitole：卡比托利欧山

Casablanca：卡萨布兰卡（卡萨）

Champcelins：香瑟琳

Chaouia：沙维雅

Chartres：沙特尔

Clermond-Ferrand：克莱蒙费朗

Courbevoie：库尔贝瓦

Croix-Rousse：克鲁瓦-鲁斯（红十字）

Dijon：第戎

Dombes：东贝

Dresde：德累斯顿

Fez：非斯

France：法国（法兰西）

Fribourg：弗里堡

Garonne：加龙河

Genève：日内瓦

Hautes-Alpes：上阿尔卑斯

Hollande：荷兰

Hongrie：匈牙利

Indochine：印度支那

Issoire：伊苏瓦尔

Juan：胡安

La Côte d'Azur：蓝色海岸

Lalouvèze：拉卢维兹

Larochemillay：拉罗什米莱（拉罗什）

Loire：卢瓦尔河

Lorraine：洛林

Luxembourg：卢森堡公园

Luynes：吕内

Lyon：里昂

Malouesse：马卢埃斯

Manosque：马诺斯克

Maroc：摩洛哥

Marrakech：马拉喀什

Marseille：马赛

Meuse：默兹

Miliana：米利亚纳

Montpellier：蒙彼利埃

Morvan：莫尔旺

Nancy：南希

Nice：尼斯

Orléans：奥尔良

Paris：巴黎

Pologne：波兰

Potsdam：波茨坦

Provence：普罗旺斯

Puyloubier：皮伊卢比耶

Questembert：凯斯唐贝尔

Rabat：拉巴特

Rouen：鲁昂

rue Chénier：谢尼埃街

Saint-Alban Leysse：圣-阿尔邦·莱塞

Saint-Étienne：圣艾蒂安

Saint-Honré-les-Bains：圣奥诺雷莱班

Saint-Laurent-du-Gros：圣洛朗迪克罗

Saint-Nazaire：圣-纳泽尔

Saint-Nizier：圣尼济耶

Sandborstel：桑德波尔斯特

Savenay：萨沃奈

Schleswig：施莱斯维希

Seine：塞纳

Serbie：塞尔维亚

Sérézin-du-Rhône：罗纳河畔塞雷津

St. Gervais：圣热尔韦

Suisse：瑞士

Tuileries：杜伊勒里花园

Tunisie：突尼斯

Vannes：瓦讷

Verdun：凡尔登

Versoi：韦尔苏瓦

Vichy：维希

Vistule：维斯瓦河

Zaccar：扎卡尔

作品和出版物名

«Chronique d'un prisonnier»:《一名战俘的编年史》

«Conteur de village»:《乡村讲故事的人》

«Espérance »:《希望》

«Espérance de Noël»:《圣诞节的希望》

«Français râleur»:《爱发牢骚的法国人》

«L'Ambiguïté»:《暧昧》

«la rose des vents»:《风的玫瑰》

«Leur espérance»:《他们的希望》

«Pudeur du Prisonnier de guerre»:《战俘的耻感》

«Testament pour la vie future»:《未来生活的遗嘱》

Adam et Eve:《亚当和夏娃》

Almanach des Muses:《缪斯年鉴》

Almanachs du Diable boiteux:《瘸腿恶魔年鉴》

Amphytrion 38:《安菲特律翁三十八世》

Antigone:《安提戈涅》

Antoinette ou le retour du marquis:《安托瓦妮特或侯爵的归来》

Arabesques:《阿拉伯风格曲》

Britannicus:《不列颠人》

Cantate（*La Cantate à trois voix*）:《三重唱歌词》

Chronique des Pasquier:《帕基耶编年史》(《帕基耶一家》)

Ci-devant:《往昔》

Cinq Grandes Odes:《五大颂歌》

Cinq meditations sur l'existence:《对存在的五个沉思》

Cité nouvelle:《新城》

Confluences:《汇流》

Corps et Ames:《肉体与灵魂》

Crève-coeur:《心碎》

De l'Esprit humain:《论人的精神》

De l'utilité du pragmatisme:《论实用主义的用处》

Demain:《明天》

Der Szekler Landtag in Choix de poésies:《诗选·塞克勒州议会》

Der Zauberer：《魔术师》

Dernière Journée：《最后一天》

Deux Sources de la Morale et de la Religion：《道德和宗教的两个来源》

Échelle de Jacob：《约伯的梯子》

École des Femmes：《太太学堂》

Electre：《厄勒克特拉》

Entretiens avec Eckermann：《与爱克曼的谈话》(《歌德谈话录》)

Entretiens sur la pluralité des mondes：《关于世界多样性的谈话》

Esprit：《精神》

Essai sur les éléments généraux de la représentation：《论表象的一般要素》

Est Républicain：《共和国东境》(报纸)

Étapes de la philosophie mathématique：《数学哲学的诸阶段》

Étragleuse：《扼杀者》

Faust：《浮士德》

Fleuve de feu：《火河》

Fontaine：《泉》

Gel hivernal：《冬霜》

Gromedeyre-le-Vieil：《老头格罗梅戴尔》

Hécube：《赫卡柏》

Histoire：《历史》

Hommes de bonne volonté：《善良的人》

Ion：《伊恩》

Iphigénie en Tauride：《伊菲革涅亚在陶里斯》

Iphigénie：《伊菲革涅亚》

Jeunes Filles：《少女》

Jupiter：《朱庇特》

L'Amant de Lady Chatterley：《查泰莱夫人的情人》

L'Avenir dure longtemps：《来日方长》

L'Empreinte du dieu：《神的印记》

l'Esprit et l'Eau：《精神与水》

L'Éthique：《伦理学》

L'Etrange défaite：《奇怪的战败》

L'Illustration：《画报》

L'Introduction à la philosophie：《哲学导论》

L'Origine de la tragédie：《悲剧的诞生》

La Chartreuse de Parme：《帕尔马修道院》

La Chronique sociale de France：《法国社会编年史》

La Communauté française, cahiers d'études communautaires：
《法国团体：团体研究手册》

La Fiancée juive：《犹太新娘》

La Gerbe：《文集》

La Guérison des maladies：《疾病的治愈》

La Leçond'anatomie：《解剖课》

La Maison fermée：《封闭的屋子》

La Merveilleuse Histoire de Peter Schlemibl：《彼德·史勒密
尔奇遇记》

La Montée du Carmel：《攀登加尔默罗山》

La Mort dans l'âme：《魂灭》

La Muse：《缪斯》

La naissance de l'Odyssée：《奥德赛的诞生》

La Nuit obscure：《心灵的黑夜》

La Pratique du Ski：《滑雪指南》

La Princesse Maleine：《玛莱娜公主》

La Reine morte：《死去的王后》

La Revue des revues：《期刊的回顾》

La Truite：《鳟鱼》

Le Drame de Claudel：《克洛岱尔的悲剧》

Le Drame de l'humanisme athée：《无神论人道主义的悲剧》

Le Génie de Claudel：《克洛岱尔的天才》

Le Journal d'un curé de campagne：《一个乡村教士的日记》

Le Langage, introduction linguistique à l'histoire：《语言：历史的语言学导论》

Le Règne de l'Esprit malin：《魔鬼的统治》

Le Soulier de satin：《缎面鞋》

Le Thomisme：《托马斯主义》

le Torrent de la Montagne：《山上的风暴》

Le Voyageur sans bagages：《没有行李的旅客》

Les Cahiers de M.L.Brigge：《布里格手记》

Les Célibataires：《独身者》

Les Chemins de l'Écriture：《写作之路》

Les faits：《事实》

Les Javanais：《雅瓦奈一家》

Les Nourritures terrestres：《地上的食粮》

Les Nouvelles Nourritures terrestres：《新地上的食粮》

Les *Thibaults*：《蒂博一家》

Les Troyennes：《特洛伊妇女》

Lettre à un jeune poète：《给青年诗人的信》

Lien：《链》(战俘营报纸)

Littérature en Silésie：《西里西亚文学》

Louis Althusser : une Biographie：《路易·阿尔都塞传》

Maître Joachim Pause-Wang：《若阿基姆·鲍瑟–王大师》

Maximes：《格言集》

Mein Kampf：《我的奋斗》

Mémoires d'Outre-Tombe：《墓畔回忆录》

Mémoires de la Bouteille à l'encre：《墨水瓶回忆录》

Mémoires：《回忆录》(《路易十四回忆录》)

Mircale de Théophile：《泰奥菲勒的奇迹》

Montesquieu：《孟德斯鸠》

Mystère de la Charité de Jeanne d'Arc：《圣女贞德的慈善之谜》

Note conjointe：《联合笔记》

Notre avant-guerre：《我们的战前》

Pages brûlées：《被焚的篇章》

Pariser Zeitung：《巴黎报》

Pavane pour une infante défunte：《悼念公主的孔雀舞曲》

Phèdre：《斐德若》

Poésie 42：《42年诗选》

Poésie：《诗歌》

Roland Furieux：《疯狂的罗兰》

Sagesse：《智慧集》

Semaines sociales 41：《41年社会周》

Servir：《服务》（战俘营报纸）

Solstice de juin：《夏至》

Sparkenbroke：《斯巴肯布洛克》

St Thomas d'Aquin：《圣托马斯·阿奎那》

Symphonie inachevée：《未完成的交响曲》

Testament：《遗嘱》

Théâtre sans directeur：《无导演的戏剧》

Tilleul：《菩提树》

Toutes Aures：《全奥尔》

Triomphe de la vie：《生命的胜利》

Un quart d'heure avant sa mort il était encore vivant：《死前一刻钟他还活着》

Une utopie combattante, l'Ecole des cadres d'Uriage, 1940-1942：《战斗的乌托邦：于里亚支干部学校（1940—1942）》

Veilles de bonaventura：《波那文都拉的守夜》

West-östlicher Divan：《西东诗集》

译后记（一）

法国哲学家路易·阿尔都塞是上世纪欧洲最有影响的马克思主义理论家之一。他在世时发表的著作，如《阅读〈资本论〉》和《保卫马克思》，不仅深度干预了法国本土的政治思想斗争，也在像中国这样的社会主义国家激起了经久不衰的理论回响。不可否认，尽管世界依然对法国理论抱有浓厚的兴趣——在北美的一些人文学系，法国理论甚至成为了占据统治地位的学科范式——但阿尔都塞却未能像他在上世纪六十年代那样，置身于新时代的社会大辩论的中心。除了其人已故的原因，主要是因为二十世纪末欧洲的政治海啸以及服膺于全球化的本土产业结构，让经典的阿尔都塞所代表的政治思潮逐渐地失落于全新的力量对比中。但这不意味着他在当代思想史中的地位有所动摇：今天任何人若要严肃思考他所处的社会，都绕不开阿尔都塞的理论洞见。诸如"意识形态国家机器"和"唤问"的思想概念，依然是主体批判与自我批判的有力武器。这也不意味着阿尔都塞的思想已经丧失了时效性：其身后面世的一系列"后期阿尔都塞"文本中的颠覆性的理论创新，在欧洲马克思主义的废墟中独树一帜，开启了左翼哲学家们对于"事件"的思考。换句话说，在今天任何想要做严肃的哲学思考的人，都会在他的思考的某一步骤直面阿尔都塞，遭遇后者的一个正题或反题，并在与它们的位置关系中澄清自身的立场。"哲学就是战场"，阿尔都塞就是插在某个必争高地上的沉默的旗帜。

但是人能够是一面旗帜吗？人能够只是思想吗？这种说法不仅是脱离实际的，也是反阿尔都塞的。或许前当代的哲学家能够满足和自豪于"一颗大脑的一生"，但我们的时代对思想家提出了更多的要求。"D'où parles-tu, camarade?"（同志，你作为何人说话？）五月风暴中的诘问表达了我们时代的多疑态度。阿尔都塞是作为何人在说话呢？对于与阿尔都塞同时代的法国人，答案是显而易见的：他是"尤里姆街的哲学家"，是法共党员，是斯大林的支持者……可是这些在六十年代的火红岁月里与他形影不离的标签，早在七十年代就已经褪色。1980年发生的弑妻悲剧更是让这位论战型的哲学家陷入了社会性与身体性的双重封闭，直到他在九十年代逝世以后，人们才慢慢发现了这位列宁主义者隐藏在党性面具下的马基雅维利的一面，一个阿尔都塞之后的阿尔都塞。人们甚至惊讶地发现，这个所谓的"后期阿尔都塞"的理论生命力之顽强，竟然能开启生前伏于正统立场的理论迂回下的暗流，在身后为全球左翼思想提供一股新的活泉。

这股暗流能追溯到多远的时候呢？我们现在知道，在阿尔都塞出版他的第一本书《孟德斯鸠：政治与历史》的时候，它就已经散落在文本缺口与缝隙中了。这股暗流贯穿始终，它既是造成读者阅读疑难的答案，也是对一些答案的再疑难化。这样看来，对阿尔都塞思想的断代论是不公允的。"在最开始的时候，哲学就完完整整地在那里了……开始即是它的全部。"[①] 即便是以隐微的方式，后期阿尔都塞就已经存在于开始的阿尔都塞中了。

这本《战俘日记》的作者，就是那个正在开始、甚至是开始之前的阿尔都塞。1939年9月，阿尔都塞应征入伍，不久后便在不可抗的历史悲剧中身陷囹圄，被发遣至位于德国的战俘营中度过了近六个春秋。战俘的生活是枯燥、匮乏和无事件的，但阿尔都塞并不是度过了同质的一千七百多天。"1939年秋天被动员的刚被高等师范学校录取的里昂预备班青年，是个坚定的右翼分子、保王党人、天主教传统派。1945年5月从XA号战俘营大门走出来的年轻人……成了另一个人"，以至于"里昂的朋友完全认不出他了"。因为就在走出战俘营不久后，他成为了共产主义者，并最终变成了马克思主义者。凭着这件简单的事实，就可以让我们在打开书本以前假定，某种巨大的转变，某种早熟的断裂和自我批判，一定发生在了战俘营里。

读者在面对这本书的时候，一定会遇到与译者一样的困惑。因为我们所看见的，不是我们在想象中早就预设的那位哲学家阿尔都塞，而是"阿尔都塞之前的阿尔都塞"。尽管境遇特殊——我相信大多数读者都和我一样，从未做过战俘——但

---

① *Écrits philosophiques et politiques*, t.II, éd. François Matheron, Paris, Stock/Imec, 1995年，第8页。

他的写作中有着我们熟悉又亲切的典型青年问题。他读诗，自己也写爱情诗；他不知道自己的兴趣究竟主要是在文学、历史还是哲学；他也为自己的职业生涯苦恼，不确定能否在战后顺利地就学，或者干脆就凭着营地医务所里学来的基础医术当个护士也行："我恳求您，给我找个职业吧……"[①]。但这个阿尔都塞也不是一般的青年，至少与他的大部分同样囿于营地内的战友不同，他是或者即将是"高师人"，有着"天使的脑袋"，超群的智力让人难以忽视，并且总是能让别人产生保护他的愿望。他思考大问题，思考法国的前途，参加政治经济学的讲座，甚至开堂授课，为战友们讲解殖民地的历史。他也思考上帝和灵魂，尽管他起先炽热的宗教热情，在囚禁岁月的蹉跎中慢慢熄灭，但他从未停止过阅读宗教文学，并从中汲取灵感。

　　这本日记——准确说是三本日记，以及一大摞书信——的内容的确是丰富的，因为"这本书的作者就是这本书的材料"。这个"阿尔都塞之前的阿尔都塞"，不仅是本书法文编者所说的"1939年刚满20岁的那一代法国知识分子的精彩画像"，更是与"尤里母街的哲学家"以及"阿尔都塞之后的阿尔都塞"一起，成为了与二十世纪同行的几代法国哲学家的画像。从保王党到共产党再到退出党，从天主教神学到马克思主义再到"支持马克思的哲学"。他个人思想中的难题性的迁移，也是同时代法国知识分子内含的难题性的迁移。这种迁移的动力暗示了一个与哲学思考本质上同构的大问题，邀请我们开始、再开始，出发、再出发……

---

　　① 阿尔都塞《来日方长》，蔡鸿滨译，陈越校，上海人民出版社，2013年，第117页。

* * *

作为本书的译者之一，我在翻译这本书的时候也经历了诸多"迁移"，尤其是地理上的迁移：从巴黎到深圳，再从深圳前往香港。我也在一种奇妙的共鸣中，感受了本书开头阿尔都塞在火车上不知将驶往何方的迷失感。我希望这种共鸣能多少为译文增添一些同情的颜色。

我要感谢吴子枫老师，作为阿尔都塞研究与翻译的专家，他一个字一个字地润色、纠正和补充了译文，能与他合作是我莫大的荣幸。我也要感谢我的妻子，她的陪伴为我的工作提供了温柔的情感支持。同时也要感谢正在读这本书的读者，感谢你们的信任。

曹天羽

2023年12月9日于中国香港新界

译后记（二）

　　1990年10月22日，阿尔都塞因心脏病发作在巴黎西南伊夫林省拉弗里埃尔去世，这距离他1980年11月16日杀妻悲剧后经历"第一次死亡"已经过去将近整整十年。比起声名鹊起的1960年代和影响力持续扩大的1970年代，1980年代是阿尔都塞沉默与被遗忘的十年。但随着1992年两部遗稿的出版，阿尔都塞的理论和他那颇具传奇性的人生，再次吸引人们的关注，并在某种程度上开启了迄今仍在持续的"阿尔都塞的复兴"热潮①。这两部遗稿之一，他晚年投入大量精力撰写的自传《来日方长》，2013年已经出了中译本②，极大丰富和深化了中国读者对他生平和理论的了解和理解。现在，另一部遗稿，同样具有自传色彩的《战俘日记》，总算也有了中译本。相信它的出版，会进一步拓展和加深中国读者对这位长时间"不合时宜"的杰

---

　　①　从1992年开始，以《来日方长》和《战俘日记》的出版为起点，迄今有一大批阿尔都塞的遗稿被持续整理出版。这些遗稿的整理出版，以及近二十年来资本主义的危机和世界局势的变化，使得当前世界范围内产生了可以称之为"阿尔都塞的复兴"的现象。

　　②　阿尔都塞《来日方长》，蔡鸿滨译，陈越校，上海人民出版社，2013年。

出马克思主义理论家的认识。

在1992年以来迄今出版的二十三部著作/文集（其中大部分是遗稿）^①中，这部由便签、笔记、日记、书信和试笔短文组

① 这二十三部著作/文集（不包括他生前著作的再版和后人编的已发表文章的选集）是：

《来日方长》（*L'avenir dure longtemps suivi de Les Faits. Autobiographies*，1992年）

《战俘日记》（*Journal de captivité. Stalag XA, 1940—1945*，1992年）

《精神分析论集：弗洛伊德和拉康》（*Écrits sur la psychanalyse. Freud et Lacan*，1993年）

《论哲学》（*Sur la philosophie. Entretiens et correspondance avec Fernanda Navarro, suivis de La Transformation de la philosophie*，1994年）

《哲学与政治文集》第一卷（*Écrits philosophiques et politiques*，t. I，1994年）

《哲学与政治文集》第二卷（*Écrits philosophiques et politiques*，t. II，1995年）

《论再生产》（*Sur la reproduction*，1995）

《精神分析和人文科学》（*Psychanalyse et sciences humaines. Deux conférences, 1963-1964*，1996年）

《致弗兰卡的信》（*Lettres à França, 1961-1973*，1998年）

《政治与历史：从马基雅维利到马克思》（*Politique et histoire, de machiavel à Marx. Cours à l'École normale supérieure de 1955 à 1972*，2006年）

《思想阿尔都塞》（*Penser Louis Althusser*，2006年）

《论社会契约》（*Sur le contrat social*，2008年）

《马基雅维利和我们》（*Machiavel et nous*，2009年）

《致埃莱娜的信》（*Lettres à Hélène, 1947-1980*，2011年）

《卢梭讲稿》（*Cours sur Rousseau(1972)*，2012年）

《写给非哲学家的哲学入门》（*Initiation à la philosophie pour les non-philosophers*，2014年）

《无尽的焦虑之梦》（*Des rêves d'angoisse sans fin，Récits de rêves et fragments de journal (1949-1965) suivi de Un meurtre à deux (1985)*，2015年）

《在哲学中成为马克思主义者》（*Être marxiste en philosophie*，2015年）

《黑母牛：想象的访谈（二十二大的缺憾）》（*Les vaches noires :interview imaginaire[le malaise du XXII Congrès]*，2016年）

《怎么办？》（*Que faire?*，2018年）

《历史论集》（*Écrits sur l'histoire(1963-1989)*，2018年）

《阿尔都塞塞夫通信集》（*Lous Althusser Lucien Sève Correspondance (1949-1987)*，2018年）

《意识形态社会主义和科学社会主义》（*Socialisme idéologique et socialisme scientifique, et autres écrits*，2022年）

成的《战俘日记》，能在哪些方面拓展和加深我们对阿尔都塞的认识呢？1994—1995年，弗朗索瓦·马特龙主编出版了两卷本阿尔都塞《哲学与政治文集》，在第一卷中他按时段将收入其中的文本分为"阿尔都塞之前的阿尔都塞""危机时期的文本"和"阿尔都塞之后的阿尔都塞"[①]。根据马特龙的划分标准，《来日方长》显然可以作为"阿尔都塞之后的阿尔都塞"那部分的补充，拓展和加深我们对阿尔都塞晚年生活和思想状态的认识；《战俘日记》则无疑可以归入"阿尔都塞之前的阿尔都塞"，甚至归入这个"之前的阿尔都塞"之前的阿尔都塞：因为马特龙在这个部分收录的是阿尔都塞1946年至1951年的文本，而《战俘日记》中的文本跨越时间是1939年至1945年。在我看来，如果说马特龙所谓的"阿尔都塞之前的阿尔都塞"指的是从信奉天主教向信仰共产主义过渡时期的"青年哲学家"阿尔都塞，那么《战俘日记》所呈现的"之前的之前的阿尔都塞"则是处于青春期、仍徘徊在文学家与哲学家之间的"前哲学家"阿尔都塞。所以《战俘日记》将拓展和加深我们对于这位日后以马克思主义哲学家身份闻名于世的哲学战士的前哲学家时期的认识。

从世界史的角度来说，那时正值二战，法国不战而降。在英国伦敦，戴高乐成立了"自由法国"；在法国本土，共产党人领导了地下抵抗运动和游击战。除了这些或远或近的抵抗，大多数普通法国人不得不在维希政权下同入侵者妥协甚至合作，但还有许多人像阿尔都塞这个没有完成基本军事训练的准大学生一样，"不发一枪地做了德国人的战俘"，被运到德国关进战

[①] *Écrits philosophiques et politiques*, t.I, éd. François Matheron, Paris, Stock/Imec, 1994。

俘营，直到1945年德国战败才被"解放"。在一定程度上，阿尔都塞是这批人的代表：他们虽然是"尚未成熟却已双重地迷失，要挨过五年战俘生涯并被战争'剥夺'的一代人"①，既没有实际参加抵抗运动，也没有合作或投降；但他们又是这段历史的亲历者和见证人，在非常情况下离开自己人生的正常轨道，接触到这个社会中更广泛的阶层，甚至与本来永远不可能打交道的人共同度过一段艰难岁月，从而对人民群众有了更深入更真切的认识。因此，正如本书编者所言，"无论这部日记的作者是谁"，它都"给历史学家提供了一幅1939年刚满20岁的那一代法国知识分子的精彩画像"②。作为知识分子，阿尔都塞与普通战俘不同的是，他不久就将这段经历带进了法国最高学府之——巴黎高师。在那里，他感觉自己"来自一个与大学世界完全不同的世界"，因为他是"这一届学生中唯一曾当过战俘的"人（何况还是个外省人）③。这段镌刻在肉体中的记忆注定要影响他日后的政治倾向和理论立场，这段历史所造就的一代人也注定会对整个法国知识界产生影响。实际上，考虑到巴黎高师的精英传统和氛围，很难想象如果不是因为第二次世界大战，不是因为二战中法国共产主义运动的发展以及法共在抵抗运动中的表现，在巴黎高师这样的高等教育机构，会出现或容忍阿尔都塞这种坚定站在革命的无产阶级一边的战斗性人物。就像同一时期日本帝国主义对中国的入侵为中国学院知识分子提供

---

① 本书法文版编者前言。

② 本书法文版编者前言。

③ 阿尔都塞《来日方长》，前引，第118页。

了一个接近劳动人民的机会一样（否则穆旦们很难"看见"那片大地上"在耻辱里生活的人民，佝偻的人民"①），法西斯德国对法国的占领，也为法国学院知识分子提供了一个接近人民，接近领导人民顽强抵抗入侵者的共产党人的机会——这当然也是知识分子反思自己，重建自己与社会各阶级之间关系的机会。

从个人成长史的角度来说，那时阿尔都塞二十出头，正值青春期，聪明好学，敏感忧郁。当他以优异的成绩考入巴黎高师，正在兴致勃勃度假时，却毫无准备地做了德国人的战俘。还没迈入大学门槛就被关进纳粹战俘营，而且一关就是五年多，这是"凭理性难以想象的经历"②：干不完的脏累活，糟糕的生活条件，随时降临的死亡的威胁……总之，"缺少创造性活动，令人绝望"③——当然也有暗中的抵抗和苦中作乐。尽管阿尔都塞"以自己的智慧，同时也以他的敏感和细腻"④赢得了身边人的仰慕，不久就被保护起来，获得更好的生活和治疗条件，负责更轻松的工作，但这位被迫在战俘营里度日的准大学生，总是被或主动或被动的孤独所纠缠，同时无法不时时对青春的流逝感到痛心疾首。他的日记和书信里充满了对时间流逝的恐惧："时间紧迫，担心这段时间白白浪费，担心生命溜走无可挽回"⑤。他不停地给朋友写信，问他们生活怎么样了，在做什么，在读什么，在想什么，在研究什么，在写什么……生怕自己落

---

① 穆旦《赞美》，收入《穆旦诗集》，人民文学出版社，2019年，第131页。

② 本书法文版编者前言。

③ 本书第69页。

④ 本书法文版编者前言。

⑤ 本书第53页。

后于生活在自由中的同龄人。他不断请朋友和家人给他寄各种书籍，利用一切可以利用的条件，坚持学习，不知疲倦地吸收各种知识，不停地思考。在不多的闲暇时间里，他自学德语、英语、波兰语甚至斯拉夫语，同时还试着写诗，写短篇故事，协助办营地报纸。阿尔都塞在日记中留下大量读书笔记。根据粗略统计，在日记和书信里，他明确提到一百多种作品（肯定还有很多读过的作品没有被提到），有帕斯卡尔、笛卡尔、蒙田、莱布尼茨、别尔嘉耶夫等思想家的哲学著作，司汤达、阿拉贡、杜伽尔等作家的小说，歌德、荷尔德林、里尔克等诗人的诗歌，还有大量回忆录和历史著作，等等。这一切都向我们表明，"前哲学家"阿尔都塞就像一颗在恶劣环境中依然顽强生长的充满潜质的种子，有着多种可能的未来。可以合理地想象，如果不是因为觉得自己"已经没有记忆力了"，他也可能成为一位历史学家，因为从前他"已经对政治有了兴趣"，"曾经希望搞历史"[1]；如果有其他因素的干预，或者如果不是有另一些因素的干预，他也可能成为一位作家而不是哲学家，因为"他拥有成为一流作家所需要的一切"[2]。

阅读《战俘日记》，让人不免感叹，无论是世界史，还是个人成长史，都充满偶然的相遇，都由无限复杂的多重因素所"过度决定"。阿尔都塞的人生轨迹让人不禁想起他关于"形势""汇合""巧合"的思考，关于"相遇的唯物主义"或"偶然唯物主义"的理论，以及他不断重复的关于火车的比喻：登

---

① 阿尔都塞《来日方长》，前引，第118页。

② 本书法文版编者前言。

上行进中的火车，既不知道自己从何处来（起点），也不知道要到何处去（终点）①。人类历史是一个"既没有起源也没有目的的过程"（从而也是一个"没有主体的过程"）②，内嵌于人类历史的个体的人生，也是一个没有预定目的（尽管"坟"是个人肉体的终点）的充满冒险的过程。值得指出的是，历史作为"没有主体的过程"，在这里与"意识形态把个人唤问为主体"③的过程是高度统一的，因为被意识形态唤问的主体，从来都是"臣服的主体"。阿尔都塞在展开他最具原创性的意识形态理论时，曾以自己这段成长经历为例，用简单几笔勾勒过这个过程："由于人民阵线、西班牙内战、希特勒、1940年的战败、被俘、偶遇一位共产主义者等等杂自传环境，政治意识形态开始把已经是成人的路易唤问为主体——尽管此前很久他就已经是主体，

---

① 阿尔都塞曾多次用这个比喻来说明唯物主义哲学与唯心主义哲学的区别。参考《在哲学中成为马克思主义者》，吴子枫译，北京出版社，2022年，第73—75页；《唯物主义哲学家的画像》（"Portrait du philosophe matérialiste", 1986），收入《哲学与政治文集》（*Écrits Philosophiques et Politiques*）第一卷，Stock/Imec 出版社，1994年，第595—596页；《论偶然唯物主义》（"Du matérialisme aléatoire", 1986），原载《诸众》第21期，2005年夏季号（*Multitudes*, Été, 2005）第180—194页，中文版载《马克思主义与现实》2017年第4期，吴子枫译，第116—125页。

② 关于"没有主体的过程"，参见《论马克思与黑格尔的关系》（«Sur le rapport de Marx à Hegel»），收入《列宁和哲学》（*Lénine et la philosophie*），马斯佩罗出版社（Maspero），1972年，第49—71页；《关于"没有主体、没有目的的过程"这个范畴的评注》（«Remarque sur la catégorie "procès sans Sujet ni Fin(s)"»），收入《答约翰·刘易斯》（*Réponse à John Lewis*），马斯佩罗出版社（Maspero），1973年，第69—76页。中文版见阿尔都塞《论马克思与黑格尔的关系》，收入《列宁和哲学》，杜章智译，远流出版社，1990年，第107—132页；阿尔都塞《答约翰·刘易斯》，收入《自我批评论文集》，杜章智、沈起予译，远流出版社，1990年，第113—119页。

③ 阿尔都塞《论再生产》，前引，第364页。

总是—已经是的主体，家庭的、宗教的、道德的、学校的、法律的……主体——这一次是政治的主体！他一从战俘营回来，就开始从传统的天主教的战斗态度转向进步的天主教的战斗态度：成为半异端分子，然后开始阅读马克思，然后加入共产党，等等。生命就这样向前走去。各种意识形态不断地把主体唤问为主体，'招募'那些总是—已经是的主体。它们的作用在同一个总是—已经（多次）是主体的个人身上迭合交错、自相驳难。要靠他自己去设法应付……"[1]通过《战俘日记》，我们会看到青年阿尔都塞在这段时期是怎么应付的。

　　但《战俘日记》中所记录的，仅仅是阿尔都塞这段时期全部经历的一小部分。要更全面了解他这段时期的生活经历和思想状况，还应该补充阅读他本人写的《事实》（1976年）和《来日方长》（1985年）中的相关文字[2]，以及扬·穆利耶·布唐的《路易·阿尔都塞传：神话的形成（1918—1956）》第六章[3]。在这些文本中，我们可以找到在《战俘日记》中被省略，但对他后来的政治倾向和理论立场来说却至关重要的经验的描述。比如与共产党人皮埃尔·库雷热的相遇——正是后者使阿尔都塞"信仰了共产主义"："他为人朴实直爽，热情大方，说话处事毫不虚矫。他一出现就改变了战俘营，让我们惊诧莫名。跟德国人的所有通融、调和一夜之间就销声匿迹了，战俘营里呈现出

---

　　① 阿尔都塞《论再生产》，前引，第373—374页。在由《论再生产》手稿摘要而成的名文《意识形态和意识形态国家机器》中，这段话被删除了。

　　② 阿尔都塞《来日方长》，前引，第103—120页，第321—335页。

　　③ Yann Moulier Boutang, *Louis Althusser: Une biographie*, t. I: *La Formation du mythe (1918-1956)*, Paris: Grasset, 1992, 第173—225页。

达埃尔'在位'过后从未有过的气氛。只要**唯一的**一个人就够了，**独自一人**，但肯定'与众不同'，是个'特别特'，才能产生这样令人惊奇的结果。我因此对共产主义战士怀有深厚的敬意[……]是令人惊诧的库雷热给我上了第一堂共产主义的实践课！"①

无论如何，鉴于阿尔都塞后半生有大量著作为证，材料丰富，而他前半生却基本处于沉默中，所以作为早期生活的记录，这部《战俘日记》的出版，对于研究阿尔都塞的生平和思想具有重要价值。希望这部日记以及我们正在翻译的《路易·阿尔都塞传：神话的形成（1918—1956）》的出版，能让读者对作为"前哲学家""前共产主义者"的阿尔都塞有更多的了解，从而更全面地认识这位继葛兰西之后最伟大的"共产党人哲学家"。

翻译《战俘日记》的过程，也是跟随阿尔都塞一起阅读克洛岱尔、笛卡尔、蒙田、荷尔德林、歌德、里尔克、纪德等人的过程，其间我仿佛重新经历了一次青春（"青春是这世上唯一我们只有在差不多要失去时才会谈论的东西"②）：那种不知从何而来的对超越性的渴望与虔敬，那种不期然来临的多愁善感；那些独自面对自我与世界的孤独时刻，那些与当下生活说有关也有关，说无关也无关的莫名的幻想与情感……对于青年人来说，这一切并不虚幻，也并非无足轻重，它们源自毛毛虫化蝶前对天空的懵懂与向往。然而，我的青春早已消逝，我能做的只是在理解的同时继续前行。读着这位21岁考入大学，22

---

① 阿尔都塞《来日方长》，前引，第116—117页。

② 本书第69页。

岁被俘，27岁重返校园，历经磨难后情不自禁感叹自己"就要成为一个28岁的古怪老学生"①的未来哲学家青春时期的滚烫文字，我希望有更多的读者能关注和理解这位日后坚定、犀利的马克思主义理论家在精神上的丰富性和复杂性。深受阿尔都塞喜爱的鲁迅②在去世前不久写的《"这也是生活"……》中曾说，"战士的日常生活，是并不全部可歌可泣的"③，我想同样也可以说，哲学战士的人生，也并非从一开始就是理论的和战斗的④。

*　　*　　*

本书由曹天羽译出初稿，我在初稿的基础上对译文进行了校改、补充和润色，同时查证引文，添加译注。这期间我们有过大量交流，合作非常顺畅愉快。当然，由于全书最后由我定稿，因此书中出现任何错漏，都应该由我负责。

感谢北京出版社王忠波先生和本书责任编辑刘瑶女士，是他们认真细致的工作，让本书能以这种面貌呈现在读者面前。

感谢法国驻华大使馆将本书纳入"傅雷出版资助计划"。

---

① 转引自本书法文版编者前言。

② 阿尔都塞阅读和收藏了大量鲁迅著作，并曾给法文版鲁迅杂文选《论战和讽刺》（*Pamphlets et Libelles*）（这也是他自己主编的"理论"丛书中唯一一部文学作品集）写过一篇深刻把握鲁迅精神的介绍性文字。参见阿尔都塞《论鲁迅》，吴子枫译，载《现代中文学刊》，2014年第4期。

③ 《鲁迅全集》第六卷，人民文学出版社，2005年，第626页。

④ 参见阿尔都塞《写给非哲学家的哲学入门》（*Initiation à la philosophie pour les non-philosophes*），法国大学出版社（PUF），2014年，第386页："如果有人问：可是，哲学家到底是什么？我会说：哲学家就是在理论中战斗的人。"

　　本书是中文版"阿尔都塞著作集"的第六种。自著作集第一种2018年出版以来①，不断有读者和朋友通过各种途径关心、询问著作集的翻译和出版进展情况，很抱歉我们无法一一具体回复。在此我想对读者和朋友们的关注再次表示感谢，同时只能这样来回复大家：由于有太多的因素（各种"偶然的相遇"）不可预测和控制，我们无法准确给出著作集的出版时间表，但请大家相信，我们一直没有、将来也不会停止前进的步伐，如果有时候我们走得慢了一点，那也是为了走得更踏实。

　　　　　　　　　　　　　　　　吴子枫

　　　　　　　　　　　　2024年8月1日于南昌瑶湖

---

　　① 阿尔都塞《政治与历史：从马基雅利到马克思》，吴子枫译，西北大学出版社，2018年。

著作权合同登记号：图字 01-2018-5209

JOURNAL DE CAPTIVITÉ. Stalag XA 1940-1945 by Louis ALTHUSSER

©1992，Editions Stock/IMEC

Current Chinese translation rights arranged through Divas International,Paris 巴黎迪法
国际版权代理（www.divas-books.com）

图书在版编目（CIP）数据

战俘日记：1940-1945 /（法）路易·阿尔都塞著 ；
曹天羽，吴子枫译. -- 北京：北京出版社，2025. 1

ISBN 978-7-200-18432-7

Ⅰ. ①战… Ⅱ. ①路… ②曹… ③吴… Ⅲ. ①阿尔都
塞（Althusser, Louis Pierre 1918-1990）—日记 Ⅳ.
① K835.651

中国国家版本馆 CIP 数据核字（2024）第 014632 号

策划编辑：王忠波　　　　　责任编辑：王忠波　刘　瑶
责任营销：猫　娘　　　　　责任印制：燕雨萌
装帧设计：周伟伟

战俘日记

1940-1945

ZHANFU RIJI

［法］路易·阿尔都塞　著

曹天羽　吴子枫　译

出　　版	北京出版集团	
	北 京 出 版 社	
地　　址	北京北三环中路 6 号	
邮　　编	100120	
网　　址	www.bph.com.cn	
发　　行	北京伦洋图书出版有限公司	
印　　刷	北京华联印刷有限公司	
开　　本	880 毫米 ×1230 毫米　1/32	
印　　张	14.25	
字　　数	300 千字	
版　　次	2025 年 1 月第 1 版	
印　　次	2025 年 1 月第 1 次印刷	
书　　号	ISBN 978-7-200-18432-7	
定　　价	108.00 元	

如有印装质量问题，由本社负责调换
质量监督电话　010-58572393